国家级职业教育规划教材

全国职业院校城市轨道交通专业教材

城市轨道交通车辆驾驶

人力资源社会保障部教材办公室组织编写

张耀宁　主编

中国劳动社会保障出版社

简介

本书紧扣职业教育的特点和要求，结合职业院校城市轨道交通专业的教学实际进行编写，对城市轨道交通车辆的驾驶规范及技能进行了较全面的介绍，主要内容包括行车管理基础、列车运行控制、列车驾驶基础、列车整备及出入段 / 场、正线列车运行、非正常情况行车组织与突发事件应急处理，以及段 / 场运作与施工作业。本书内容选取以“适度够用”为原则，坚持理论与实践相结合，力求实用为主，突出技能培养，表达通俗易懂，文字简洁明了，具有较强的针对性。本书配有电子课件，可通过中国技工教育网（http：//jg.class.com.cn）下载。

本书由张耀宁任主编，张浩参加编写。

图书在版编目（CIP）数据

城市轨道交通车辆驾驶 / 张耀宁主编 . -- 北京：中国劳动社会保障出版社，2020
全国职业院校城市轨道交通专业教材
ISBN 978-7-5167-4617-2

Ⅰ.①城…　Ⅱ.①张…　Ⅲ.①城市铁路 – 铁路车辆 – 驾驶术 – 高等职业教育 – 教材
Ⅳ.①U268.4

中国版本图书馆 CIP 数据核字（2020）第 202491 号

中国劳动社会保障出版社出版发行
（北京市惠新东街 1 号　邮政编码：100029）
*
北京市艺辉印刷有限公司印刷装订　新华书店经销
787 毫米 ×1092 毫米　16 开本　16.25 印张　316 千字
2020 年 12 月第 1 版　2023 年 8 月第 2 次印刷
定价：35.00 元

营销中心电话：400-606-6496
出版社网址：http://www.class.com.cn
http://jg.class.com.cn

前　言

我国城市轨道交通自1965年北京地铁一期工程建设开始，经过了50余年的建设和发展，取得了显著成就。近年来，城市轨道交通正处于大规模高速发展时期，以北京、上海、广州为代表的特人城市已进入网格化建设阶段，尚有几十个城市正在建设或规划中。实践证明，发展城市轨道交通是解决城市交通问题的有效途径，对促进城市经济持续发展也起到了重要作用。

随着城市轨道交通行业的高速发展，城市轨道交通企业对从业人员的知识水平和职业能力提出了更高的要求。为了培养更加符合城市轨道交通企业需求的技能人才，我们组织了一批教学经验丰富、实践能力强的一线教师和行业、企业专家，在充分调研的基础上，编写了这套全国职业院校城市轨道交通专业教材。

这套教材包括《城市轨道交通概论》《城市轨道交通车辆基础》《城市轨道交通车站设备基础》《城市轨道交通行车组织》《城市轨道交通客运组织》《城市轨道交通车辆驾驶》《城市轨道交通乘客服务》《城市轨道交通车辆维护与检修》和《城市轨道交通安全管理》。

本次教材编写工作的重点主要体现在以下几个方面：

第一，突出教材的实用性。本着“学以致用”的原则，根据城市轨道交通企业的工作实际安排教材的结构和内容，对操作性较强的课程，教材在编写中安排了技能训练，突出对学生实际操作能力的培养。

第二，突出教材的先进性。根据城市轨道交通行业的现状和发展趋势，教材在编写过程中尽可能多地体现了新知识、新技术、新方法、新设备，以期缩短学校教育与企业岗位需求的距离，同时，严格执行国家最新技术标准。

第三，突出教材的易用性。新版教材充分考虑学生的认知规律，注重利用图表、实物照片和案例辅助讲解知识点和技能点，为学生营造生动、直观的学习环境，激发学生的学习兴趣。同时，教材还配有电子课件和习题册，便于教师开展教学和学生课后复习。

本套教材的编写得到了有关省市教育部门、人力资源社会保障部门和一批职业院校的大力支持，教材编审人员做了大量的工作，在此，我们表示诚挚的谢意！同时，恳切希望广大读者对教材提出宝贵的意见和建议。

人力资源社会保障部教材办公室

目　录

第一章　行车管理基础

学习目标：

- ◆ 熟悉城市轨道交通行车指挥的原则及层级架构。
- ◆ 掌握城市轨道交通乘务组织与管理制度。
- ◆ 熟悉城市轨道交通行车安全的影响因素及控制。
- ◆ 熟悉城市轨道交通运营事故的等级划分与处理。

城市轨道交通是城市发展的产物，是城市公共交通系统的重要组成部分，随着城市的不断发展，拥堵、事故、能耗等城市交通问题日益突出。城市轨道交通具有运能大、速度快、能耗低、污染少、可靠性高、占地面积小等无可比拟的优势，在城市交通方式中占比越来越高。

行车工作作为城市轨道交通运营系统的核心工作，其基本任务是合理使用地铁、轻轨等运输设备，安全、迅速、及时、准确地运送乘客，为城市公共交通提供良好的服务。

第一节　行车管理基础知识

城市轨道交通系统是一个庞大而复杂的系统，为确保服务安全可靠，运营工作具有系统联动、时空关联、调度指挥集中、管理严格等特性。城市轨道交通系统的安全、速度、效率和输送能力与行车组织及管理工作密切相关。

一、城市轨道交通行车工作的原则及特点

1. 城市轨道交通行车工作的原则

城市轨道交通行车工作必须遵循以下原则：

（1）贯彻安全生产方针的原则。

（2）坚持高度集中、统一指挥的原则。

（3）发扬协作、团结精神的原则。

（4）均衡、合理组织运输，不断提高运输效率的原则。

2. 城市轨道交通行车工作的特点

城市轨道交通行车工作沿袭铁路运输行业，但为适应城市轨道交通行业自身的特点，发展出了其独特之处：城市轨道交通系统在整个运输生产过程中，调车作业较少，行车工作基本上只包含列车运行组织和接发列车工作，由车辆段 / 停车场的调度所 / 中央控制室和车站两级完成。

（1）具有完善的列车速度监控功能

城市轨道交通承担的客运量巨大，对行车间隔的要求远高于铁路运输，最小行车间隔达到 90 s 甚至更短，对列车运行速度监控的要求极高。

（2）联锁关系较简单，但技术要求高

大多数城市轨道交通车站没有配线，不设置道岔，甚至也不设置地面信号机，仅在少数有道岔联锁站及车辆段才设置道岔和地面信号机。城市轨道交通车站联锁设备的监控对象远少于铁路车站，联锁关系也较为简单。除折返站外，全部作业仅为乘客乘降，通常情况下，一个监控中心就可实现全线的联锁功能。

城市轨道交通车辆段 / 停车场主要作业包括接发列车、调车和列车编解，线路、道岔、信号设备较多，一般独立采用一套联锁设备。

（3）行车调度自动化水平高

城市轨道交通线路长度和站间距离均较短，列车种类较少，行车规律性很强。因此，调度系统中通常包括自动排列进路和运行自动调整功能，自动化程度高，人工介入少。

城市轨道交通信号自动控制的最大特点是将联锁关系和列车自动防护（ATP）系统编 / 发码功能结合在一起，并且包含了自动折返、自动进路、扣车、跳停等特殊功能，增加了技术难度。

二、城市轨道交通行车调度指挥

城市轨道交通系统是一个技术密集、社会化程度较高的公共交通系统，具有多部门和多工种相互配合、工作环节紧密联系等特点，必须实行高度集中、统一指挥的运行指挥调度体制。

1. 行车调度指挥的基本原则

（1）安全生产原则

在城市轨道交通行车调度指挥工作中，必须坚持安全生产原则，正确指挥列车运行，不得发布没有安全保障依据的命令和指示。当得到有关危及行车安全的信息时，要正确、及时、妥善处理，组织列车安全运行。

（2）按图行车原则

列车运行图是城市轨道交通行车组织工作的综合性计划，凡与列车运行有关的部门都

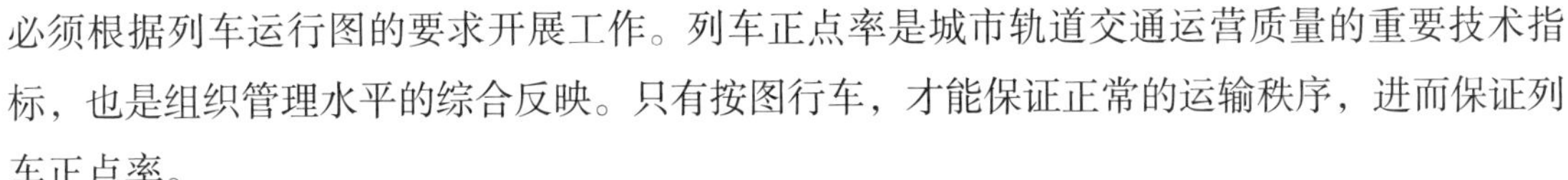

必须根据列车运行图的要求开展工作。列车正点率是城市轨道交通运营质量的重要技术指标，也是组织管理水平的综合反映。只有按图行车，才能保证正常的运输秩序，进而保证列车正点率。

（3）单一指挥原则

城市轨道交通行车工作是一个由互相联系、互相影响的多部门、多单位、多工种组成的完整体系。在这个系统中，保持各部门、各单位、各工种之间的紧密联系、协调一致，对于保证行车安全和运输效率具有决定性的意义。行车调度员是为适应城市轨道交通行车特点而设置的行车工作的统一指挥者，在任意一个区域，行车工作只能由负责该区域的行车调度员或车辆段调度员一人统一指挥，其他任何人不得发布与行车有关的命令和指示，以防令出多门，造成行车工作混乱，导致行车事故发生。

（4）服从原则

各级、各类行车部门必须坚决服从行车调度员或车辆段调度员的调度命令与指示，维护城市轨道交通运营的正常秩序。相邻调度台之间应保持紧密联系，保证列车的正常交接。出现问题时，双方要主动协商解决，若意见不一致，由上一级调度进行仲裁。一旦经上级调度仲裁决定，相关人员必须无条件执行。

（5）工作责任制原则

原则上，在采用调度集中控制的区域内，各个行车部门和人员必须严格按调度命令开展工作，如果由调度集中控制转为车站控制时，行车调度员或车辆段调度员应进行授权并实施监督，掌握列车运行整体状态。

2. 行车调度指挥基本任务

在城市轨道交通运输中，行车工作环节复杂，为了统一指挥、有序组织运行工作，一般情况下将行车调度指挥划分为若干部分，实施专业对口管理。通常在控制中心设有行车调度员、电力调度员、环控调度员等职位，其中心工作是指挥相关专业的作业流转，协调相关工作的开展。行车调度指挥的基本任务主要有：

（1）科学地组织客流，合理使用各类运输设备，挖掘运输潜力，及时调整列车及其他作业方案，提高运输能力。

（2）组织行车部门紧密合作、协调动作，确保按列车运行图行车，确保运营秩序和安全行车，完成运输生产工作任务。

（3）贯彻、组织、监控运输计划和施工计划的实施。

（4）指挥列车运行，实施突发情况时的运行调度，确保运输安全。

（5）协助电力调度员、环控调度员开展工作。

（6）积极参与和组织各类突发事件、事故的救援工作。

（7）做好运营指标统计、分析工作。

3. 行车调度指挥结构体系

城市轨道交通运营指挥按级别分为一级、二级两个指挥层级，一级指挥包括行车调度员、电力调度员、环控调度员、维修调度员（含通号维修调度员和设施维修调度员）等，二级指挥包括车站值班站长、车辆段调度员、停车场调度员、检修调度员等，二级指挥服从一级指挥。各级指挥要根据各自职责任务独立开展工作，并服从控制中心值班主任总体协调和指挥。

城市轨道交通行车调度指挥按管辖范围分为正线行车调度指挥和车辆段 / 停车场调度指挥。正线、辅助线及转换轨由行车调度员管理，车辆段线路由车辆段调度员管理，停车场线路由停车场调度员管理。

（1）正线行车调度指挥结构体系

城市轨道交通正线行车组织工作遵循统一指挥、逐级负责的原则，正线行车指挥由行车调度员负责。行车调度员统一组织和指挥正线行车作业，相关行车人员都必须接受指挥，正线行车调度指挥结构体系如图 1–1 所示。

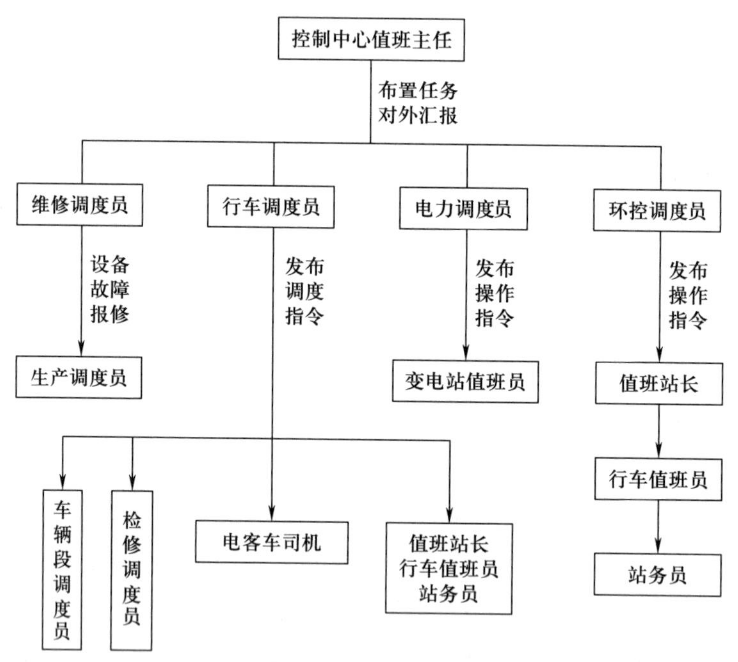

图 1–1　正线行车调度指挥结构体系

控制中心值班主任作为调度班组长，在遇到突发事件时必须统一班组处置思路，根据现场情况调整方案决策和布置，并向上级领导汇报情况。

行车调度员、电客车司机、行车值班员三个岗位与列车正线运营直接相关。日常运营时，行车调度员与行车值班员共同监控列车运营。非正常运行状况时，行车调度员向相关司

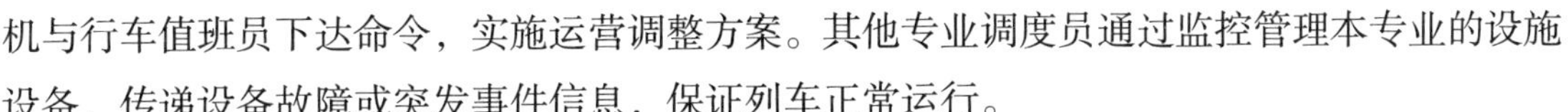

机与行车值班员下达命令，实施运营调整方案。其他专业调度员通过监控管理本专业的设施设备，传递设备故障或突发事件信息，保证列车正常运行。

（2）车辆段 / 停车场行车调度指挥结构体系

车辆段 / 停车场行车组织工作遵循统一指挥、逐级负责的原则，由车辆段控制中心统一调度指挥，确保及时提供技术状态良好、数量足够的列车投入正线服务，并根据实际情况及时接入退出正线服务的列车，还应确保维修作业需要而进行的各类转线、调车作业，以及在故障、紧急情况下对正线行车组织提供支持。车辆段 / 停车场行车调度指挥结构体系如图 1–2 所示。

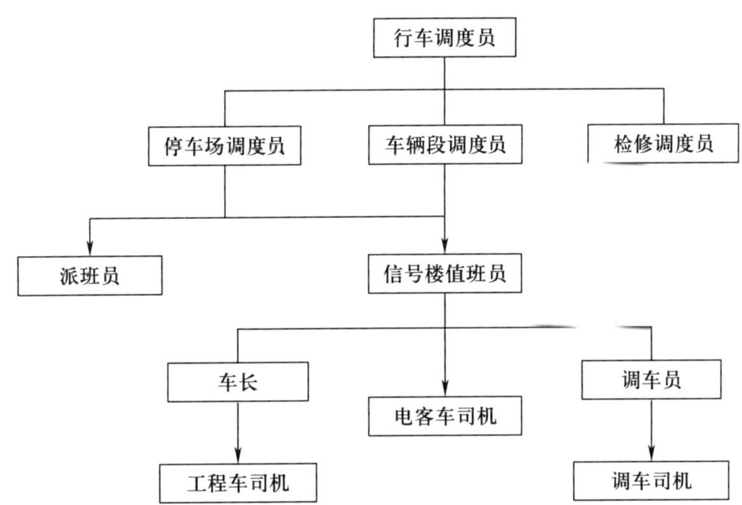

图 1–2　车辆段 / 停车场行车调度指挥结构体系

车辆段 / 停车场控制中心负责车辆段 / 停车场调度组织工作。运转值班员根据车辆检修计划安排检修股道，及时通知相关人员处理信号、通信设备等故障，根据行车调度员、司机所报车辆故障安排相关人员进行检查。

车辆段 / 停车场接发列车工作由信号楼值班员负责，统一组织和指挥段内接发车工作，电客车司机和工程车司机都必须接受指挥。

（3）行车相关岗位设置

1）电客车司机。具备相关上岗资质，负责驾驶城市轨道交通列车在正线上运行及在车辆段 / 停车场内进行调车作业和调试作业，并保证运行安全。

2）控制中心值班主任。负责掌握全线列车的运行、客流变化，以及供电系统、环控系统设备的运行情况，突发事故时组织和协调各专业调度人员进行应急处置，保证运行安全顺畅。

3）行车调度员。统一指挥和协调行车各岗位的运作，确保行车工作的正常进行，为广大乘客提供优质的运营服务。主要工作内容包括组织实施各种行车工作计划、日常运营生产工作管理、行车组织调度指挥、信息收发和通信联络等。

4）电力调度员。统一指挥城市轨道交通供电设备的运作，保证供电系统在最经济、最合理的方式下运行，确保供电安全、可靠，满足运营用电的需求。

5）环控调度员。统一指挥环境控制设备和防灾报警设备的运作，负责监控车站、隧道通风设备、空调装置、气体灭火系统等系统设备，以及扶梯、照明设施、给排水设施的工作，确保列车的正常运行。

6）车辆段/停车场调度员。统一指挥车辆段/停车场内的行车组织工作，全面负责组织实施电客车、机车车辆转轨/取送作业，组织实施调试作业、列车出入车辆段等工作，科学合理地调配人员、机车车辆，协调安排车辆段内行车设备、消防设备及库房等设备设施的检修维护，协调与外部的工作接口问题等。

7）车辆段检修调度员。负责车辆日常检修、清洁、定修和临修工作控制，为运营及设备维修施工提供质量良好、数量充足的电客车或工程车。

8）信号楼值班员。负责操作计算机设备，实现计算机联锁设备的功能，办理接发列车、调车进路，指挥并控制车辆段/停车场内的行车作业。

9）派班员。负责制订、组织和实施司机的派班计划，办理司机的出勤、退勤作业，遇突发事件时，及时调整交路和司机的派班；协助乘务主任管理司机日常事务，检查落实各项管理制度和作业安全规定。

10）电客车队长。负责车队的日常管理和生产组织工作，负责班组建设和相关材料的统计上报，掌握员工思想动态，解决员工矛盾，正确引导员工积极向上，增强团队凝聚力；协助乘务主任管理司机日常事务，在正线遇突发事件时，协助司机进行处理并随时准备顶替值乘司机的工作。

11）督导员。负责车队安全管理和安全培训，监督指导电客车司机的标准化作业，参与分部的安全检查工作；负责车队日常安全分析工作，制定日常安全措施；负责监督信号楼值班员及电客车司机的标准化作业，并且在正线遇突发事件时协助司机进行处理。

12）车长。由工程车司机担任，在工程车（含轨道车、内燃机车、接触网作业车、磨轨车、网轨检测车等）正线开行时，负责指挥列车运行，检查、监视车辆装载货物，确保安全，同时还负责推进运行时的引导瞭望。

13）值班站长。在站长的领导下，负责组织站内员工开展各项工作，包括安排车站行车组织、票务管理、乘客服务工作，处理车站突发事件等。

14）行车值班员。在值班站长领导下，统一指挥车站行车作业；监视行车控制台的进路开通、道岔位置及信号显示，监视列车运行状态和乘客乘降；实行车站控制时，按列车运行图及行车调度员下达的运行计划办理闭塞、排列进路、开闭信号、接发列车。

4. 行车调度指挥控制方式

城市轨道交通列车的运行控制可采用调度集中控制、行车指挥自动化、调度命令与口头指示等方式进行。特殊情况下，可以采用车站控制方式进行。

（1）调度集中控制

行车调度员通过调度集中设备控制所管辖线路上的信号和道岔，办理列车进路，组织和指挥列车运行。

（2）行车指挥自动化

在行车调度员的监控下，由双机冗余计算机等设备构成的列车自动监控（ATS）系统完成列车运行的控制任务。

（3）调度命令与口头指示

在日常运输工作中，行车调度员向行车有关部门和人员发出具体工作部署和指挥行车的工作指令，完成运输生产任务。通常情况下，城市轨道交通调度指令分为调度命令和口头指示两类。凡编有号码并在调度命令登记簿（见表 1-1）上登记的调度指令，称为调度命令，无须编号或登记的调度指令称为口头指示。

表 1-1　　调度命令登记簿

日期	命令号码	发令时间	命令内容	拟写人	审核人	批准人	备注

行车调度员通过调度命令或口头指示进行行车调度指挥，车辆段 / 停车场内不影响正线运行及接发列车的命令由车辆段 / 停车场调度员发布，正线指挥列车运行的调度命令和口头指示只能由行车调度员发布。

1）应发布口头指示的内容。口头指示由行车调度员使用列车车载电台或其他通信设备直接发布。需发布口头指示的内容包括：临时加开或停开列车（包括电客车、工程车及救援列车）、列车推进运行和退行、工程车退行、列车越站通过（跳停）、改变列车驾驶模式（采用 RM/NRM 驾驶模式）、列车救援、列车中途清客、变更列车运行交路、单列车临时限速、变更闭塞方式（变更电话闭塞除外）以及允许列车越过红灯（灭灯信号）。

2）应发布调度命令的内容。调度命令必须按格式要求填写（见图 1–3），并登记在调度命令登记簿内。特殊情况下可先发布口头命令，事后补发调度命令。需发布调度命令的内容包括：发布线路限速或取消限速、改用 / 取消电话闭塞法行车（恢复移动 / 固定闭塞法行车）、封锁或开通线路、开行调试电客车或开行工程车，以及行车调度员认为有必要记录的命令。

调度命令

年　　月　　日　　时　　分

<table>
<tr><td rowspan="2">受令处所</td><td rowspan="2"></td><td>行车调度员姓名</td><td>复诵人</td><td>命令号码</td></tr>
<tr><td></td><td></td><td></td></tr>
<tr><td>命令内容</td><td colspan="4"></td></tr>
</table>

图 1–3　调度命令

发布调度命令必须严格遵守有关规定，必须使用标准用语，内容规范简明，不得随意改变和简化，确保调度命令的严肃性和权威性。发布调度命令之前，行车调度员必须详细了解现场情况，听取有关人员意见。

发布和接受调度命令时，为缩短抄送调度命令的时间，可先发内容、号码，后发发令时间、行车调度代码。有关人员要仔细核对、明确内容，并且原话复诵无误，严禁使用“明白”或“清楚”等代替。同时向几个单位或部门发布调度命令时，行车调度员应指定其中一人复诵，其他人核对，确保无误。在调度命令中，发令人、受令人、复诵人都必须填记全名。受令处所可根据填记标准缩写，发令日期与时间必须正确。调度命令内容要正确明了，不得随意涂改或者含糊其词。

行车调度员发布调度命令时，在车辆段 / 停车场由派班员、车辆段 / 停车场调度员或信号楼值班员负责传达，在正线或辅助线由行车调度员直接发布，或者行车调度员发布后由车站值班站长或行车值班员负责传达。传达给司机或其他有关人员的调度命令必须按要求填写，并加盖行车专用章。

取消列车进路或关闭信号时，行车调度员应先通知列车司机，确认列车尚未启动时方可取消列车进路或关闭信号。当列车以自动驾驶模式进入站台区域或列车头部未越过出站信号机时，如果操作人员需要取消或改变列车至下一站台的相应进路，应及时通知司机停车后降级为 SM 及以下驾驶模式。

我国城市轨道交通行车时间以北京时间为准，从零时起计算，实行 24 小时制。行车日期划分以零时为界，零时以前办妥的行车手续，零时以后仍视为有效。

案例分析

1993 年 7 月 10 日 2：55，163 次旅客列车行至京广线新乡南场至七里营区间时，与前行的 2011 次货物列车追尾冲突，造成 40 人死亡、9 人重伤、39 人轻伤，机车中破 1 台，客车报废 3 辆、小破 15 辆，货车报废 1 辆、大破 2 辆，中断京广线下行正线行车时间 11.25 h。

事故直接原因：1993 年 7 月 9 日下午，京广线安阳至广武间受暴风雨影响，导致铁路自动闭塞供电设备停电，打乱了正常的铁路运输秩序。郑州铁路分局调度员于 21：40 下达了第 1828 号调度命令：在新乡南场至老田庵各站停止基本作业法，改用特定闭塞法。23：50 调度员下达命令，将原 1828 号调度命令内容改为：七里营至老田庵各站间，停止基本闭塞法，改用特定闭塞法。163 次列车司机在接到 1828 号调度命令后，未经确认，错误理解命令内容，将新乡南场至七里营启动闭塞区间误认为是特定闭塞区间，并擅自关闭了机车信号和自动停车装置，运行中精神不集中，遇黄灯不减速，遇红灯不停车，速度达 80 km/h 左右，在距离 2011 次列车尾部约百米处发现前方有车，已错过制动时机，发生追尾冲突。

三、列车运行图

列车运行图是城市轨道交通行车组织工作的综合性计划，它规定了运用列车占用区间的顺序和时间、车站到发及通过时间、区间运行时间、折返站折返作业时间，以及其他列车运用的相关内容。

1. 列车运行图的格式

列车运行图是用坐标原理表示列车运行状态的图解形式，如图 1–4 所示。列车运行图上，横坐标表示时间，纵坐标表示距离；将横轴按一定比例用竖直线划分为若干等份，代表一昼夜的小时或分；将纵轴按一定比例用水平线加以划分，代表车站的中心线；斜线称为列车运行线，上、下斜线分别代表上、下行列车；列车运行线与水平线的交点就是列车在每个车站到、发或通过的时刻。

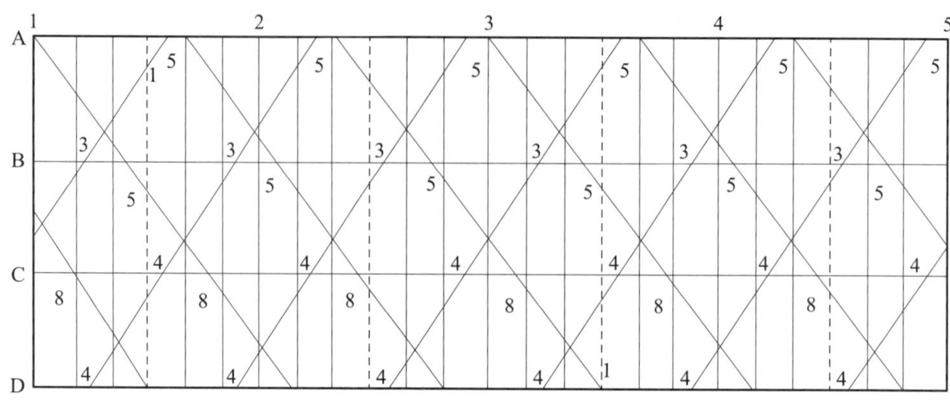

图 1–4　列车运行图

2. 列车运行图的分类

按照区间正线数目不同，列车运行图分为单线运行图、双线运行图和单双线运行图。单线运行图中，上、下行方向的列车都在同一正线上运行，列车交会只能在车站进行，多用于运量不大的市郊铁路。双线运行图中，上、下行列车在各自的正线上运行，互不干扰，可以在区间内或车站上交会。单双线运行图中，单线区段和双线区段分别按单线运行图和双线运行图的特点铺画运行线，它兼有单线运行图和双线运行图的特征。在城市轨道交通线网中，单双线运行图只在非正常情况下的列车运行调整期间使用。

按照列车运行速度不同，列车运行图分为平行运行图和非平行运行图。平行运行图中，同一区间内同一方向列车的运行速度相同，因此运行线相互平行，并且在区段内没有其他列车运行。非平行运行图一般只在市郊铁路中使用，其他城市轨道交通系统很少使用。

按照上、下行方向列车数目不同，列车运行图分为成对运行图和不成对运行图。成对运行图中上、下行方向列车的数目相等，反之为不成对运行图。

按照同方向列车运行方式不同，列车运行图分为连发运行图和追踪运行图。在连发运行图上，同方向列车的运行以车站区间为间隔。在追踪运行图上，同方向列车的运行以闭塞分区为间隔，一个车站区间内允许几辆列车同向同时运行。

城市轨道交通系统（尤其是地铁系统）多采用双线运行图、追踪运行图、平行运行图和成对运行图。

3. 列车运行方向与车号、车次

我国城市轨道交通一般采用双线区段运行方式，列车在区间内的行车采用右侧单向运行制，列车运行上、下行的始点和终点一般由行车运行管理部门设定。

每列车均利用不同的车号与车次进行区分，一般按不同的列车类别规定代号与车号，如专运列车、客运列车、施工列车等，列车车次按照发车顺序编号，上行采用双数，下行采用单数。

第二节　乘务组织与管理

乘务组织是城市轨道交通运营管理中的重要环节，乘务组织工作的优劣将直接影响列车运行的安全及效率。城市轨道交通乘务组织是指根据列车开行方案，合理制定乘务交路，正确安排司机的派班、叫班计划，办理运转乘务班组的出、退勤作业，监督运转乘务班组交接班作业，保证各折返站交路的正常接续，确保运转乘务班组的乘务工作顺利、有序进行。

一、列车开行计划

城市轨道交通系统是一个复杂的、技术密集型的公共交通系统，只有各部门、各工种、各项作业之间相互协调配合，才能保证列车运行安全，提高运输效率。列车开行计划在保证城市轨道交通运营各部门相互配合和协调方面发挥着重要的作用。

列车开行计划是城市轨道交通系统日常运输组织的基础，城市轨道交通的服务对象主要是乘客，列车开行计划的制订需要考虑乘客的需求特性及其变化规律。城市轨道交通系统的列车开行计划一般包括客流计划、全日行车计划、车辆配备计划、车辆运用与检修计划、日常运输调整计划等内容。其中，客流计划是制订列车开行方案的基础，即“按流开车”。

全日行车计划是指城市轨道交通系统营业时间内，分阶段开行的列车对数计划。全日行车计划决定着城市轨道交通系统的输送能力和设备（列车）使用计划，也是编制列车运行图、计算运输工作量、确定列车运用指标的依据。在城市轨道交通中，为最大限度地满足乘客需求、提高服务水平、降低运输成本，不同时间段和不同区间段所需开行的列车数目不尽相同。在一条线路中，随着客流量的变化，其全日行车计划也有所不同，一般可分为工作日行车计划、双休日行车计划、节假日行车计划等。行车计划编制质量直接影响线路的服务质量和经济效益。全日行车计划编制的依据包括营业时间计划、全日分时最大客流断面分布、列车运载能力（定员）和线路断面满载率。

二、列车开行方案

列车开行方案是确定列车运行区段、列车种类及开行对数的计划。列车开行方案主要解决列车整体布局问题，即确定各次列车的始发、终到时刻，经停途中各站及到、发时刻等。城市轨道交通列车编组固定，列车开行方案主要包括列车交路计划和列车停站方案等。

长期以来，我国的城市轨道交通列车开行方案基本都采用长交路、站站停车方案。随着现有轨道交通线路的延伸和城市轨道交通网络的形成，线路各区段客流相差日渐悬殊，应当根据现有客流和设施设备条件，合理制定列车开行方案，实现线路通过能力和各项运营指标的最优化。

1. 列车交路计划

列车交路是指列车固定担当运输任务的周转区段，列车交路计划规定了列车的运行区段、折返车站和按不同列车交路运行的列车对数。城市轨道交通线路较长，各个区段客流分布不均衡，采用合理的列车交路计划，有利于在不降低服务水平的前提下，充分利用现有资源，提高列车运用效率，避免运能浪费，降低运输成本。

（1）列车交路的种类

根据城市轨道交通线路的特点，列车交路可分为长交路、短交路、长短混合交路、交错运行交路等类型。长交路是指列车在全线两个终点站之间运行，为全线提供运输服务，列车到达终点后折返。短交路是指列车只在线路的某一区段内运行，在指定的中间车站折返，只为某一区段乘客提供服务。长短混合交路是指线路上长短交路并存的情形，长短交路列车在线路的部分区段共线运行，长交路列车到达线路终点站后折返，短交路列车在指定的中间车站单向折返。交错运行交路是指两种交路的列车分别运营在线路的一个指定区段，且两交路有一个交错区段。列车交路如图 1–5 所示。

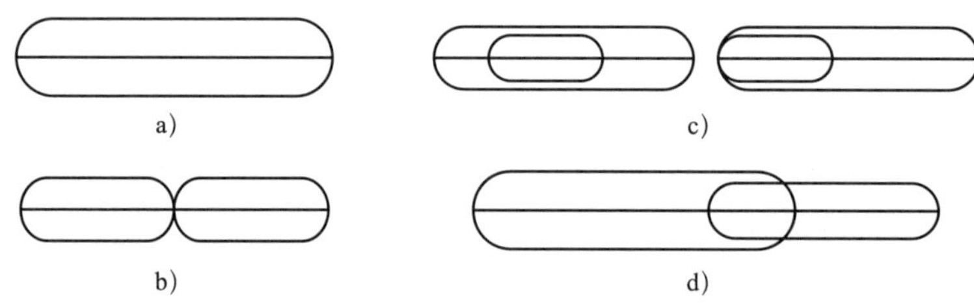

图 1–5　列车交路

a）长交路　b）短交路　c）长短混合交路　d）交错运行交路

（2）列车交路计划的确定

列车交路计划的确定应建立在对线路各区段客流量进行统计分析的基础上，充分考虑行车组织与客运组织的条件，进行可行性研究后加以确定。由于城市轨道交通系统站线少甚至没有侧线，采用不同的交路会受到客观条件的限制。

长交路具有对中间站折返线路要求不高、行车组织运行方式简单的优点，但不考虑区段客流量不均衡的因素，容易造成区段运能的浪费。长交路一般适用于各种轨道交通线路，尤其是在全线客流比较均衡的条件下效果较好。

短交路虽然能适应不同客流区段的运输要求，但要求中间折返站必须具有两个方向的折返能力，并具有方便可行的换乘条件，对客流组织及设备设施的要求较高。如果城市轨道交通线路中某一段的客流比较密集，可以考虑在该区段加开短交路列车。

长短混合交路的行车组织方式既能满足运输需求，又能提高运营效益，是比较经济合理的一种运行方案，特别是在区段客流不均衡程度高，导致某一区段运能不能满足运量的需

要时，长短混合交路运营组织方式尤为适用。但是，这种方式相对较为复杂，同时对客运组织也有较高的要求。

交错运行交路方案中，交错区段一般为市区高峰客流地段，运行着最大的列车对数。交错运行交路方案与长短混合交路方案相似，但更适用于郊区到市区的向心客流运输。

2. 列车停站方案

站站停车是传统的城市轨道交通列车停站方案，行车组织和客运组织较为简单，应用范围很广。根据具体线路的客流特点，从优化列车运行组织、提高列车旅行速度和节约乘客出行时间等因素出发，还可比选采用以下列车停站方案：

（1）跨站停车列车运行方案

全线车站分成 A、B、C 三类。A、B 两类车站按相邻分布原则确定，C 类车站按每隔若干个车站选择一站原则确定。所有列车均在 C 类车站停车作业，但在 A、B 两类车站则分别停车作业，如图 1–6 所示。

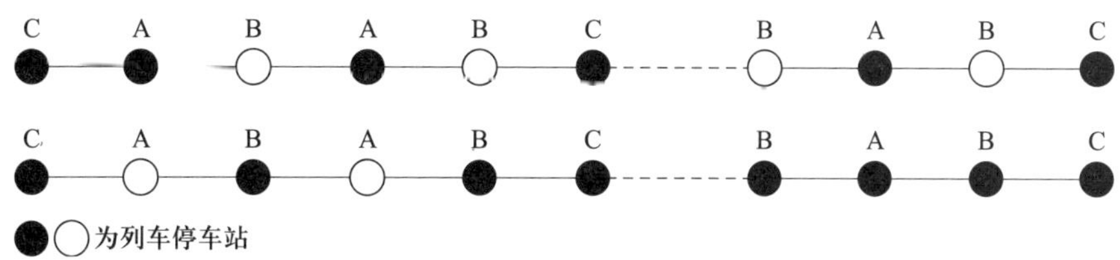

图 1–6　跨站停车列车运行方案

跨站停车列车运行方案减少了列车停站次数，因此能压缩列车运行时间和乘客乘车时间，提高运行速度。同时，由于列车周转加快，因此能够减少列车使用数量，降低运营成本。但是，由于 A、B 两类车站的列车到达间隔加大，乘客候车时间会有所增加。此外，在 A、B 两类车站间乘车的乘客需在 C 类车站换乘。该方案比较适用于 C 类车站客流大，而 A、B 两类车站客流较小，并且乘客平均乘车距离较远的情况。

（2）分段停车列车运行方案

该方案在长短混合列车交路的基础上，规定长交路运行列车在短交路区段外每站停车作业，在短交路区段内不停车通过，短交路运行列车则在短交路区段内每站停车作业，短交路列车的中间折返点作为换乘站。

分段停车列车运行方案减少了长交路列车的停站次数，因此能压缩长途乘客在列车上消耗的时间，列车运行速度的提高也有利于加快长交路运行列车的周转。

三、乘务组织与管理

城市轨道交通乘务组织是确保列车安全、正点运行的重要环节之一，其内容主要包括

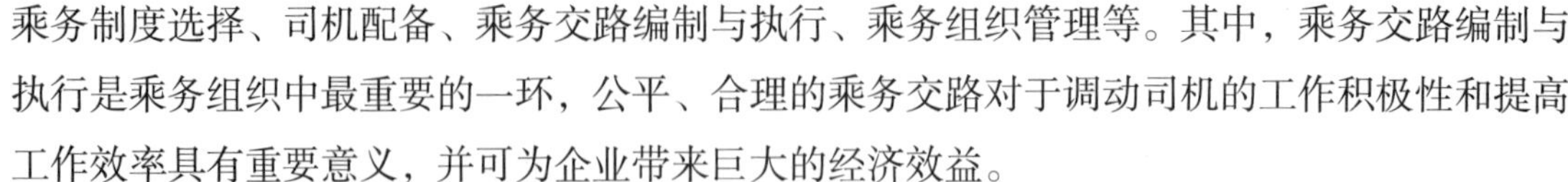

乘务制度选择、司机配备、乘务交路编制与执行、乘务组织管理等。其中，乘务交路编制与执行是乘务组织中最重要的一环，公平、合理的乘务交路对于调动司机的工作积极性和提高工作效率具有重要意义，并可为企业带来巨大的经济效益。

1. 乘务制度选择

乘务制度是列车司机的工作制度，表示列车司机对运行列车的值乘方式，包括司机换班出乘、值乘乘务的方式方法。合理选择乘务制度是乘务组织的第一步。乘务制度的选择不仅要与实际运营相结合，还要有科学依据作为保障，在确保运营安全的前提下，精减人员，提高工作效率。

（1）乘务制度的种类和选择

城市轨道交通运输运营管理中通常使用两种乘务制度，即包乘制和轮乘制。

1）包乘制。包乘制是指由固定的几个司机组成固定的乘务组，轮流值乘一列确定列车的乘务制度。包乘制的主要特点表现在：

①司机与列车相对固定，司机能够全面地掌握值乘列车的性能，熟悉列车的技术状况，有利于列车的维护保养和列车故障的及时处理，有利于降低列车损耗，便于跟踪管理和监督。

②对于同一运输计划，司机配置数量和列车投入数量较多，人力成本较高，列车及人员使用不均衡。司机掌握技能单一，不利于人力资源共享，工时利用率低。

2）轮乘制。轮乘制是指列车不配属给固定的乘务组，不存在固定的人车对应关系，全体司机和全部列车统一组织、集中使用，列车由若干司机轮流使用，司机可在任一列车上值乘的乘务制度。轮乘制采用“人歇车不歇”的循环管理体制，其特点主要体现在：

①在相同工作量下，列车与司机配置数量通常少于包乘制，司机劳动生产率较高，列车周转速度加快，有利于降低运营成本。司机可掌握多种车型的操作和排故技术，有利于培养司机一岗多能。

②司机需掌握所有相关列车情况，技术素质要求较高，对列车性能不熟悉时，可能导致操作不当，不利于迅速排除故障。

与包乘制相比，轮乘制的优越性表现在：以较少的司机完成较多的工作量，提高了劳动生产率；减少了列车出入库次数及等待的时间，缩短了途中停留时间，加快了列车周转，减少了运用列车数；有利于实行专业化集中维修，提高列车检修质量，降低检修成本；从一定程度上降低了城市轨道交通运营成本。目前，轮乘制在城市轨道交通系统中被广泛采用，但由于人车关系不固定，乘务组织工作更加复杂，要求管理人员具有更高的组织工作水平，才能保证高效完成列车运行计划。

（2）轮乘制轮班方式

司机轮班方式的确定是实施轮乘制的基础和前提，轮乘制轮班方式有五班三运转、四

班三运转、四班二运转、三班二运转等多种。五班三运转方式的劳动时间较短，工作强度不大，换班间隔时间较长，便于司机休息和恢复，但需要配备的司机人数相对最多。三班二运转方式所需配备的司机人数最少，但劳动强度较大，连续休息天数较短，对行车安全不利，一般在司机配置人数紧张的情况下才采用。四班二运转方式中，司机每班连续工作时间过长，且夜班司机的休息时间有限，对行车安全易造成不利影响。相比而言，四班三运转方式以其均衡性在城市轨道交通运营企业得到广泛的应用。

四班三运转轮班方式以四天为一个周期，司机在每个周期中要上早、中、晚三个班，每天一个班，第四天休息。每班值乘过程中，交接班作业通常在正线固定地点进行，接班司机采用正线出勤或电话出勤的方式，了解自己值乘列车当日运行车次，并在规定的时间段内完成交接工作。每班作业人员当中包括值乘司机、折返司机和队长、督导等，四班所需的人数加上备用司机的人数即为所需乘务人员的总人数。

根据司机中间休息时间不同，四班三运转轮班方式每班出勤顺序又可分为早班—中班—晚班—休息、晚班—中班—早班—休息、中班—晚班—早班—休息等多种形式。其中，早班司机必须在当班前一天晚上到待班公寓住宿休息，晚班运营结束后因时间较晚，晚班司机一般也需在公寓住宿休息。

2. 司机配备

城市轨道交通所需的司机数量和种类较多，按照工作性质不同，一般均设有正线司机、折返司机、调车司机和备用司机等。在四班二运转、三班二运转的轮班方式中，正线司机连续工作时间超过 8 h，劳动强度较大，必须专门设置就餐时间和地点，集中统一就餐，这种情况下还需要配备专门的司机替岗，解决正线司机的就餐问题。

乘务制度不同，所需的司机数量也相应不同。包乘制中，由于司机和车底固定，当运行的列车数较多时，需要使用更多的司机；轮乘制则有利于减少司机的配置数量，降低人力成本。此外，考虑到日常乘务交路的多样性及车辆段 / 停车场的数量，也应适当增加司机的配备数量。

3. 乘务交路编制与执行

乘务交路是城市轨道交通运营组织的基本计划，对于司机的运用起着决定性的作用。乘务交路是每个乘务周期内乘务司机担任值乘车次的合理、有序的集合，主要内容包括交路号、车次集合、出勤时间及地点、退勤时间及地点、相关执行说明等。

乘务交路根据列车开行方案确定一天的出勤人数，并根据运营时刻表流转峰期确认乘务人员的出勤安排。乘务交路明确规定了司机在何时、何站担当何次列车的出乘任务，并对在何时、何地换乘或退乘做出具体安排。司机必须根据乘务交路规定车次驾驶列车，确保列车在正线的正常运营。

编制乘务交路应以列车运行图、列车开行方案、乘务制度为基础，并考虑折返休息时间、客流峰期、运营线路特点、行车组织需要和人员配置需求等因素，绘制乘务交路表，得出司机出勤计划和待乘计划。编制乘务交路应在列车运行图限制和乘务规则的约束下，科学分配乘务工作，合理安排司机作息时间，积极调动司机的工作积极性，努力提高工作效率，保证城市轨道交通系统的安全运营。

城市轨道交通客流在时间、空间上分布不均且不断变化，高峰时段客流具有潮汐式变化的显著特征。在高强度运营的条件下，运输组织难度较大，需相应编制多种不同的列车运行图，以满足运营条件和客流的需求，因此，乘务交路也必然存在多样性的特点。在实际工作中，乘务运作的基本原则是尽可能减少乘务交路的数量，也就是一天中上线驾驶的乘务员数量应尽量少，以便在一定人员定额下有更多的人员可以灵活安排（如作为待令备班人员），更有利于处理临时突发事件。减少乘务交路数量不能随意盲目，必须合理考虑司机劳动时间及强度、折返休息时间、时刻表车次总数量、司机工作量等因素。

4. 乘务组织管理

乘务组织管理的目标是在保证运行安全的前提下尽量提高劳动效率，降低运营成本，确保行车安全。为此，乘务组织管理应遵循以下原则：

（1）按“安全第一，预防为主”的安全生产方针管理乘务队伍。

（2）优化乘务人员配置，使乘务人员精减高效，劳动量分配均衡，作息时间安排合理，降低乘务费用支出。

（3）自动编制乘务计划代替人工编制，提高劳动效率，并能迅速适应列车运行图的调整。

（4）精确计算每名乘务人员的劳动量，实现按劳计酬，提高乘务人员的工作积极性。

城市轨道交通系统所需的乘务司机较多，轮换班频繁，所以乘务组织管理存在很大的难度。包乘制中，司机与列车相对固定，交接班的时间和地点比轮乘制灵活，既便于管理和监督，又便于完善管理制度、健全安全体系；轮乘制中，司机和列车不固定，给监督管理带来难度。

第三节 行车安全

安全是城市轨道交通运营的重要前提。行车工作作为城市轨道交通运营系统的核心，直接关系到人民生命财产安全、国家财产安全、社会安定等各个方面。确保行车安全是保证城市轨道交通顺利运营的根本任务。

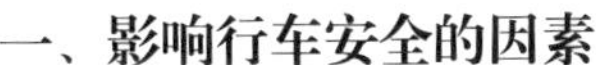

一、影响行车安全的因素

城市轨道交通运营专业性强、技术设备复杂、客流量大、行车密度大、运行间隔短，行车事故具有明显的不可预测性和严重的危害性。导致城市轨道交通系统发生事故的主要原因来自人员、设备、环境、管理等方面。

1. 人员的不安全行为是导致事故发生的重要因素

人员尤其是城市轨道交通从业人员的侥幸心理、麻痹大意、盲目自信、好奇心理、下意识心理等不良心理状态，是导致事故发生的重要因素。

影响司机作业安全的主要因素包括：

（1）纪律松弛、制度执行不严

行车工作纪律松弛，司机执行标准化作业不严格或不执行，随意简化作业程序，安全管控措施不力，安全责任制落实不到位，是影响安全行车的首要顽症。

（2）疲劳行车、开情绪车

司机休息不好、睡眠不足，或受外界环境影响产生情绪并带入工作中，导致产生生理、心理疲劳，驾驶操纵时精力不济、精神不集中，将给安全行车造成严重隐患。

（3）业务素质不高

司机技术培训学习不足，业务水平不精，不能正确及时地处理运行中的突发事件和故障，造成事故隐患的滋生和扩大，最终导致事故的发生。

（4）安全意识不强

司机思想波动大、情绪不稳定、责任心不强、行车纪律观念淡薄、臆测行车、违章作业是造成行车事故发生的重要原因。

2. 设备故障或技术状态不良是导致事故发生的主要原因

影响行车安全的设备因素是指运输基础设备和运输安全设备的安全性能，包括设计安全性和使用安全性。

城市轨道交通系统由相对独立而又相互关联的多个子系统组成，涉及土建、线路、车辆、供电、通信、信号、机电、通风空调等各个方面，种类繁多且数量巨大，任何子系统的安全隐患都可能导致运营事故的发生。在城市轨道交通客流量大和行车密集等高强度运营的情况下，行车设备老化、维护和保养缺失、技术设备功能不完善、结构不合理，以及不能完全适应实际行车的需要等问题，加速了事故的发生和扩大。

3. 恶劣气候及环境对安全运行的影响不可低估

地震、台风、雷击等自然灾害是导致城市轨道交通系统发生事故的重要原因。其中，地震对于城市轨道交通行车安全的危害最为显著。此外，风、雪、雷、电等恶劣气候，以及季节和时间因素也是不容忽视的事故致因。

司机对气候环境变化、突发事件的适应与处置能力将直接影响行车安全。

4. 管理缺陷或不足必将加剧事故后果的严重程度

安全管理归根结底是对人的管理，各项制度的建立和完善、安全管理工作的规范和完备是实现行车安全的基础，是行车安全的依据。

轨道交通的重大运营事故，如列车脱轨、相撞等，究其深层原因几乎都存在运营管理不善的问题，并主要体现为安全管理机构缺失和安全管理制度不足。完整有效的制度与规定是确保安全行车的重要因素，安全管理制度、规章的缺失，或者适应性、适用性存在缺陷和不足，最终必定会导致事故的发生，并加剧事故的后果。

案例分析

影响城市轨道交通运营安全的人员包括从业人员及非从业人员两类。从业人员的业务水平、思想素质、生理能力、心理状态等都影响着运营安全。

2009 年 5 月，美国波士顿地铁列车司机因使用手机导致注意力不集中，造成列车追尾事故，导致 50 人受伤。

2006 年 7 月，西班牙巴伦西亚地铁司机猝死导致列车超速失控，造成 41 人死亡、47 人受伤。

1987 年 11 月 18 日，在英国伦敦国王十字车站，由于乘客丢弃的烟头未熄灭引起火灾，造成 33 人死亡、100 多人受伤。

1995 年 3 月 20 日，日本东京地铁发生沙林毒气袭击事件，造成 5 500 余人中毒，其中 12 人死亡、14 人终身残疾。

二、人为失误和违章行车

城市轨道交通运营安全的影响因素主要来自人员、设备、环境和管理等多个方面。其中，人员因素在城市轨道交通运营安全中占据着最为重要的地位。

1. 人为失误

人为失误是指人为地使系统发生故障或发生机能不良的事件，它是违背设计和操作规程的错误行为。

人为失误并不是指人员有目的、有意识、故意造成的差错，而是一种非目的性的行为，是人类在劳动过程中不可避免的一种客观现象，完全杜绝人为失误是不可能的。但是，如果在研制劳动设备、劳动工具，以及劳动场所的空间布置等方面注意为劳动人员创造适合的环境和良好的条件，可以使人为失误降到最低限度。

对于城市轨道交通运输安全来说，可以采用针对不同工种、不同工作性质的多种方法防范人为失误，包括改变劳动组织，科学地安排工作和休息时间，防止过劳现象，做好安全预防工作等。例如，对处于疲劳时刻、生物节律临界期和低潮期的主要行车人员进行预测、预报，提醒他们注意，并有针对性地采取措施，如查岗、调班、设置监控设备等，从而预先控制安全隐患。

2. 违章行车

违章行车是指列车司机在值乘、出勤或操纵列车运行过程中做出的与有关安全规定、运行规定、行车纪律等相违背的行为。

（1）违章行车的分类

按照违章行车实施时的意识倾向不同，可以把违章分为有意识的违章和无意识的违章。有意识的违章一般是指列车司机在明知其行为触犯有关规定的情况下，存在着侥幸心理而实施的违章行为；无意识的违章一般是指列车司机由于在技术业务或经验方面的缺陷而产生的违章行为。

按照违章行车的后果和程度不同，可以把违章分为严重违章和一般违章。严重违章行为的实施过程中，可能或者已经对行车安全构成威胁和影响；一般违章行为的实施过程中，没有对行车安全产生直接威胁和影响，或者有影响但情节比较轻微。

按照司机值乘列车的过程不同，可以把违章分为值乘准备阶段违章、操纵列车阶段违章和退勤阶段违章。值乘准备阶段违章是指列车司机出勤后至列车动车前进行各种值乘准备过程中产生的违章行为；操纵列车阶段违章是指列车司机在操纵列车运行过程中产生的违章行为；退勤阶段违章是指列车司机在退出列车运行操纵后进行退勤和收车辅助等各项工作时产生的违章行为。

（2）违章行车的危害

违章行车无论是何种类型、何种表现形式，从一开始就会造成不良后果与危害，其危害性主要有以下几个方面：

1）违章行车是行车事故的源头，是行车事故发生的先兆。

2）违章行车会使司机对行车事故的后果失去应有的警惕，一次违章可能不会立即发生事故，但是每一次行车事故中都隐藏着违章行车的痕迹。

3）违章行车会造成城市轨道交通运输正常运行秩序的紊乱，对乘客的出行安全构成威胁。

4）违章行车会对城市轨道交通运营企业的形象造成伤害。

三、行车安全管理工作

行车事故是由多种原因造成的，并且必然包含各种不安全因素的相互作用及一系列连锁变化，最终演变成行车事故。对行车不安全因素的控制是行车安全管理工作的核心。

1. 乘务工作的特点

城市轨道交通线多、面广、行车密度大且日运营时间较长，列车司机处于运营的最前线，肩负着保障行车安全的首要责任，司机乘务工作的好坏将对国家和人民生命财产安全造成直接影响。城市轨道交通乘务工作一般具有以下特点：

（1）安全责任重大

作为城市轨道交通行车的关键岗位，司机身处运营生产的第一线，也是确保安全的最后一道防线。司机在值乘过程中对工作中所涉及的相关行车设备和乘客安全负责，必须有高度的责任心。

（2）独立操作技能要求高

城市轨道交通每次列车只配备一名司机（配备多名司机时，有且仅有一名司机具备操纵权），在值乘过程中具有独立操作性。因此，司机在掌握基本驾驶技能的同时，还必须掌握与列车运行相关的信号、供电、轨道等专业的基本知识，并能灵活处置各种故障和突发事件，最大限度地减少对运营服务工作的影响。

（3）工作环境固定

乘务工作的环境可以分为周围环境和驾驶环境。司机驾驶列车穿梭于城市地下、地面或高架线上，每天面对漆黑的隧道、固定的线路和来往的乘客，周围环境相对固定。同时，就驾驶环境而言，每次乘务驾驶工作过程中，司机不断重复着开车、停车、开门、关门的循环劳动，看似简单机械，但必须时刻保持高度的警惕性和责任心。

2. 行车安全管理与控制

对多起行车事故案例的分析表明，人的不安全行为是引起行车不安全因素和发生行车事故的直接原因。要控制人的不安全行为，就要加强行车安全管理与控制。

（1）强化司机素质培训

司机思想素质包括职业道德、劳动纪律、安全观念等方面。必须加强对司机违章行为的管理与控制，通过对司机实行教育、培训、考核、惩戒等，使其对安全行车采取正确的态度。

司机的技术知识不足，特别是安全行车知识、安全行车经验的缺乏是引发行车不安全因素的重要原因。必须通过加强安全行车知识、业务技术知识的学习和“传、帮、带、教”的措施，提高司机的技术和经验。

（2）强化行车设备的管理与更新

城市轨道交通的运营实践表明，多起行车事故的发生都留下了设备技术状态不良的痕

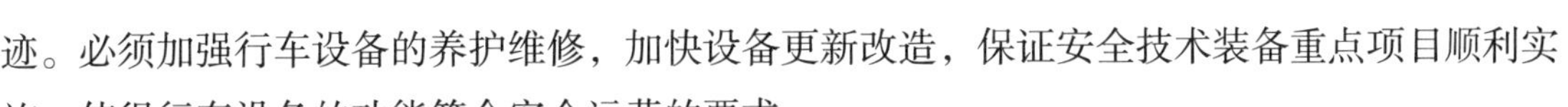

迹。必须加强行车设备的养护维修，加快设备更新改造，保证安全技术装备重点项目顺利实施，使得行车设备的功能符合安全运营的要求。

（3）营造和谐的企业内部环境

在众多的环境因素中，作业环境和企业内部环境是可控的，外部社会环境和自然环境是不可控的。城市轨道交通运营企业可以通过加强管理，大力改善作业环境，保持良好的工作、作业和生活秩序，营造和谐的企业内部环境，保障职工身心健康，保证运营安全。

（4）强化行车作业安全重点控制

运营安全的出发点和落脚点是现场作业控制，其中，行车作业安全重点控制的内容主要包括乘务作业标准化、非正常情况下行车、“结合部”作业控制等。

乘务作业标准化是对照既有作业标准，从学习标准、对照标准到达到标准的全部活动过程，只有在组织、制度、措施和监控方面严格管理，才能使标准化作业得以实现并持之以恒。非正常情况下行车时，稍有不慎极易造成事故，必须严格遵守有关作业标准和原则，采取相应的办法和措施。“结合部”是指由几个单位或部门共同参与工作或管理而形成的相互联系、相互制约的环节、区域或部位，强化“结合部”管理是降低事故发生概率、保证运营安全的重要途径。

3. 司机心理情绪调适

情绪有消极和积极之分，良好的心理情绪是保证行车安全的必要条件。反之，不良心理情绪会导致人的生理变化，使司机心理疲劳、注意力不集中、思维混乱、反应迟钝，给安全带来潜在的危险。严重的负面情绪会加速生理疲劳的产生、导致司机行为失常、动作差错增多、工作效率低下等情况的发生，严重威胁列车行车安全，极易引发行车事故。

（1）引起司机情绪变化的因素

引起心理情绪变化的因素分为主观因素和客观因素，生活中的重大事件、家庭纠纷、事业的成败、工作顺利与否、人际关系的干扰、健康状况、生理节律、气候因素等都会对人的心理情绪产生影响。例如，在行车工作中遇到无责任人身意外伤亡事故时，虽然司机在驾驶操作中无过失，但可能依然会对自己产生一种不信任感，从而产生心理压力，导致工作积极性受挫。

（2）改善司机心理状态的途径

1）正确认识心理疏导的作用。管理者应以沟通交流作为重要手段，积极开展司机心理疏导工作，应用心理学知识改善或改变司机的认知、情绪、意志和行为，使司机消除和释放紧张、急躁、侥幸、愤怒等不良情绪，缓解心理压力，减轻心理负担，积极坦然地对待周围的人和事，避免过激的心理活动。保持心理状态平衡对规范驾驶行为有积极的促进作用，同时也是良好驾驶心理的基础。

2）创造舒畅而轻松的环境。管理者要注意改善司机的工作环境和休息环境，帮助司机消除精神和体力上的疲劳。保证充足的睡眠也是克服不良心理情绪的重要途径。

3）改善司机心理情感环境。管理者对司机要多鼓励，安排工作要适当，并定期进行体检、慰问等，及时解决司机的实际困难。家人对司机的关心和体贴也可以使司机心情愉快、精力充沛。

4）重视交通事故案例的学习和培训。经常开展交通事故案例的学习和培训，对典型的交通事故案例进行解剖，可以提高司机的防范意识和事故处置能力。

（3）司机心理情绪的自我调节

1）注重心理情绪的自我调节。人不可能永远处于正面情绪之中，心理成熟的人不是没有消极情绪，更不是压抑消极情绪，而是善于调节和控制自己的情绪。司机应通过注意力转移、行动转移、自我安慰、自我提醒、幽默化解等手段，自我调节心理情绪，保持乐观积极的心态。同时，司机应通过不断学习，提高自我认识和修养水平，增强心理承受力和应激力。

2）集中注意力，保持最佳安全行车状态。注意力是合格司机最基本的心理品质，也是保证行车安全、防止交通事故的基本心理条件。司机注意力不集中表现为间断甚至中断瞭望、臆测行车、麻痹大意、相互依赖或做与驾驶不相关的事。行车过程中，车外环境不断变化，各种刺激随时发生，司机必须严格管理自己，不断进行自我提醒，把注意力集中在安全行车上。

3）消除过度紧张，克服犹豫心理。事故的发生往往是在一瞬间，司机必须在事故发生的关键时刻，在尽可能短的时间内做出反应，迅速、果断、正确、完整地处理突发事故。

列车在高速行驶中情况变化莫测，特别是遇有紧急情况时，更没有足够的思考空间和辨识时间。司机必须努力提高技术素质，切实提高心理素质，克服行车犹豫不决的心理，果断处置，确保安全。

四、司机乘务作业安全管理规定

1. 三严格

（1）严格遵守各项规章制度，正确执行各项操作程序，确保运行安全。

（2）严格按照运营时刻表及信号显示行车，维护运行秩序，工作中严守岗位，不得擅自离岗，做到“有车必有人”。

（3）严格按照要求，规范使用驾驶室设备，爱护列车，精心操作。

2. 八必须

（1）司机必须经考试合格，并取得岗位资格后，方准独立驾驶客车。

（2）司机必须严格执行有关行车安全规章制度，服从调度指挥、按照运营时刻表行车，为乘客提供安全、正点、快捷、舒适的运营服务。

（3）列车受电前，司机必须确认所有人员在安全区域，方可鸣笛升弓。

（4）司机在升降弓前、动车前、鸣笛标、平交道口、天气不良，以及其他需要鸣笛警示的情况时，必须鸣笛。

（5）整备作业及正线运行时，司机如果离开驾驶室，必须锁闭驾驶室门窗。

（6）启动列车前，司机必须确认动车凭证及行车“五要素”（信号、道岔、进路、制动、车门），防止冒进信号。

（7）行车调度员发布口头命令时，受令司机必须认真逐字复诵，领会命令内容并做好书面记录，以备与接班司机进行交接。对调度命令不清楚时，严禁动车。

（8）行车工作中，发生事故或事件时，司机必须及时准确汇报并做好记录。

3. 十严禁

（1）横越线路时，严禁跨越地沟、钻车底。

（2）穿越道岔区时，严禁脚踏尖轨和道岔转动部分。

（3）升弓后，严禁触摸电气设备带电部分、检查地沟和攀登车顶。

（4）上下列车时应站稳抓牢，严禁飞乘飞降。

（5）严禁学习司机在没有司机监督的情况下擅自操作列车。

（6）司机当班时，必须集中精力、认真瞭望，严禁做与行车无关的事。

（7）严禁列车在无人引导的情况下推进运行。

（8）在非正常行车情况下，严禁无凭证或携错误凭证动车。

（9）原路折返时，严禁没有指令和未确认道岔动车。

（10）严禁司机擅自带无关人员进入驾驶室。因工作需要添乘列车驾驶室时，必须严格执行添乘管理规定。

五、司机作业薄弱环节及安全控制措施

司机作业薄弱环节及安全控制措施见表 1–2。

表 1–2　　司机作业薄弱环节及安全控制措施

司机作业薄弱环节	安全控制措施
正线采用降级模式（SM–C、SM–I、RM 或 NRM）驾驶列车	1. 动车前五要素确认，改变驾驶模式前必须得到行车调度员授权，严禁擅自降级驾驶列车 2. 非正常情况下采用 RM 模式驾驶列车前，必须经行车调度员同意，确认进路信号及满足行车条件后才能动车，并及时向行车调度员报告列车运行状态 3. 采用人工模式驾驶时，严格控制速度，严禁超速驾驶；采用 SM–C、SM–I 模式驾驶时，要比推荐速度低 5 km/h 运行；采用 NRM 模式驾驶时，区间速度参照行车组织规则速度表执行，列车通过道岔进入侧股时严格按照规定限速运行，进入限速区段按限速要求执行。遇信号异常及危及行车安全时，及时采取紧急停车措施

续表

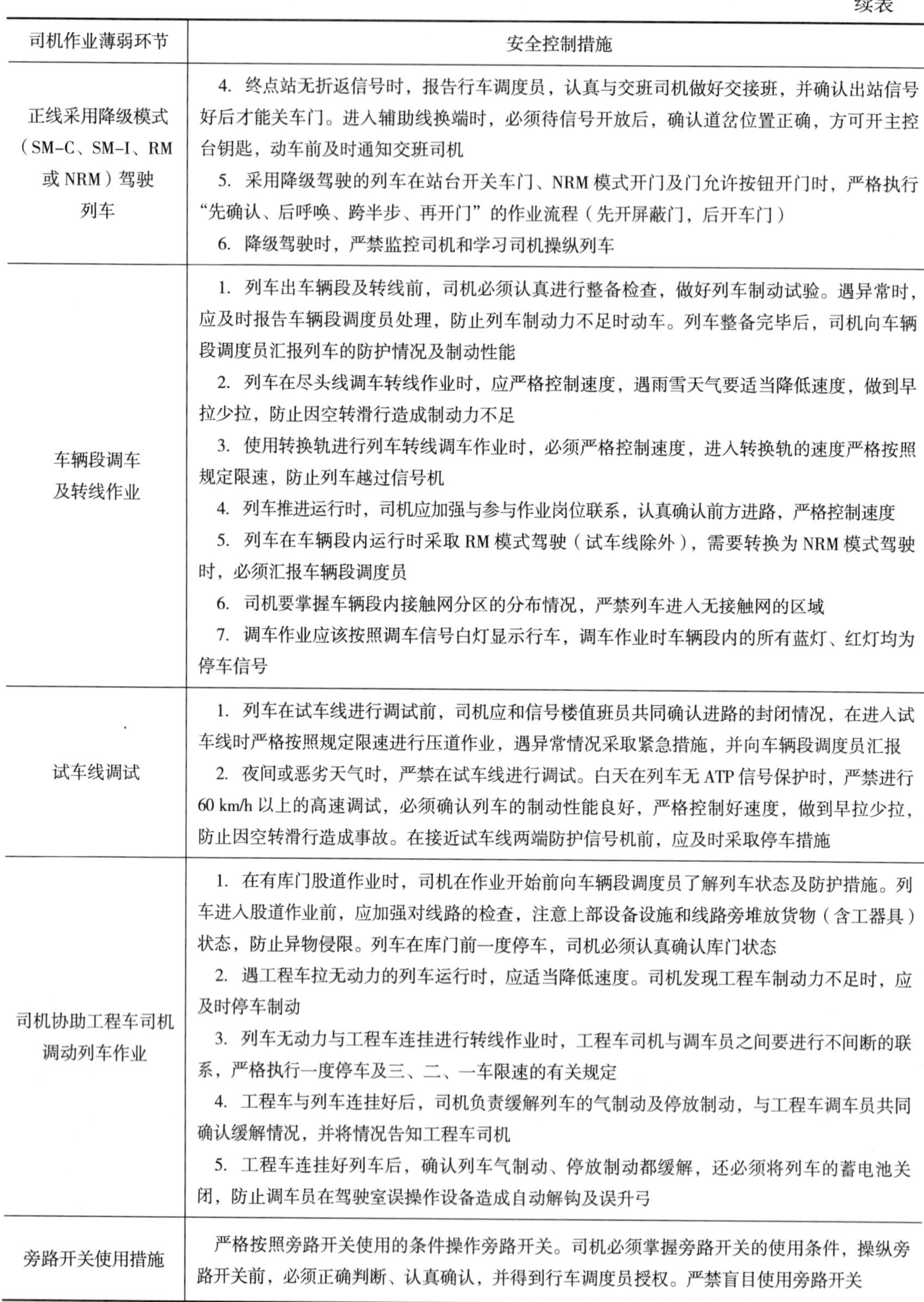

司机作业薄弱环节	安全控制措施
正线采用降级模式（SM-C、SM-I、RM 或 NRM）驾驶列车	4. 终点站无折返信号时，报告行车调度员，认真与交班司机做好交接班，并确认出站信号好后才能关车门。进入辅助线换端时，必须待信号开放后，确认道岔位置正确，方可开主控台钥匙，动车前及时通知交班司机 5. 采用降级驾驶的列车在站台开关车门、NRM 模式开门及门允许按钮开门时，严格执行“先确认、后呼唤、跨半步、再开门”的作业流程（先开屏蔽门，后开车门） 6. 降级驾驶时，严禁监控司机和学习司机操纵列车
车辆段调车及转线作业	1. 列车出车辆段及转线前，司机必须认真进行整备检查，做好列车制动试验。遇异常时，应及时报告车辆段调度员处理，防止列车制动力不足时动车。列车整备完毕后，司机向车辆段调度员汇报列车的防护情况及制动性能 2. 列车在尽头线调车转线作业时，应严格控制速度，遇雨雪天气要适当降低速度，做到早拉少拉，防止因空转滑行造成制动力不足 3. 使用转换轨进行列车转线调车作业时，必须严格控制速度，进入转换轨的速度严格按照规定限速，防止列车越过信号机 4. 列车推进运行时，司机应加强与参与作业岗位联系，认真确认前方进路，严格控制速度 5. 列车在车辆段内运行时采取 RM 模式驾驶（试车线除外），需要转换为 NRM 模式驾驶时，必须汇报车辆段调度员 6. 司机要掌握车辆段内接触网分区的分布情况，严禁列车进入无接触网的区域 7. 调车作业应该按照调车信号白灯显示行车，调车作业时车辆段内的所有蓝灯、红灯均为停车信号
试车线调试	1. 列车在试车线进行调试前，司机应和信号楼值班员共同确认进路的封闭情况，在进入试车线时严格按照规定限速进行压道作业，遇异常情况采取紧急措施，并向车辆段调度员汇报 2. 夜间或恶劣天气时，严禁在试车线进行调试。白天在列车无 ATP 信号保护时，严禁进行 60 km/h 以上的高速调试，必须确认列车的制动性能良好，严格控制好速度，做到早拉少拉，防止因空转滑行造成事故。在接近试车线两端防护信号机前，应及时采取停车措施
司机协助工程车司机调动列车作业	1. 在有库门股道作业时，司机在作业开始前向车辆段调度员了解列车状态及防护措施。列车进入股道作业前，应加强对线路的检查，注意上部设备设施和线路旁堆放货物（含工器具）状态，防止异物侵限。列车在库门前一度停车，司机必须认真确认库门状态 2. 遇工程车拉无动力的列车运行时，应适当降低速度。司机发现工程车制动力不足时，应及时停车制动 3. 列车无动力与工程车连挂进行转线作业时，工程车司机与调车员之间要进行不间断的联系，严格执行一度停车及三、二、一车限速的有关规定 4. 工程车与列车连挂好后，司机负责缓解列车的气制动及停放制动，与工程车调车员共同确认缓解情况，并将情况告知工程车司机 5. 工程车连挂好列车后，确认列车气制动、停放制动都缓解，还必须将列车的蓄电池关闭，防止调车员在驾驶室误操作设备造成自动解钩及误升弓
旁路开关使用措施	严格按照旁路开关使用的条件操作旁路开关。司机必须掌握旁路开关的使用条件，操纵旁路开关前，必须正确判断、认真确认，并得到行车调度员授权。严禁盲目使用旁路开关

续表

司机作业薄弱环节	安全控制措施
终点站折返作业	1. 严禁未经列车队长或行车调度员同意，私自顶替他人进行折返作业 2. 终点站交接班使用标准用语，及时、准确地将列车状态、行车指示向接班司机交接清楚。接班司机要认真复诵、确认 3. 非正常情况下人工折返时，必须将情况报告行车调度员，在得到行车调度员的同意及确认进路、信号、凭证后进入辅助线，换端后司机必须确认进路、信号好后，方可开列车的主控钥匙并报行车调度员授权 RM 动车 4. 司机进出辅助线应按规定与行车调度员、车站控制室联系，并穿荧光服，行走线路时注意轨旁设备，确保人身安全，到达站台后向行车调度员及车站报告 5. 严格按照终点站的折返程序进行折返作业。折返完毕后注意确认发车时间，信号开放后才能关屏蔽门、车门，按时刻表发车
站台作业	1. 列车在站对标停车后，司机在确认列车对标准确、制动不缓解指示灯亮后，拉开站台侧驾驶室侧门进行作业 2. 列车对标停车后严格执行“先确认、后呼唤、跨半步、再开门”的开门作业程序 3. 确认进路防护信号开放好，确认车门、屏蔽门开启 8 s 以上，发车计时器（DTI）显示为 15 ~ 18 s 关屏蔽门、车门。关门时认真确认屏蔽门、车门是否夹人夹物，注意屏蔽门与车门缝隙间是否有异物，动车前看到站台人员异常时及时停车，严禁盲目赶点 4. 在两端终点站，司机必须认真确认车门关闭状况，进入驾驶室确认“车门关好”指示灯绿灯亮后再呼唤“车门关好”，防止夹人夹物开车 5. 屏蔽门故障时及时向站台岗报告，确认站台岗“好了”信号后动车，并将故障情况报告给行车调度员
开关屏蔽门、车门作业	1. 列车停在停车标范围内，车门、屏蔽门无法联动打开而需手动开门时，严格执行先开屏蔽门再开车门和先关屏蔽门再关车门的开关屏蔽门、车门程序 2. 列车停在停车标范围内，有车门使能信号，车门无法打开时，司机应将开关打到开门相应位，再次按压开门按钮尝试开门，如果仍无法开门，则按照相关程序处理
人工折返	列车停稳后，司机必须确认信号开放、进路道岔位置正确，方可打开主控钥匙，RM 模式动车前必须得到行车调度员的同意
非正常行车的组织	1. ATP 故障时，认真执行行车调度员的调度命令并做好记录，以 RM 模式驾驶列车，在采用站间电话联系法行车的区段内，地面信号视为无效。进入折返线前，司机必须确认线路上的人员处于安全区域及站务人员已发“好了”信号，确认道岔位置正确后，按行车调度员指示动车。站台发车的行车凭证为发车手信号，没有看到发车手信号，严禁关车门 2. 认真接听行车调度员的调度命令，接到故障修复恢复正常行车的通知后，严格按照信号显示行车 3. 非正常情况下动车前必须认真确认进路道岔位置正确，并加强与行车调度员的联系，做到不懂就问、不清就停 4. 出、入车辆段采用路票行车时，司机注意确认好进路上的道岔位置，进站注意确认引导手信号 5. 司机发现同一区间有两列车运行，要立即采取紧急停车措施并报行车调度员

第四节　运营事故事件处理

在城市轨道交通运营工作中，凡因违反规章制度、劳动纪律或因设备技术不良及其他原因，造成人员伤亡、设备损坏、经济损失、中断行车、影响正常运营生产或危及运营生产安全的，均构成运营事故或运营事件。

一、城市轨道交通运营事故事件的等级划分

1. 运营事故分级标准

2015 年颁布的《国家城市轨道交通运营突发事件应急预案》按照事件严重性和受影响程度，将运营突发事件分为特别重大、重大、较大和一般四个等级（在分级标准有关数量的表述中，“以上”含本数，“以下”不含本数）。

（1）特别重大运营突发事件：造成 30 人以上死亡，或者 100 人以上重伤，或者直接经济损失 1 亿元以上的。

（2）重大运营突发事件：造成 10 人以上 30 人以下死亡，或者 50 人以上 100 人以下重伤，或者直接经济损失 5 000 万元以上 1 亿元以下，或者连续中断行车 24 h 以上的。

（3）较大运营突发事件：造成 3 人以上 10 人以下死亡，或者 10 人以上 50 人以下重伤，或者直接经济损失 1 000 万元以上 5 000 万元以下，或者连续中断行车 6 h 以上 24 h 以下的。

（4）一般运营突发事件：造成 3 人以下死亡，或者 10 人以下重伤，或者直接经济损失 50 万元以上 1 000 万元以下，或者连续中断行车 2 h 以上 6 h 以下的。

鉴于上述四个等级事件的严重性和影响程度，各城市轨道交通运营企业一般均将其称为“事故”，依次对应为特别重大事故、重大事故、大事故、一般事故四个等级。

目前，全国多个城市已经开通运营多条地铁、轻轨线路，各城市轨道交通运营企业均根据事故损失及对运营造成的影响和危害程度，依据《中华人民共和国突发事件应对法》《中华人民共和国安全生产法》《生产安全事故报告和调查处理条例》《国家突发公共事件总体应急预案》《国家城市轨道交通运营突发事件应急预案》及相关法律法规，制定本企业事故事件调查处理规则，设置运营事故分类，一般仅在划分标准上（如直接经济损失数额、连续中断行车时间等）略有区别。

2. 运营事件分级标准

在实际运营中，各城市轨道交通运营企业在运营事故之外，均增设了运营事件相关条目。凡在运营工作中，因违反规章制度、劳动纪律或因其他原因造成设备损坏、影响正常行车或危及行车安全，但事故性质及危害程度达不到一般事故以上标准的，称为运营事件。

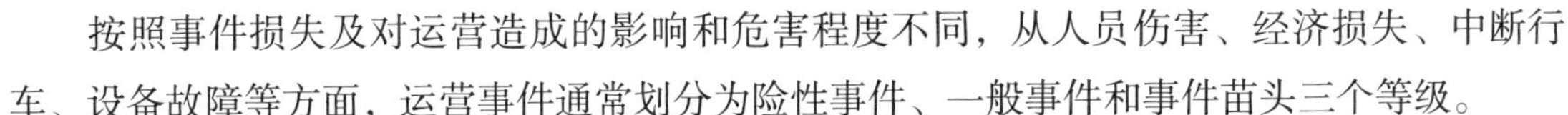

按照事件损失及对运营造成的影响和危害程度不同，从人员伤害、经济损失、中断行车、设备故障等方面，运营事件通常划分为险性事件、一般事件和事件苗头三个等级。

（1）险性事件

在运营生产中，发生下列情况或造成下列后果之一的为险性事件：

1）直接经济损失 30 万元以上 50 万元以下。

2）连续中断行车 90 min 以上 2 h 以下。

3）列车正线、辅助线冲突。

4）列车正线、辅助线脱轨。

5）列车正线、辅助线分离。

6）列车正线、辅助线挤岔。

7）未经批准向占用线接入列车。

8）未经批准向占用线或区间发出列车。

9）未准备好进路或错排进路接、发列车。

10）未办或错办行车凭证发车。

11）客运列车冒进信号。

12）擅自改变客运列车运行方向行车。

13）运营期间车辆溜逸，且已经进入正线、辅助线的。

14）客运列车错开车门、未关闭车门开车、运行途中开门、车未停稳开门，造成严重后果的。

15）客运列车夹人开车，造成严重后果的。

16）将人关在车门与屏蔽门之间开车，造成严重后果的。

17）供电系统发生漏停电、错停电、误送电。

18）信号错误升级显示。

19）运营时间内正线或辅助线走行轨由轨顶到轨底断裂。

20）运营时间内未经批准进入隧道内行走或隧道内施工作业未进行请销点。

21）运营时间正线或辅助线隧道结构或道床变形，影响安全的。

22）运营时间控制中心、各车站、区间、主变电所发生非外力造成的火警，对客运、行车等正常秩序造成较大影响，或致使消防车出动现场扑救。

23）电梯轿厢滞留人员 90 min 以上 120 min 以下，造成严重后果的。

（2）一般事件

在运营生产中，发生下列情况或造成下列后果之一的为一般事件：

1）直接经济损失 10 万元以上 30 万元以下。

2）连续中断行车 30 min 以上 90 min 以下。

3）车辆段 / 停车场内列车、调车冲突。

4）车辆段 / 停车场内列车、调车脱轨。

5）车辆段 / 停车场内列车、调车分离。

6）车辆段 / 停车场内列车、调车挤岔。

7）非运营时间车辆溜逸，或车辆溜逸但未进入运营线路的。

8）错发、错传，或漏发、漏收、漏传调度命令，延误列车运行 10 min 以上的。

9）车辆段 / 停车场内电客车、机车车辆溜动或错误操作，导致与其他电客车、机车车辆或设备发生碰撞。

10）车辆段 / 停车场线路由轨顶到轨底贯通断裂。

11）非运营时间内未经批准进入隧道内行走，或隧道内施工作业未进行请销点。

12）接触网断线或断杆。

13）错挂、漏挂、错撤、忘撤接地线。

14）运营时间单个车站照明全部熄灭 60 min 以上。

15）运营时间单一车站全部自动售票机中断售票 120 min 以上，或全线自动售票机中断售票 60 min 以上。

16）运营期间，行车指挥通信有线或无线系统中断通信 60 min 以上。

17）主变电所全所供电中断 120 min 以上。

18）变电所保护拒动，造成后果的。

19）设备设施或机车车辆超限、机车车辆部件脱落、装载货物超限、货物装载不良开车，导致设备设施损坏。

20）列车运行中，齿轮箱、抗侧滚扭杆、牵引电动机、空压机和牵引、制动电器箱等车辆整体重要部件脱落的。

21）车辆段 / 停车场发生非外力造成的火警，导致影响正常生产办公秩序，或致使消防车出动现场扑救的。

22）非运营时间控制中心、各车站、区间、主变电所发生非外力造成的火警，对生产办公秩序或重要设备、系统造成一定影响，或致使防车出动现场扑救。

23）电梯轿厢滞留人员 90 min 以上 120 min 以下，未造成严重后果的。

（3）事件苗头

在运营工作中，发生下列情况或造成下列后果之一的为事件苗头：

1）直接经济损失 1 万元以上 10 万元以下。

2）应停载客列车未停站通过。

3）错发、错传，或漏发、漏收、漏传调度命令，延误列车运行 10 min 以内。

4）列车未经允许搭载乘客进入非运营线路，造成后果的。

5）客运列车车门夹人夹物，设备已检测到，但旁路车门动车，未造成人员伤害。

6）运营期间，设备、设施、备品脱落或掉入轨行区，造成停车的。

7）轨行区内无施工许可作业，或作业人员、物料设备超出施工防护区域。

8）施工清场不彻底或轨行区内应撤除的设施、设备、物料、标志未及时撤除，影响行车的。

9）车辆段 / 停车场线内施工作业未进行请销点。

10）施工作业未按要求设置或撤除安全防护装置。

11）无特种作业操作证操作相关设备，或无证违章操作安全相关命令。

12）未验电即挂地线。

13）车辆段 / 停车场供电系统发生错误停、送电。

14）设备设施超限或机车车辆超限，机车车辆部件脱落，装载货物超限，货物装载不良开车。

15）运营期间，运营线路积水漫过轨面。

16）运营时间单个车站照明全部熄灭 10 min 以上 60 min 以下。

17）运营时间内控制中心调度通信系统中断通信 10 min 以上 60 min 以下。

18）运营时间单一车站全部自动售票机中断售票 60 min 以上或全线自动售票机中断售票 30 min 以上。

19）运营时间单个车站进闸机或出闸机全部故障 30 min 以上。

20）人为原因造成自动消防设施误动作、在紧急情况下不动作，或在操作过程中出现明显失误。

21）自动消防设施因检修或故障不具备相关监控功能的情况下，未及时通知相关人员采取相应措施。

22）未经批准关闭、屏蔽防灾设备，造成后果的。

23）运营期间，未经行车调度员允许，擅自切除客运列车的车载安全装置开车。

24）电客车由有电区闯入无电区。

25）客运列车错开车门、未关闭车门开车、运行途中开门、车未停稳开门，未造成后果的。

26）将人关在车门与屏蔽门之间开车，未造成后果的。

27）车站紧急停车装置失效，或列车达到紧急制动条件时信号保护装置未触发紧急停车模式，或列车紧急停车装置失效。

28）擅自改变非客运列车运行方向行车。

29）非客运列车、调车冒进信号。

30）不具备载客条件的列车上线运营。

31）事故事件的录音或录像资料因人为操作缺失。

32）未撤除防溜措施动车。

33）正线给水主管、消防主管爆裂，或车辆段/停车场给水主管和消防主管爆裂，严重影响生产办公秩序的。

34）自动消防设施在紧急情况下失效，不能正常启动。

35）自动消防设施因系统原因误动作，造成人身伤害、设备损失。

36）非外力造成起火冒烟险情，处置过程需要使用气体灭火系统、水喷淋系统、消火栓或两个以上灭火器。

37）电梯轿厢滞留人员 60 min 以上 90 min 以下的。

3. 相关名词定义

（1）直接经济损失

直接经济损失是指城市轨道交通运营企业的设备损失费用及事故救援、伤亡人员处理费用（不含人身保险赔偿费用）。设备报废时，按设备账面价值减除折旧及残值计算，受损的设备按修复费用计算。

（2）中断行车

不论事故发生在区间、车站或车辆段，造成运营正线双线之一（上、下行线之一）不能通行后续客运列车的，即为中断行车。计算中断行车时间由事故事件发生造成堵塞行车时起（火灾爆炸时由停车时算起）至实际恢复列车正常行车条件时止。非运营期间内中断行车时间由列车运行图规定第一列列车到达或通过该地点的时间起至实际恢复行车条件的时间止（实际恢复行车条件的时间以事故事件现场实际的开通时间为准）。

（3）列车

列车是指按规定编码并有车次号的客车车组、工程车、单机，分为客运列车、其他列车两类。

客运列车是指以运送乘客为目的，按规定编组而成且已载有乘客（包括专列）的客车车组。列车救援时，无论故障列车或是救援列车，只要某一列车上载有乘客，均视为客运列车。

除客运列车以外的列车，如回空列车、工程列车、救援列车、内燃机车单机、轨道车单机和调试列车等均称为其他列车。

（4）冲突

冲突是指列车、客车车组、机车、车辆相互间或与设备、设施（如车库、站台、车挡、脱轨设备、止轮设备等）发生冲撞，导致列车、机车、车辆、设备、设施等破损。

（5）脱轨

脱轨是指列车、客车车组、机车、车辆车轮离开钢轨轨面（包括脱轨后又自行复轨）。每辆车（每台转向架）只要脱轨一轮，即按一辆（一台）计算。

（6）挤岔

挤岔是指车轮挤上、挤过或挤坏道岔设备。

（7）列车分离

列车分离是指编组列车因未确认车辆的连接状态或车钩作用不良而发生的车辆分离（包括车钩缓冲装置破损）。

（8）列车冒进信号

发生下述任一情况，即视为列车冒进信号：列车前端任何一部分越过固定信号显示的停车信号或规定的停车手信号显示地点（包括停车列车越过信号机或警冲标）；在基于通信的列车控制模式下，列车越过 ATP 正常防护下的停车位置（信号突变或紧急情况下，采取紧急制动措施后仍越出信号机时，不列责任事故）。

（9）擅自改变列车运行方向行车

擅自改变列车运行方向行车是指未经行车调度员允许，列车未按规定或图定的运行方向或行车调度员指挥的行车方向运行，并已占用或进入另一区间。

（10）溜逸

溜逸是指机车或车辆发生溜车，越出本车原占用的线路、股道或区间。

（11）向占用区间或区段错发出列车

向占用区间或区段错发出列车是指采用站间电话法、电话闭塞法、区段进路行车法等人工组织行车时，向占用区间或区段发出列车（开行救援列车、抢险列车时除外）。

（12）错开车门

错开车门是指载客列车停车后未对好站台（指客车至少有一个客室门越出站台头端墙或未到站台尾端墙）就开启客室车门（经行车调度员同意的除外），或开启非站台（含不具备服务条件或不组织运营服务的站台）一侧的客室车门。

（13）未关闭车门行车

未关闭车门行车是指客运列车客室门未关闭或未关闭好（两侧门缝隙大于 25 mm）发车，故障车门已越出站台或进入区间（若车门故障无法关闭，已设置防护栏或安排专门工作人员随车在故障车门处进行监护，不按本款论）。

（14）运行途中开门

运行途中开门是指载客列车运行过程中，因车门故障等原因导致客室车门打开。

（15）夹人开车

夹人开车是指夹住人体任何部位或随身衣物启动列车，危及人身安全。

（16）将人关在车门与屏蔽门之间开车

将人关在车门与屏蔽门之间开车是指有人进入了车门与屏蔽门之间的空隙启动列车。

（17）占用线

占用线是指停有列车、电客车、机车、车辆的线路或已封锁的线路。

（18）占用区间

发生下述任一情况，即视为占用区间：区间已进入列车，区间已被列车取得占用的许可，封锁的区间（如安排进行施工作业等），区间内有停留或溜入的列车、电客车、机车、车辆（包括列车发出后溜入的）。

（19）未准备好进路

发生下列任一情况，即视为未准备好进路：进路上存在危及行车的障碍物，进路上的道岔未扳、错扳、临时扳动或错误转动，邻线的列车、电客车、机车、车辆等越出警冲标。

（20）未拿或错拿行车凭证发出列车

未拿或错拿行车凭证发出列车是指办理完行车手续应凭行车凭证发车，但未交、错交、未拿或错拿行车凭证而发出列车；或者行车凭证有日期、区间、车次错误，但已经发出列车。

（21）未办或错办行车手续发出列车

未办或错办行车手续发出列车是指采用站间电话法、电话闭塞法、区段进路行车法等人工组织行车法行车时，未办理行车手续发出列车，或办理手续后的区间（区段）与列车运行的区间（区段）不一致但已发出列车。

（22）擅自切除车载安全装置

擅自切除车载安全装置是指未按规定得到行车调度员同意授权，擅自切除客车车组的ATP切除开关、车门旁路开关、疏散门旁路开关、气制动旁路开关、停放制动旁路开关等安全设施。

（23）耽误列车

耽误列车是指列车在始发站或停车站因违章作业、违反劳动纪律等造成列车晚开或超过运行图规定的停车时间。

（24）列车救援时间

控制中心根据实际情况决定是否启动列车救援程序，列车救援时间起算点为控制中心正式发布救援命令的时间，截止点为救援列车与故障列车连挂后动车的时间。

（25）信号错误升级显示

信号错误升级显示是指运营期间由于某种信号联锁条件错误或有关人员违章操作，导致信号机设备发生禁止信号错误显示为允许信号、引导信号错误显示为黄色或绿色灯光、黄色灯光错误显示为绿色灯光的情况。

二、事故事件的报告

运营事故事件的报告实行“立接立报”制度，执行及时、准确、完整的基本原则。事故事件报告内容应当做到及时、客观、真实，任何单位和个人对事故不得迟报、漏报、谎报或者瞒报。运营事故事件报告分为初报和补报，初报可采用电话快报、信息快报或书面报告，补报采用书面报告形式。事故报告后出现新情况的，应当及时补报。

1. 事故事件报告的程序

根据《国家城市轨道交通运营突发事件应急预案》的规定，运营突发事件发生后，运营单位应当立即向当地城市轨道交通运营主管部门和相关部门报告，同时通告可能受到影响的单位和乘客。

事发地城市轨道交通运营主管部门接到运营突发事件信息报告或监测到相关信息后，应当立即进行核实，对运营突发事件的性质和类别进行初步认定，按照国家规定的时限、程序和要求向上级城市轨道交通运营主管部门和同级人民政府报告，并通报同级其他相关部门和单位。运营突发事件已经或者可能涉及相邻行政区域的，事发地城市轨道交通运营主管部门应当及时通报相邻区域城市轨道交通运营主管部门。事发地城市及以上地方各级人民政府、城市轨道交通运营主管部门应当按照有关规定逐级上报，必要时可越级上报。对初判为重大以上的运营突发事件，省级人民政府和交通运输部要立即向国务院报告。

城市轨道交通运营企业内部的运营事故事件报告制度由企业根据相关法律法规自定，一般程序为：发生运营事故事件后，事发部门（人员）或现场发现部门（人员）应立即报告控制中心，控制中心值班主任在接报信息后 10 min 内按照规定向运营分公司相关领导、安全管理部门和其他相关部门进行汇报和通报。发生一般及以上事故时，运营分公司负责人接到报告后 1 h 内向集团公司报告；一般事故以下的事件，应在事件发生 2 h 内向安全保卫部进行书面初步报告。运营分公司内部事故事件信息传递采用电话和信息快报形式，发生一般及以上事故时，运营分公司除了电话快报集团公司外，在事故出现新的情况或人员伤亡人数发生变化时，应按照国家法律、法规规定进行补报。

2. 事故事件报告的主要内容

（1）事故事件发生时间：年、月、日、时、分。

（2）事故事件发生地点：车站、上 / 下行、区间、百米标。

（3）列车车次、车体号、车组号，关系人姓名、职务、联系方式。

（4）事故事件概况：事故简要经过，初步的原因判断。

（5）事故事件现场情况：已经造成或可能造成的伤亡人数（包括下落不明、涉险的人数），车辆、线路等设备损坏情况，是否影响邻线运行。

（6）应急救援情况：已经采取的措施，是否需要救援。

（7）其他应当报告的情况。

三、事故事件的调查

1. 事故事件调查权限

事故事件调查处理应当坚持实事求是、尊重科学的原则，及时、准确地查清事故经过、事故原因和事故损失，查明事故性质，认定事故责任，总结事故教训，提出整改措施，并对事故责任者依法追究责任。

运营突发事故事件发生后，按照《生产安全事故报告和调查处理条例》等有关规定成立调查组，查明事件原因、性质、人员伤亡、影响范围、经济损失等情况，提出防范、整改措施和处理建议。

（1）特别重大事故由国务院或者国务院授权有关部门组织事故调查组进行调查。

（2）重大事故、大事故、一般事故分别由事故发生地省级人民政府、设区的市级人民政府、县级人民政府负责调查。省级人民政府、设区的市级人民政府、县级人民政府可直接组织事故调查组进行调查，也可授权或者委托有关部门组织事故调查组进行调查。

（3）未造成人员伤亡的一般事故，县级人民政府也可委托事故发生单位组织事故调查组进行调查。

（4）上级人民政府认为必要时，可调查由下级人民政府负责调查的事故。

（5）特别重大事故以下等级事故，事故发生地与事故发生单位不在同一个县级以上行政区域的，由事故发生地人民政府负责调查，事故发生单位所在地人民政府应当派人参加。

2. 事故事件调查报告

事故调查组应当自事故发生之日起 60 日内提交事故调查报告。特殊情况下，经负责事故调查的人民政府批准，提交事故调查报告的期限可以适当延长，但延长的期限最长不超过 60 日。

事故调查报告应当包括下列内容：事故发生单位概况、事故发生经过和事故救援情况、事故造成的人员伤亡和直接经济损失、事故发生的原因和事故性质、事故责任的认定、对事故责任者的处理建议，以及事故防范和整改措施。

四、事故事件的处理

1. 事故事件处理基本原则

（1）执行“高度集中、统一指挥”的原则。发生一般以下事故时，由运营管理部门事故处理小组负责处理；发生一般及以上事故时，需由上级主管部门调查处理，城市轨道交通运营企业事故调查处理小组做好协助调查工作。

（2）坚持“先救人后救物，先全面后局部，先正线后其他”的原则。优先组织人员疏散、伤员抢救，同时兼顾重点设备和环境的防护。

（3）执行“先通后复”的原则。快报告、快处理、快开通，积极采取措施，尽快抢救伤员和恢复运营，尽量减少损失。

（4）执行“就近处理”的原则。事故发生时，在上一级事故处理负责人到达现场前，由事故现场相关工作人员担任临时处理负责人（见表 1–3）。上一级事故处理负责人到达现场后，由其担任现场指挥。

表 1–3　　事故现场临时处理负责人

序号	事故发生处所	事故现场临时处理负责人
1	列车	本列车司机
2	车站	所在站值班站长
3	列车在车站	所在站值班站长
4	区间线路	行车调度员指定的值班站长
5	车辆段 / 停车场	车辆段 / 停车场调度员
6	其他运营场所	现场最近、最高职务的员工

（5）处理事故要以事实为依据、以规章为准绳，按照“四不放过”的原则，认真调查分析，查明原因，分清责任，吸取教训，制定措施，防止同类事故再次发生。

2. 运营事故责任判定

（1）运营事故责任划分

运营事故按事故原因不同，可分为责任事故和非责任事故。责任事故是指能够避免发生，但因为人的不安全行为、物的不安全状态、管理上的缺陷等未能避免而导致发生的事故。非责任事故是指在不可抗力的作用下、不能预知的情况下（如地震等）发生的事故。

运营事故按责任程度不同，可分为全部责任事故（对事故损失及不良影响负有 100% 的责任）、主要责任事故（对事故损失及不良影响负有 50% ~ 99% 的责任）、同等责任事故（各方均负有事故损失及不良影响的相同比例的责任）、次要责任事故（对事故损失及不良影响负有 20% ~ 49% 的责任）和一定责任事故（对事故损失及不良影响负有 1% ~ 19% 的责任）。

若事故由多方原因造成，按各责任方承担比例进行划分。

（2）运营事故定责

运营事故责任判定的原则是“以事实为依据，以规章为准绳”。

1）因设备故障造成的事故，定设备管理部门责任。在故障处置过程中，由于运作部门处置不当导致故障延时构成事故时，定设备管理部门和运作部门责任，其中运作部门责任比例最高不超过 40%；由于运作部门在故障处置过程中违反规章制度造成的事故，定运作部门责任。

2）因设备质量不良造成事故，属设计、制造、采购、检修等单位责任的，定相关单位责任；应采用经行政许可或强制认证的产品而采用其他产品的，追究采用部门责任；采购不合格或不达标产品的，追究采购部门责任。

3）凡因货物装载不良造成的事故，定装载部门的责任。

4）运营线路施工中发生责任事故，属工程建设、设计、监理、施工等原因造成的，定上述相关单位责任；同时追究设备管理部门责任。已经竣工验收的设备，因质量问题发生责任事故，确属工程建设、设计、施工、监理等单位责任的，定上述相关单位责任；属设备管理不善的，定设备管理单位责任。

5）因运作流程错误或未按照作业程序执行造成的运营事故，定运作或作业部门责任。

6）因不可抗拒的外因、城市轨道交通外部因素、乘客自身原因、治安案件等造成的事故，不列责任事故。若因防范措施不到位、处理不当造成次生事故，仍列责任事故。

涉及两个及两个以上部门的事故，若各方相互推脱、不配合事故调查分析，造成责任难以分清时，事故调查小组可以裁定各方均负全部责任。对故意破坏或改变事故（事件）现场、阻挠事故调查分析的，事故调查小组可以裁定其负全部责任。

3. 运营事故处理

对事故定性要准确，对事故责任者，应根据事故性质和情节分别予以批评教育、经济处罚、行政处分直至追究法律责任。事故性质、情节严重的，要按规定追究相关领导的责任，构成违法犯罪的，移交公安机关依法追究其法律责任。对事故分析处理拖延、推脱责任、姑息纵容、隐瞒不报或弄虚作假者，将给予严肃批评教育或纪律处分，情节严重者，要追究其法律责任。

（1）发生重大事故、大事故、一般事故时，负责事故调查的人民政府应当自收到事故调查报告之日起 15 日内批复；发生特别重大事故时，30 日内批复，特殊情况下，批复时间可以适当延长，但延长的时间最长不超过 30 日。

（2）有关部门应当按照人民政府的批复，依照法律、行政法规规定的权限和程序，对事故发生单位和有关人员进行行政处罚，对负有事故责任的人员进行处分。

（3）事故发生单位应当按照负责事故调查的人民政府的批复，对本单位负有事故责任的人员进行处理。

（4）负有事故责任的人员涉嫌犯罪的，依法追究刑事责任。

（5）事故发生单位应当认真吸取事故教训，落实防范和整改措施，防止事故再次发生。防范和整改措施的落实情况应当接受工会和职工的监督。安全生产监督管理部门和负有安全生产监督管理职责的有关部门应当对事故发生单位落实防范和整改措施的情况进行监督检查。

（6）事故处理的情况由负责事故调查的人民政府或者其授权的相关部门、机构向社会公布，依法应当保密的除外。

知识窗

“四不放过”原则

“四不放过”原则是事故调查分析和处理的基本原则，包括事故原因没有查清不放过、事故责任者没有严肃处理不放过、防范措施没有落实不放过、广大员工没有受到教育不放过。

思考与练习

1. 城市轨道交通行车工作有哪些原则和特点？
2. 对调度命令的发布内容有哪些规定？
3. 城市轨道交通运营指挥设置哪些层级？
4. 什么是交路？列车交路分为哪几种？
5. 乘务制度有哪几种？各有何特点？
6. 什么是人为失误？如何防范人为失误？
7. 什么是违章行车？违章行车会造成哪些危害？
8. 终点站折返作业的安全控制措施有哪些？
9. 站台作业的安全控制措施有哪些？
10. 什么是运营事故？城市轨道交通运营事故的等级是如何划分的？
11. 运营事故报告主要包括哪些内容？
12. 什么是中断行车？中断行车时间如何计算？
13. 什么是“列车冒进信号”和“错开车门”？

第二章　列车运行控制

学习目标：

- ◆ 熟悉城市轨道交通列车运行控制技术基础知识。
- ◆ 熟悉城市轨道交通行车信号基本知识。
- ◆ 熟悉城市轨道交通联锁系统结构与功能。
- ◆ 掌握城市轨道交通行车闭塞法。

轨道交通自诞生以来，经历了多次技术创新和变革，安全和高效始终是轨道交通系统追求的根本目标。在城市轨道交通系统中，列车运行速度相对较低，但站间距离短、客流量大且呈现潮汐式波动等显著特点，对其提出了在保证安全的前提下，必须提高运行速度、缩短行车间隔、增大行车密度、改善运行舒适度等要求，列车运行控制系统应运而生。

近年来，随着计算机技术、通信技术、网络技术的迅速发展，列车运行控制系统已成为调度指挥和运营管理的中枢。现代化列车运行自动控制（ATC）系统以安全设备为基础，集行车指挥、运行调整、列车自动防护及自动驾驶等功能为一体，具有网络化、综合化、数字化、智能化的显著特征。

第一节　列车运行控制基础

现代化城市轨道交通系统作为大容量的交通系统，必须借助多种技术手段和方法，不间断地对行车设备状态、列车运行实际情况进行监督、控制和调整，在确保安全的前提下，控制列车尽可能高速平稳运行，从而快速、安全、高效、优质地完成运输任务。

一、无线通信技术

近年来，随着计算机、通信和控制技术的发展，基于通信的列车控制（CBTC）系统渐成主流。无线通信技术利用电磁波可在自由空间中传播的特性进行信息交换，实现通信联络。城市轨道交通线路长、站点多、涉及面广、影响因素众多，只有采用无线通信实现车地数据传输，才能实现真正的移动闭塞及列车运行自动控制。

1. 应答器

应答器系统是采用电磁感应原理制成的高速点式数据传输设备，用以在特定地点实现地对车的数据传输。地面应答器分为无源应答器和有源应答器两种，传送的信息主要包括线路基本参数信息、线路速度信息、临时限速信息和特殊定位信息等。

传统的应答器系统中，查询器安装在列车上，应答器布置在沿线固定地点，如图 2–1 所示。列车经过地面应答器上方（约 ±0.5 m 范围内）时，地面应答器接收到车载查询器天线发射的电磁能量后，将其转换为电能，激活应答器中的电子电路工作，将预先存储的数据（无源应答器）或 LEU 传送的报文数据（有源应答器）循环发送，由车载查询器接收，直至列车离去。

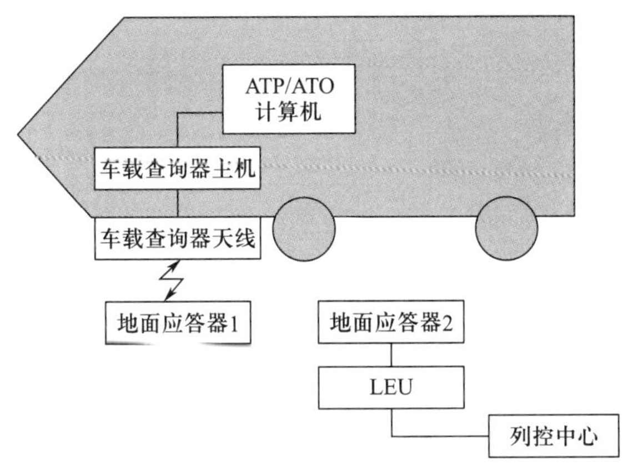

图 2–1　应答器

2. 无线局域网

无线局域网以无线信道作为传输介质，典型的无线局域网是由一个接入点（AP）和若干移动终端构成的有中心网络结构。各移动终端都与接入点通信，通过接入点与网络内其他移动终端通信，也可以通过接入点与其他网络互联。城市轨道交通列车采用的无线局域网如图 2–2 所示。

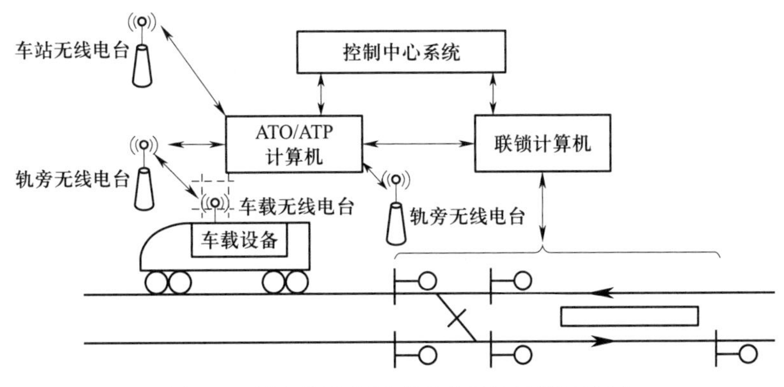

图 2–2　城市轨道交通列车采用的无线局域网

3. 扩频通信

城市轨道交通扩频通信系统由控制中心无线总站、控制分区无线分站、地面无线基站（BS）、车载无线设备等组成，如图 2–3 所示。

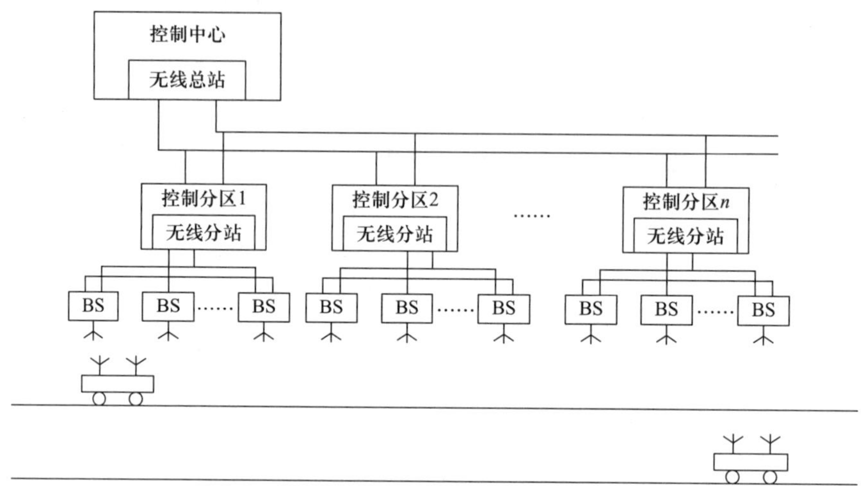

图 2–3　城市轨道交通扩频通信系统

无线总站负责发布运营控制信息（如列车信息、调度命令、乘客信息等），并协调相邻无线分站的工作。无线分站用于实现车地通信、控制中心与控制分区通信，以及接收列车发送的定位信息等。无线基站沿线路布置，其位置选择应确保列车在沿线各点至少能与四个基站建立无线联络。车载无线设备设置在列车上，通过无线通道与地面无线基站通信。

车载无线设备不断接收来自地面无线基站的信息，选取其中三个实现定位，其余信息用于验证定位准确性，以确保运行安全。同时，车载设备将位置信息经过处理、扩频、调试后向地面发送。无线分站协调控制区域内各个基站和列车的工作，并将控制分区传送来的控制命令、基站自身位置信息及其他必要信息加工后向列车发送。

知识窗

扩 频 通 信

扩频通信是一种数字传输信息技术，即扩展频谱通信技术，其传输信息所用信号的带宽远大于信息本身的带宽。

扩频通信技术提高了无线频谱利用率，具有抗干扰性强、误码率低、定时和测距精确、隐蔽性好等特点，与光纤通信、卫星通信一同被誉为信息时代的三大高技术通信传输方式。

4. 漏泄波导通信

漏泄波导通信采用无线基站接入、漏泄同轴电缆传输的方式。城市轨道交通系统上、下行线分别布设一条漏泄同轴电缆，负责实现车地通信，如图 2–4 所示。

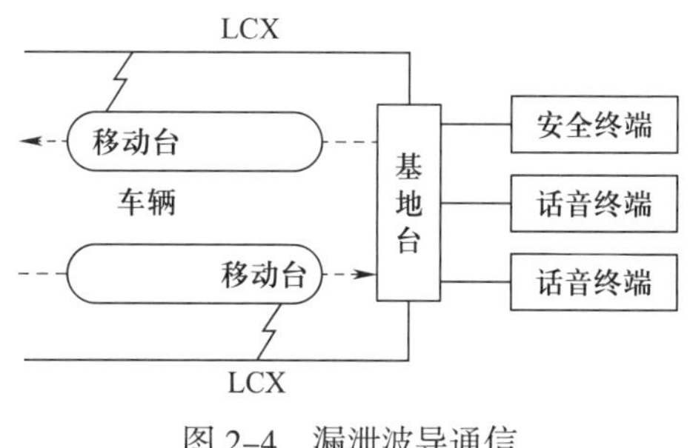

图 2–4 漏泄波导通信

漏泄同轴电缆由内导体、绝缘介质和外导体三部分组成。与普通同轴电缆不同的是，在其外导体纵长方向，以一定间隔和不同形式开有周期性的槽孔，以便使电缆内传输的部分电磁能量辐射出来发送至外界。同样，外界能量也能传入电缆内部。

采用一根超宽频带漏泄电缆即可容纳 GSM、CDMA、PCS 等多种体系，甚至还涵盖了 FM、DAB 等广播频段和视频信号，可以在多个频段上同时实现调频、消防、报警、移动通信等多种信息传输。另外，通过漏泄同轴电缆辐射的信号场强在隧道区间内分布较为均匀，能保证较高的通信概率。

二、测速测距技术

目前，城市轨道交通列车运行控制系统以速度控制为基础，根据与先行列车或目标点之间的距离和进路条件，对列车运行速度进行监测、控制和调整，实现超速防护、行车间隔自动调整。

1. 测速技术

基于列车测速单元的输入，可获得列车即时速度信息，从而确定列车运行距离、运行方向和位置信息。控制中心接收列车速度信息和位置信息，同时根据列车运行实际情况生成相应的控制命令，下达给全线各列车和沿线地面设备。列车根据接收到的控制命令，结合当前速度、位置信息、线路条件等，对运行进行控制，从而保证最佳的运行状态。

根据速度信息的来源不同，城市轨道交通测速方式分为车载设备自测和系统测量两大类。车载设备自测采用测速发电机、轮轴脉冲速度传感器、霍尔式脉冲速度传感器等设备进行，安装在无动力车辆的轮轴上。系统测量主要采用多普勒雷达。

（1）测速发电机

测速发电机通常安装于车轮外侧，包括一个齿轮和两组带有永久磁铁的线圈。齿轮固定在车轴上并随车轮转动，线圈固定在轴箱上。车轴转动时，带动齿轮切割磁力线，在线圈上产生感应电动势，其频率与列车速度成正比，经过频率—电压变化后，把列车实际运行速度变换为电压值，通过测量电压的幅度即可得到速度值。

测速发电机结构和工作原理简单，但在低速范围内精度较差，可靠性也较低。

（2）轮轴脉冲速度传感器

轮轴脉冲速度传感器由测速齿轮、速度传感器探头和电缆线组成，如图 2–5 所示。

测速齿轮与速度传感器探头之间保持一定间隙，永磁式的传感器会在间隙中感应磁力线。当车轮旋转时，齿顶、齿根交替切割磁力线，从而在永磁式的传感器中产生一个频率正比于运行速度的电脉冲信号，通过测量电脉冲信号即可获得列车运行速度值。

（3）霍尔式脉冲速度传感器

霍尔式脉冲速度传感器由铝盘和霍尔传感器探头组成，铝盘外缘按规则粘贴若干磁钢片，安装在车轴端部，传感器探头安装在轴箱盖上。

霍尔脉冲速度传感器利用霍尔效应原理测量转速，如图 2–6 所示。当磁钢片在霍尔元件下方时，霍尔元件可以探测到霍尔电势，不在下方时就无霍尔电势。铝盘转动时，霍尔元件中就会产生与铝盘转动速度成正比的霍尔电势脉冲，通过测量霍尔电势脉冲即可获得列车运行速度值。

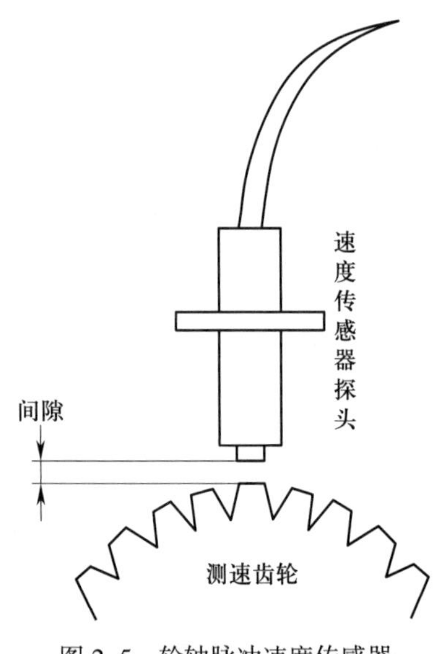

图 2–5　轮轴脉冲速度传感器

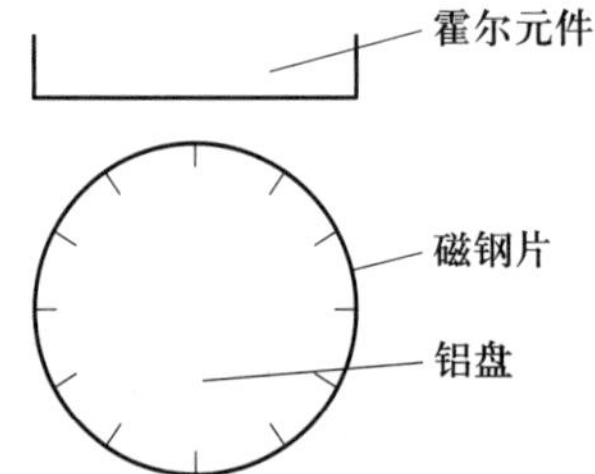

图 2–6　霍尔脉冲速度传感器测速原理

（4）多普勒雷达

多普勒雷达安装在列车上并始终向轨面发射电磁波，如图 2–7 所示。由于列车在运行过程中会产生多普勒效应，检测到的电磁波反射频率与发射频率间必定存在一定的差异，即多普勒频移。如果列车在前进状态，反射的信号频率会高于发射信号频率；反之，则低于发射信号频率。而且，列车运行的速度越快，两个信号之间的频率差就越大。通过测量两个信号之间的频率差就可以获取列车的运行方向和即时运行速度，进而计算出列车的运行距离。

图 2-7　多普勒雷达

多普勒雷达测速精度较高，并能有效避免因车轮磨损、空转、打滑等原因造成的误差，但是多普勒测速设备结构比较复杂，且容易受到外界条件的制约，轨面不够光滑时将导致电波散射现象较为严重，影响测量准确性。

知识窗

多普勒效应

奥地利物理学家及数学家多普勒于 1842 年首先提出：物体辐射的波长因为波源和观测者的相对运动而产生变化。在运动的波源前面，波被压缩，波长变得较短，频率变得较高；在运动的波源后面时，会产生相反的效应，波长变得较长，频率变得较低；波源的速度越高，所产生的效应越大。这种效应称为多普勒效应，如图 2-8 所示。

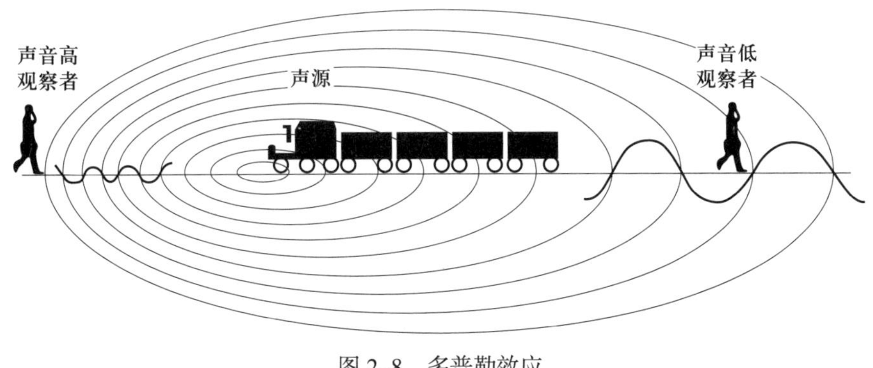

图 2-8　多普勒效应

2. 测距技术

在目标距离控制模式中，列车位置对于安全性至关重要，测量距停车点的精确距离（即目标距离）是列车自动防护（ATP）系统的重要任务。通过连续确定列车行驶距离，

ATP 车载设备可以随时查找列车的精确位置。距离信息以音频轨道电路的分界来确定，当列车经过轨道电路的分界时，距离测量被同步。

三、列车定位技术

列车位置信息在列车自动控制系统中具有重要作用，城市轨道交通系统根据线路中列车的相对位置，实时地对每一列车进行监督、控制、调度及安全防护。列车定位与列车的安全防护距离密切相关，随着移动闭塞技术的发展，列车追踪间隔越来越小，列车定位的精准度、实时性及可靠性愈发重要。

目前，列车自动控制系统中的列车定位主要采用轨道电路定位、计轴器定位、应答器定位、测速定位、交叉感应环线定位、卫星（GPS）定位、无线扩频定位等技术实现。基于城市轨道交通运行环境的特殊性，以及其对定位精度和实时性的要求，通常选用基于测速的列车定位方法，同时结合应答器定位技术对测速定位进行校正。卫星定位技术由于受到地下隧道条件的限制，一般无法作为主要手段用于列车定位。

1. 轨道电路定位

基于轨道电路的列车定位采用绝缘装置将钢轨分为若干区段，每个区段的始、终端分别设置电源（发送）、轨道继电器（接受）装置。列车进入轨道电路区段时，轮对将两根钢轨短路，接收端轨道继电器失磁落下，对应点亮红色信号灯，达到列车定位的目的。

利用轨道电路既可以实现列车定位，又可以检测轨道的完好情况，设备简单、经济方便。但在轨道电路定位方式中，列车定位是以固定区段为单位，只能确定列车在哪一个区段中，无法确定列车在区段中的具体位置，定位精度低，无法构成移动闭塞。同时，轨道电路工作性能受线路、道床状况的影响，易出现红光带，安全性、可靠性差。

2. 计轴器定位

计轴器通过计算进出区段的车轴数，监督列车占用轨道区间的情况，从而实现列车定位。

计轴器定位不依赖于轨道电路，不受轨道线路、道床状况影响，不需切割钢轨加装绝缘，安全性较高。但是，采用计轴器定位时，列车定位依然是以固定区段为单位，定位精度低，也无法实现车地信息传输，无法构成移动闭塞。

3. 应答器定位

应答器以一定间隔设置在轨道交通沿线，内部存储有相应的位置信息。列车每经过一个地面应答器，车载查询器就会读取其存储的数据信息，实现列车的点式定位。

应答器系统定位精度高，可以在任何气候条件、任何地点可靠地工作，维修简便，运行费用低，但其只能实现点式定位，信息传递不连续，难以胜任高密度行车的要求。

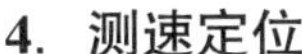

4. 测速定位

测速定位通过不断检测列车运行的即时速度，并对即时速度进行积分或其他运算，得到列车的运行距离，从而确定列车的位置。

测速定位通过对运行速度进行运算而实现定位，存在误差的累积，该方法的关键在于速度测量的准确性和运算方法的合理性。测速定位无法获取列车的初始位置，属于相对定位，难以获得列车的绝对位置。

5. 交叉感应环线定位

感应环线铺设在钢轨之间，每隔一定距离（25 m）做一次交叉，形成交叉感应环线，如图 2–9 所示。列车经过电缆交叉点时，环线内信号极性会发生变化。车载设备通过检测信号极性的变化及次数，确定列车的实际位置。

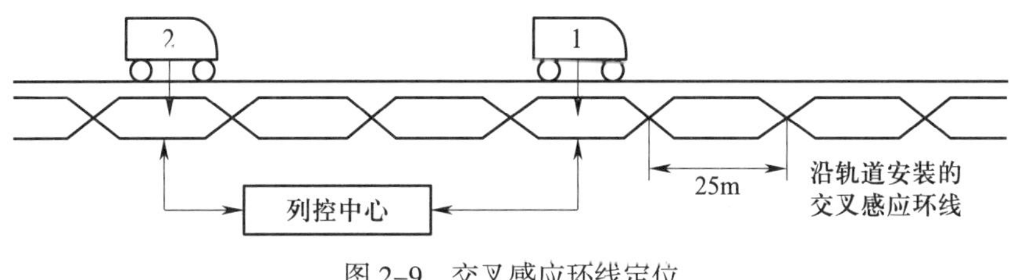

图 2–9 交叉感应环线定位

交叉感应环线定位方式结构简单、成本较低，但只能实现列车的相对定位，而且定位精度受交叉区长度的限制，每隔一段距离就要对列车的位置进行修正。

6. 无线扩频定位

无线扩频定位需要在地面沿线设置无线基站，基站不断发射带有其位置信息的扩频信号。列车接收到扩频信息后，求解列车与信息之间的时钟差，根据该时钟差求出列车与基站之间的距离，同时接收三个以上无线基站的信息就可以求出列车的即时位置。无线扩频定位抗干扰性强，隐蔽性好，易于实现码分多址。

第二节 行 车 信 号

信号设备是城市轨道交通系统中最重要的设备之一，为了保证安全、提高效率，列车在轨道上行驶必须遵从一定的信号指挥。信号系统不仅保证列车的运行安全，防止列车追尾、正向和侧向冲突、运行超速等安全事故的发生，也能够在有限的建设规模下，支持通过列车小编组、行车大密度等手段，最大限度地发挥运输能力，提高列车运行速度、运输效率和服务质量，还能够通过现代化的设备大大降低工作人员的劳动强度，进而降低运营成本。

一、城市轨道交通信号系统的组成

城市轨道交通信号系统通常由正线列车信号控制系统和车辆段信号控制系统两大部分组成，是实现列车进路控制、列车运行控制、列车间隔控制、列车运行自动调整、调度指挥、信息管理、设备工况监测及维护管理等功能的综合系统。

城市轨道交通信号系统的基本组成如图 2–10 所示。

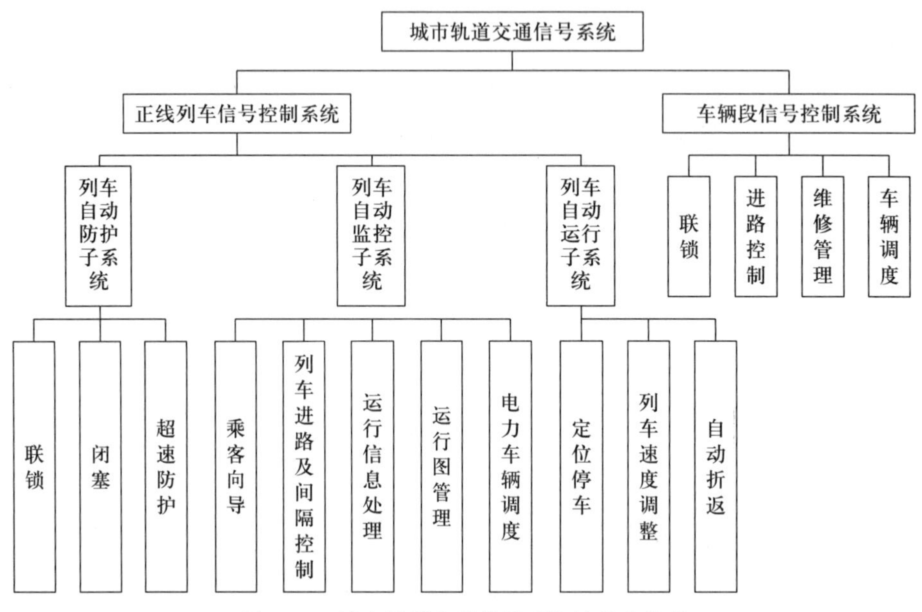

图 2–10　城市轨道交通信号系统的基本组成

1. 正线列车信号控制系统

城市轨道交通正线信号控制系统主要由列车自动控制（ATC）系统和车站联锁（CBI）系统组成。列车自动控制系统包含列车自动防护（ATP）、列车自动运行（ATO）、列车自动监控（ATS）三个子系统。其中，ATP 系统、CBI 系统属于“安全相关”类系统，采用故障—安全原则设计。

列车自动控制系统的结构如图 2–11 所示。

（1）ATP 系统

ATP 系统的主要功能包括对列车进行速度监控和超速防护、对与安全有关的设备实行监控、实现列车位置检测、实现列车间隔保护、保证列车在安全速度下运行，同时负责完成信号显示、故障报警、降级提示、列车参数和线路参数的输入，并与 ATS 系统、ATO 系统及车辆系统进行信息交换。

ATP 系统不断将从地面获得的信息（包括来自联锁设备和操作层面上的信息、线路信息、前方目标信息、允许速度信息等）传至车上，由车载设备计算得到当前允许的安全速

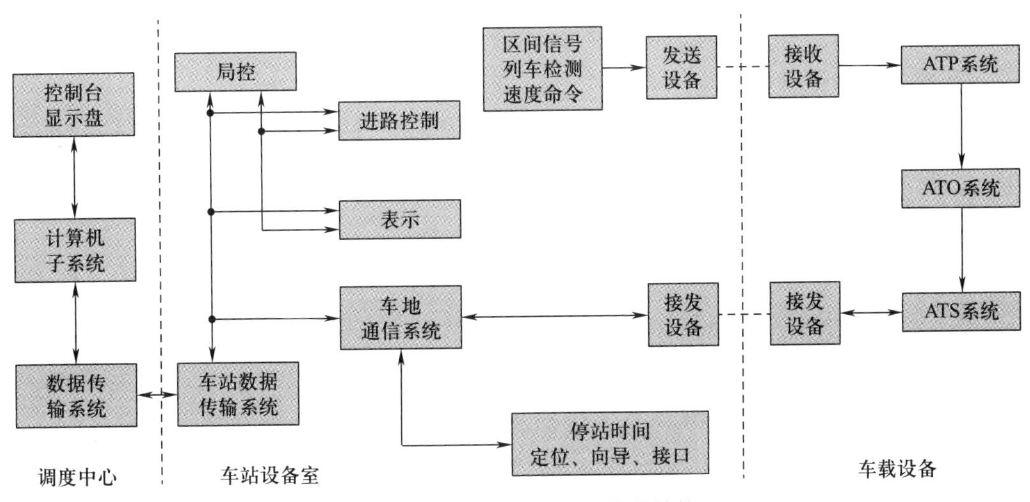

图 2–11 列车自动控制系统的结构

度（或由行车指挥中心计算出目标速度传至车上），同时由车载设备测量实际运行速度，依此对列车速度实行监督，使得列车始终在安全速度下运行，保证行车安全。

（2）ATO 系统

ATO 系统主要用于实现“地对车控制”，即用地面信息实现列车驱动、制动及自动折返控制。ATO 系统根据控制中心的指令自动完成列车的启动、牵引、惰行和制动，送出车门和屏蔽门同步开关信号，使列车按最佳工况正点、安全、平稳地运行，可显著提高乘坐舒适度和准点率。

（3）ATS 系统

ATS 系统主要实现对列车运行、进路、道岔、信号等设备状态的监督和控制，辅助调度人员对全线列车运行进行管理，统一指挥调度。

ATS 系统是整个城市轨道交通运营的核心。在 ATP 系统和 ATO 系统的支持下，ATS 系统根据运行时刻表完成列车运行的自动监控，可自动或人工监督和控制正线列车进路。ATS 系统的主要功能包括自动显示列车车次、运行位置和信号设备工作状态，自动或人工办理进路，编制和管理列车运行图，列车运行自动调整，列车运行模拟仿真，车辆维修周期管理，向乘客向导系统提供信息，自动记录分析运行数据等。

（4）CBI 系统

正线联锁系统采用计算机联锁（CBI），用于实现车站范围内进路、信号、道岔之间相互制约的关系，确保行车安全。

城市轨道交通正线线路划分为若干个联锁区，每个联锁区内设置一个控制站，也称为联锁设备集中站（一般为有道岔站），其他车站为非集中联锁设备集中站。联锁设备集中站负责接收 ATS 系统的命令，控制本联锁区域内（包括本站及控制区域内其他非集中站）的

道岔、信号机、发车表示器等信号相关设备，并将联锁相关信息传送至 ATP 系统和 ATO 系统。

2. 车辆段信号控制系统

车辆段工作的主要内容包括列车进出段和段内调车、调试作业。车辆段信号控制系统应满足车辆段内行车作业、调车作业、列车出入各种库 / 线、双线双向出入段 / 场的需要，并与正线的运营能力相适应。

车辆段信号系统设置行车指挥和列车运行控制设备及故障监测和报警设备，将列车的整备、维修与运行相互衔接成一个整体，保证城市轨道交通系统的高效率和低成本。

（1）计算机联锁系统

计算机联锁系统利用计算机对进路操作命令、现场设备状态及各种表示信息进行联锁逻辑运算，从而对进路、信号机及道岔等进行集中控制。

车辆段计算机联锁系统采用三取二或二乘二取二的多重冗余联锁系统，具有信号一体化的典型特点，主要设备包括联锁系统、进路控制设备、接近通知设备、终端过走防护设备和车次号传输设备等。车辆段计算机联锁系统可以实现车辆段信号机、道岔、轨道电路间的正常联锁功能，实现列车出入车辆段作业、调车作业进路控制，并通过车辆段 ATS 分机与控制中心进行信息交换，通过与正线联锁设备的接口，实现列车出入车辆基地的安全控制。

（2）计算机监测系统

计算机监测系统是保证行车安全、加强信号设备管理、监测信号设备运用质量的主要行车设备，用于实现信号系统控制中心设备、轨旁设备、车载设备和车地通信设备的实时监督和故障报警。

计算机监测系统监测的主要内容可分为开关量和模拟量两大类，如图 2–12 所示。

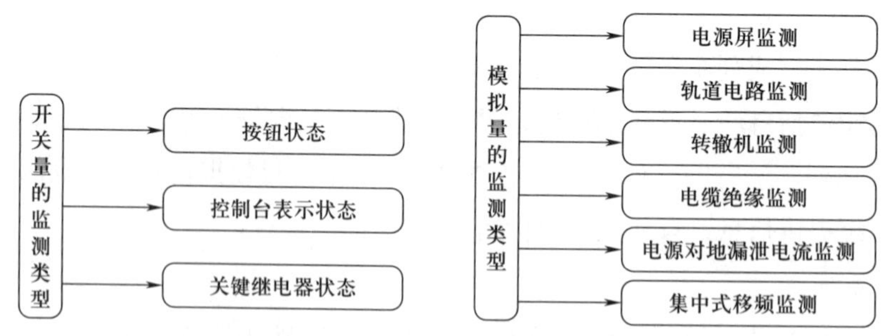

图 2–12　计算机监控系统的监测内容

二、城市轨道交通信号设备分布

列车在轨道上行驶必须遵从一定的信号指挥，为了保证列车行驶的安全，提高运输效率，设有多种信号设备指挥行车作业。城市轨道交通信号设备按所在地域不同，可以分为控制中心信号设备、车站及轨旁信号设备、车载信号设备、车辆段 / 停车场信号设备、试车线信号设备等，它们共同构成完善的信号系统，协调配合工作，确保列车安全运行。

1. 控制中心信号设备

城市轨道交通系统设置运行控制中心（OCC），配置控制中心信号设备，主要包括中央级计算机系统、调度员及调度长工作站、运行图工作站、综合显示屏、培训 / 模拟工作站、维修工作站及电源设备等。

控制中心信号设备属于 ATS 系统，是 ATC 系统的核心。其设备组成及功能满足全线运营组织的功能需求，用于完成列车运行级设备状态表示、列车运行控制、列车运行调整、车次追踪、时刻表编制、运行报告生成、调度员培训等。

2. 车站及轨旁信号设备

在典型的城市轨道交通无线移动闭塞中，线路一般划分为若干个区域，每个区域由一定数量的线路区段和车站组成。区域控制站设置区域控制器（ZC），与本区域内的列车、联锁系统、信号系统保持双向连续通信，根据来自列车的位置报告跟踪列车，并对区域内列车发布移动授权，控制列车运行。

从联锁的角度而言，城市轨道交通线路又划分为若干个联锁区域，车站也分为联锁设备集中站和非联锁设备集中站。联锁设备集中站一般为有岔车站，非联锁设备集中站一般为无岔车站，但有岔车站根据需要也可以由邻近车站控制，而成为非联锁设备集中站。

联锁设备集中站设备主要包括 ATS 车站设备、ATP/ATO 轨旁设备、计算机联锁设备、乘客向导设备、信号机及发车指示器、紧急关闭按钮和维护监测设备等。非联锁设备集中站通常只设有发车指示器、紧急关闭按钮和乘客向导设备。车站信号设备的组成如图 2-13 所示。

3. 车载信号设备

列车车载信号设备主要包括车载 ATP 设备和车载 ATO 设备两部分，包括车载 ATP/ATO 主机（车载安全计算机）、操作和显示单元（人机界面）、车载无线设备（包括数据交换机及天线）、测速装置等。车载信号设备用来接收轨旁设备传送的 ATP 信息和 ATO 信息，计算列车运行曲线，测量列车运行速度和走行距离，实现列车运行超速防护和列车自动运行，保证行车安全，并为列车提供最佳运行方式。

车载信号设备的结构如图 2-14 所示。

4. 车辆段 / 停车场信号设备

车辆段 / 停车场信号设备通过 ATS 车辆段分机与行车指挥中心进行信息交换，完成进路控制、接近通知、终端过走防护和车次号传输等功能。

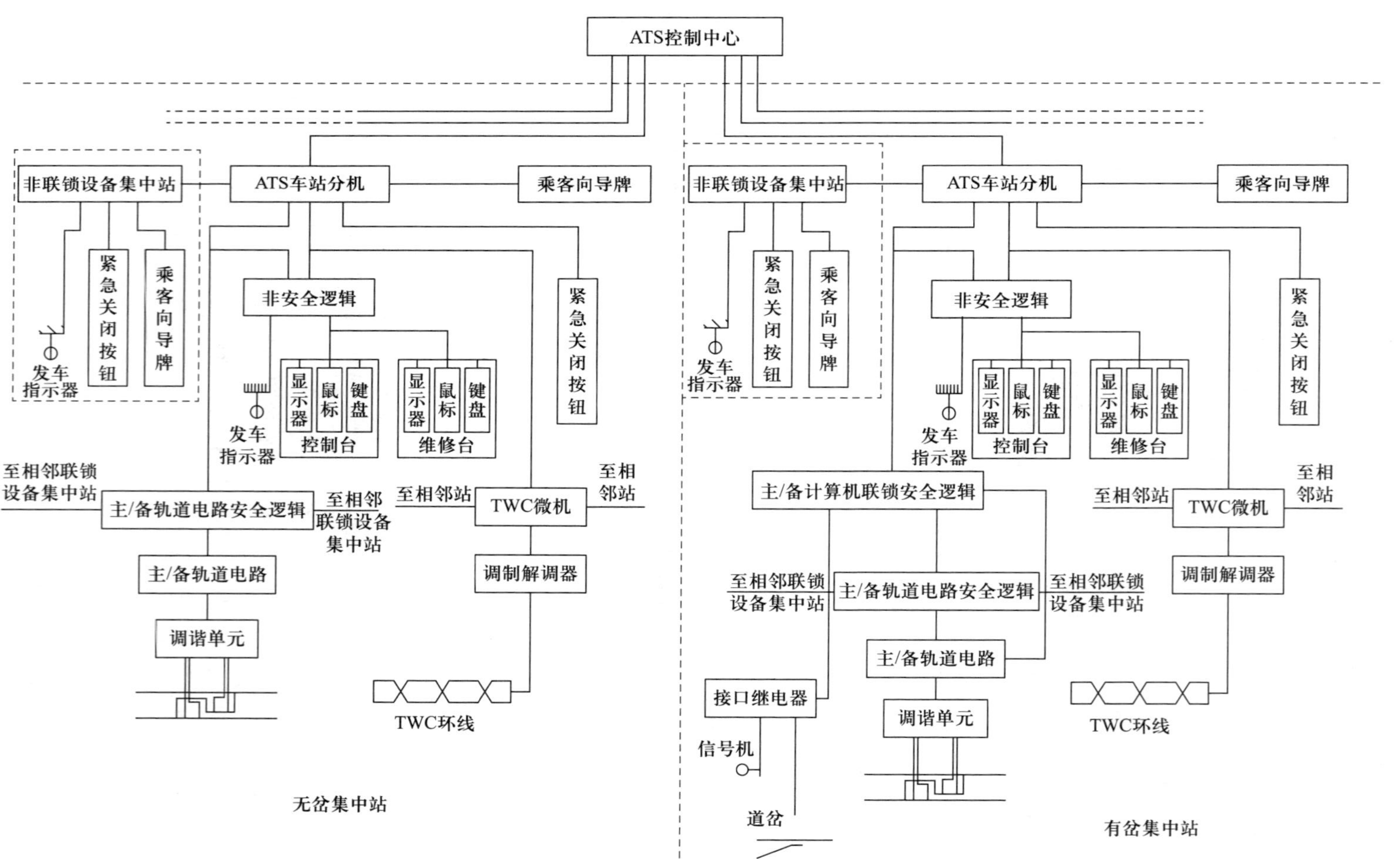

图 2-13　车站信号设备的组成

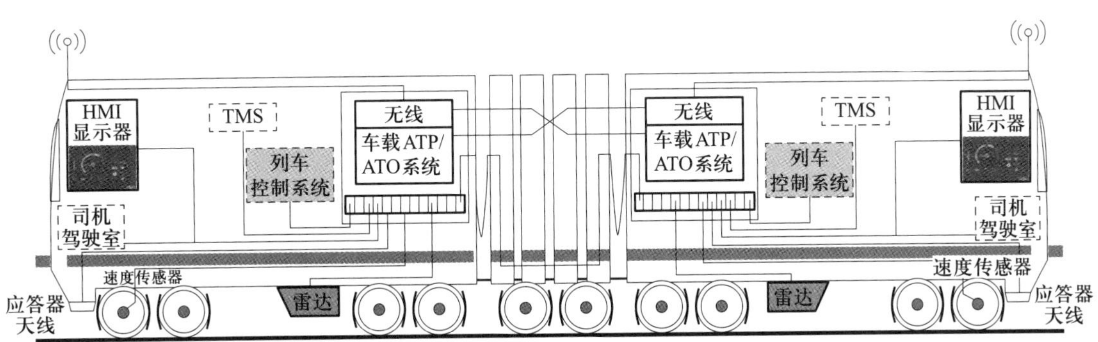

图 2–14　车载信号设备的结构

车辆段 / 停车场信号设备主要包括计算机联锁设备、车辆段 ATS 分机、轨道占用检测设备、信号机、转辙机、电源设备等。车辆段 ATS 分机用于采集车辆段内存车库线的列车占用情况，以及进 / 出车辆段的列车信号机状态，实现段内运行列车的追踪监视。轨道占用检测设备采用计轴设备或轨道电路，用于检查轨道区段的占用和空闲情况。此外，轨道电路还用来传递行车信息（ATP 信息），决定列车运行的目标速度，从而控制列车运行。

5. 试车线信号设备

试车线设置于车辆段内，新入段及检修完毕的列车必须在试车线上进行调整、试验、检测，通过验收后才能上线运营。试车线应能完成正线列车自动防护、列车自动驾驶车载系统所有的静态、动态功能测试和试验。为不干扰正线列车的运行，试车线与正线设备相互独立设置。

试车线设置与正线相同的信号设备，主要包括轨道电路设备、与正线相同的 ATP/ATO 轨旁设备、试车线试验计算机、精确停车环线、PTI 环线、用于紧急停车时与车辆段联锁系统的接口、电源系统、故障诊断及维修工作站等。

试车线的进路由车辆段计算机负责设定，使用试验计算机模拟必要的联锁关系，通过试验计算机模拟 ATP 轨旁单元联锁接口，完成各项相关试验。ATP 轨旁单元内存储一条典型的速度曲线，试车线两端每一行驶方向设置有运营停车点。

知识窗

轨 道 电 路

轨道电路是以两根钢轨为导体，以钢轨绝缘分开相连轨道电路，并以导体分别连接发送设备（信号源）和接收设备所构成的电路。轨道电路监督轨道的占用状态、反映线路的空闲状况，为开放信号、建立进路、构成闭塞提供依据。同时，轨道电路还负责传递行车信息，决定信号机的显示和列车运行的目标速度，从而控制列车运行。

三、城市轨道交通行车信号

根据表现方式不同，城市轨道交通行车信号可以分为视觉信号和听觉信号两大类。视觉信号是以信号的颜色、形状，以及用数字、灯光数目和状态等表达的信号，如信号机、信号旗、信号标志牌、信号表示器等。听觉信号是以不同器具发出声响的次数、强度、长短等方式表达的信号，如鸣笛、口笛等。

根据设置方式不同，城市轨道交通行车信号可以分为固定信号、移动信号和手信号三类。固定信号是固定地安装在运行线路的特定位置，用以指挥列车运行和调车工作的信号，如信号机、行车信号标志牌、信号表示器等。特殊情况下，运行线路需要施工或救援时，指示列车禁止驶入某地点、区域或必须减速运行时，应设置移动信号，如停车信号牌/灯、减速信号牌/灯、减速防护地段终端信号牌/灯。移动信号应根据需要临时设置或撤除。手信号是指行车有关人员手拿信号旗、信号灯或直接采用徒手方式显示的信号，用来表达相关的含义，指示列车运行的允许或禁止条件。

根据设置地点不同，城市轨道交通行车信号可以分为地面信号和车载信号两大类。地面信号设置在线路附近，供司机辨识。车载信号安装在列车上，作用是将地面信号通过传输设备引入列车。

1. 固定信号

城市轨道交通固定信号采用色灯信号机显示，用灯光的颜色、数目和亮灯的状态传递线路及行车信息，指挥列车运行。我国城市轨道交通采用右侧行车制，地面固定信号机应优先设置于列车运行方向的右侧，特殊情况下可设于列车运行方向的左侧或其他位置。

我国城市轨道交通固定信号机一般可以分为防护信号机、阻挡信号机、进出站信号机、复示/预告信号机、通过信号机、进出段/场信号机、调车信号机、发车表示器等。在自动化程度较高的正线区段，列车运行以车载信号作为主体信号，通常不再设置复示、通过等信号机。在道岔区段，为了进路防护及折返、调车作业的需要，必须设置道岔防护信号机。

色灯信号机按机柱类型分为高柱和矮柱两种，高柱信号机安装在钢筋混凝土柱上，主要用于显示距离远、观察位置明显的地方，如车辆段的进段、出段信号机。矮柱信号机安装在水泥地基上，一般使用在信号显示距离近及隧道等安装空间有限的地点。地下隧道信号机一般直接装设在隧道壁上。

色灯信号机的显示机构分为单显示、二显示、三显示等类型。单显示机构仅用于阻挡信号机，设置于线路终端。只防护一条进路时，一般设置二显示信号，灯光配列通常为红、绿显示。当防护的进路有两条及以上时，设置三显示信号机，灯光配列采用红、绿、黄显示。

我国城市轨道交通信号的显示没有统一规定，一般固定信号机显示的基本颜色为红、黄、绿三种，再辅以蓝色、月白色构成信号基本显示系统。在城市轨道交通中，允许信号的

绿灯、黄灯仅指示列车的运行进路是道岔直股还是弯股，没有速度含义。通常，城市轨道交通正线固定信号显示及含义见表 2–1。

表 2–1　　城市轨道交通正线固定信号显示及含义

信号机类型	信号灯显示	行车指示
正线信号机	绿灯	允许越过，进路准备好且进路中所有道岔均在定位（直向）
	黄灯	允许越过，进路准备好且进路中至少有一个道岔在反位（侧向）
	黄灯 + 红灯	允许越过，引导信号开放，限速 25 km/h 运行至下一信号机
	红灯	禁止越过
	灭灯	CBTC 列车通过，非 CBTC 列车禁止越过

信号机经常显示的状态为信号机定位，固定信号机定位的选择一般考虑行车安全、行车效率等因素，除进 / 出站信号机和通过信号机以绿色为定位外，其他信号机均以禁止信号为定位。

2. 车载信号

为适应大容量、小间隔的运输特点，城市轨道交通多采用列车运行自动控制（ATC）系统，行车指令信息主要是以车载信号的形式传达给司机。图 2–15 所示为典型的车载信号显示屏。

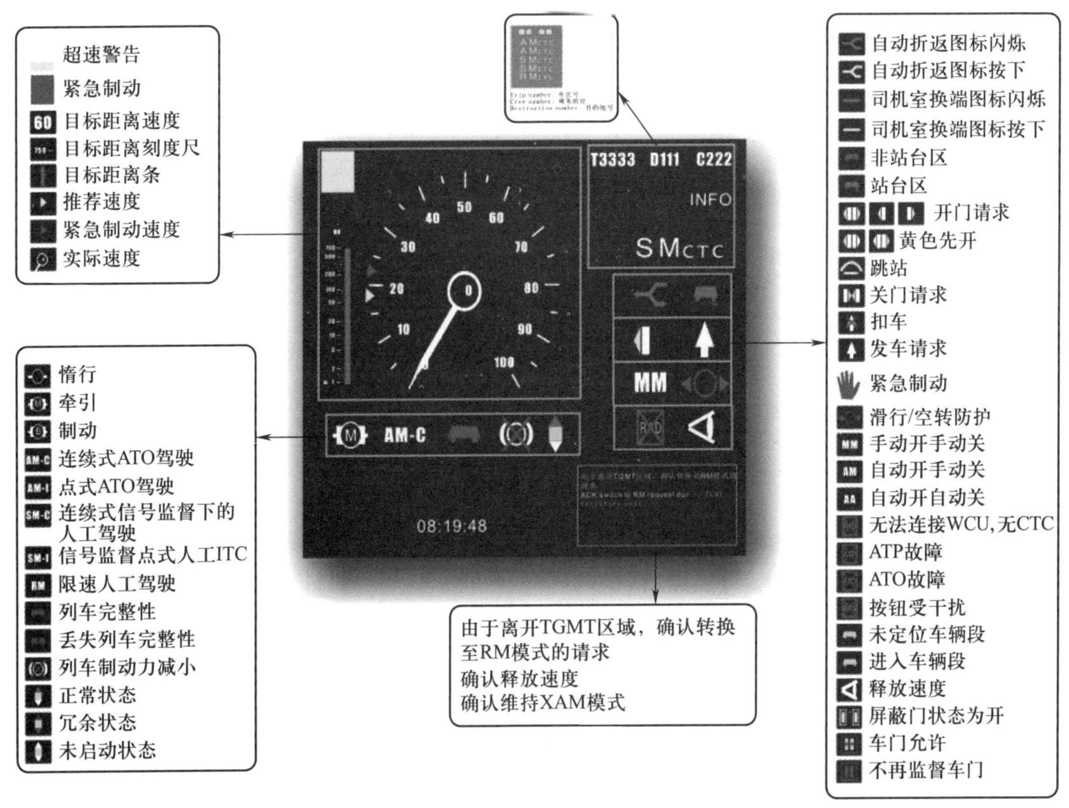

图 2–15　典型的车载信号显示屏

在图 2–15 中，车载信号显示屏显示信息主要包括五个部分：第一部分是速度控制区，左边为目的地信息，显示当前列车距下一停车点的距离（目标距离），右边是列车实时速度的监控信息，同时还显示出列车的目标速度和最大允许速度；第二部分是辅助驾驶信息区，显示 ATO 控制模式（牵引、制动或惰行）、预选驾驶模式等信息；第三部分是数据输入区，用于输入和显示车次号、车务组号和目的地号；第四部分是列车数据区，用于列车驾驶模式、泊位、折返模式、车门和屏蔽门状态、停站时间、发车等信息的显示；第五部分是监控信息区，显示列车当前操作必须确认的相关提示信息。

3. 手信号

手信号多在信号设备故障或者是特殊运营时段等情况下使用，机动地指挥列车运行和调车作业，也可以作为联系和传达行车有关事项的旗语，行车有关人员必须遵照执行。

手信号员在显示手信号时，车辆段 / 停车场昼间使用信号旗，夜间使用信号灯，正线隧道及地下车站则一律按夜间方式办理，全部使用信号灯显示。

列车运行时有关人员应遵守的手信号含义见表 2–2。

表 2–2　　列车运行时有关人员应遵守的手信号含义

序号	手信号类别	显示方式	
		昼间	夜间
1	停车信号：要求列车停车	展开的红色信号旗	红色灯光
2	紧急停车信号：要求列车紧急停车	展开的红色信号旗下压数次	红色灯光下压数次
3	减速信号：要求列车降低速度运行	展开的黄色信号旗	黄色灯光
4	发车信号：要求列车发车	展开的绿色信号旗上弧线向列车方向做圆形转动	绿色灯光上弧线向列车方向做圆形转动
5	通过手信号：准许列车由车站通过	展开的绿色信号旗	绿色灯光
6	引导信号：准许列车进入车站或车辆段	展开的黄色信号旗高举头上左右摇动	黄色灯光高举头上左右摇动
7	好了信号：某项作业完成	拢起信号旗向列车方向做圆形转动	白色灯光向列车方向做圆形转动

车辆段 / 停车场或正线调车作业时，调车人员应给出正确的调车手信号，见表 2–3。

手信号员原则上必须手持信号旗或手提信号灯发出手信号，调车员、管理人员及行车有关人员检查工作或遇列车救援、发生紧急情况，没有携带信号灯或信号旗时，可用徒手信号显示。徒手信号显示方式见表 2–4。

表 2-3　　**调车手信号**

序号	调车手信号	显示方式	
	类别	昼间	夜间
1	停车信号	展开的红色信号旗，无红色信号旗时，两臂高举头上，向两侧急剧摇动	红色灯光，无红色灯光时，用白色灯光上下急剧摇动
2	减速信号	展开的绿色信号旗下压数次	绿色灯光下压数次
3	指挥列车或车辆向显示人方向来的信号	展开的绿色信号旗在下方左右摇动	绿色灯光在下方左右摇动
4	指挥列车或车辆向显示人反方向去的信号	展开的绿色信号旗上下摇动	绿色灯光上下摇动
5	指挥列车或车辆向显示人方向稍行移动的信号（包括连挂）	左手拢起红色信号旗直立平举，右手展开的绿色信号旗在下方左右小幅度摇动	绿色灯光下压数次后，再左右小幅度摇动
6	指挥列车或车辆向显示人反方向稍行移动的信号（包括连挂）	左手拢起红色信号旗直立平举，右手展开的绿色信号旗在下方上下小幅度摇动	绿色灯光平举上下小幅度摇动
7	三、二、一车距离信号	右手展开的绿色信号旗下压三、二、一次，分别表示距停留车三车（约 60 m）、二车（约 40 m）、一车（约 20 m）	绿色灯光平举下压三、二、一次
8	连挂作业	两臂高举头上，拢起的手信号旗杆呈水平，末端相接	红、绿色灯光（无绿色灯光时用白色灯光代替）交互显示数次
9	试拉信号（连挂好后试拉）	按本表第 5 项、第 6 项的信号显示，当列车启动后立即显示停车信号	
10	取消信号：通知前发信号取消	拢起手信号旗，两臂于前下方交叉后，左右摇动数次	红色灯光做圆形转动后，上下摇动
11	停留车位置信号：表示车辆停留地点	不需要信号指示	白色灯光左右小幅度摇动
12	道岔开通信号：表示进路道岔准备妥当	绿色信号旗展开高举头上，左右小幅度摇动	绿色灯光高举头上，左右小幅度摇动

表 2-4　　**徒手信号显示方式**

序号	徒手信号类别	显示方式
1	紧急停车信号（含停车信号）	两手臂高举头上，向两侧急剧摇动
2	三、二、一车信号	单臂平伸后，小臂竖直向外压直，反复三次为三车、两次为二车、一次为一车
3	连挂信号	紧握两拳头高举头上，拳心向里，两拳相碰数次
4	试拉信号	按本表第 5 项、第 6 项，当列车刚启动马上给停车信号（第 1 项）
5	向显示人方向稍行移动	左手高举直伸，右手平伸，小臂左右摇动
6	向显示人反方向稍行移动	左手高举直伸，右手向下斜伸，小臂上下摇动
7	好了信号	单臂向列车运行方向上弧圈做圆形转动

显示手信号时，必须严肃认真，做到横平竖直、灯正圈圆。手信号显示的停车信号、准许通信信号、注意或减速信号、引导信号同固定信号机所显示的信号具有相同的作用。司机看到任何错误展示的手信号，看不见或看不清楚控制行车的手信号时，必须停车。

4. 音响信号

城市轨道交通列车、工程车、轨道车等鸣示音响信号时，长声为 3 s，短声为 1 s，间隔为 1 s。重复鸣示时，必须间隔 5 s 以上。

音响信号的鸣示方式见表 2–5。

表 2–5　　音响信号的鸣示方式

序号	名称	鸣示方式	使用时机
1	启动注意信号	一长声 ——	（1）列车启动或机车车辆前进时（双机牵引时，本务机车鸣笛后，尾部机车应回示，本务机车再鸣笛一长声后启动） （2）接近车站、鸣笛标、隧道、施工地点、黄色信号、引导信号、天气不良时 （3）在区间停车后继续运行时，通知车长 （4）电客车在检修及整备中，准备降下或升起受电弓时
2	退行信号	两长声 —— ——	电客车、机车车辆、单机开始退行时
3	召集信号	三长声 —— —— ——	要求防护人员撤离时
4	呼唤信号	两短一长声 · · ——	（1）电客车或机车要求出入车辆段 / 停车场时 （2）在车站要求显示信号时
5	警报信号	一长三短声 —— · · ·	（1）发现线路有危及行车安全的不良处所时 （2）列车发生重大、大事故及其他需要救援的情况时 （3）列车在区间内停车后不能立即运行，通知车长时
6	紧急停车信号	连续短声 · · · · · · ·	司机发现邻线发生障碍，向邻线上运行的列车发出通知时，邻线列车司机听到后应立即紧急停车

5. 信号标志牌

信号标志牌是在线路上提醒司机注意，或者是在施工时临时加入的需要注意的信号显示设备。城市轨道交通中常见的信号标志牌主要包括以下类型。

（1）停车位置标

停车位置标是指示列车停车位置的标志，设于各车站站台端部、存车线、折返线、信号机前等指定位置，如图 2–16 所示。

（2）预告标

在接近车站 300 m、200 m 的位置分别设置预告标，如图 2–17 所示。

（3）站名标

站名标设置在接近车站 100 m 位置处。

（4）一度停车标

一度停车标设置在平交道口、隧道入口等指定位置，要求列车在该地点停车后确认线路、道岔，并进行相关操作后再继续行驶，如图 2–18 所示。

图 2–16　停车位置标

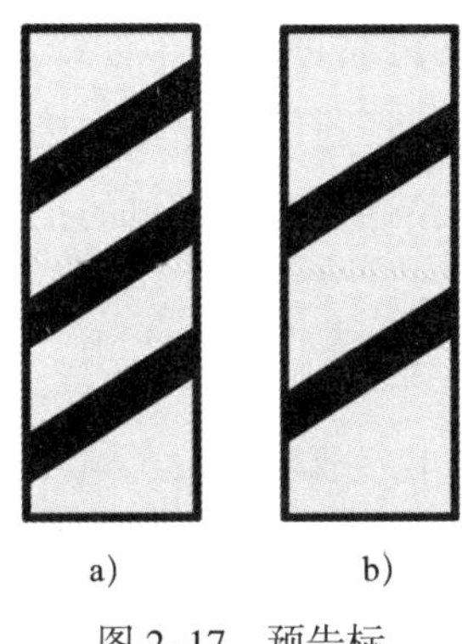

图 2–17　预告标

a）300 m　b）200 m

图 2–18　一度停车标

（5）车挡表示器

车挡表示器设置在线路终端的车挡上，便于司机确认车挡位置。隧道内显示红色灯光，地面昼间使用红色方牌、夜间使用红色灯光，如图 2–19 所示。

（6）警冲标

警冲标设在两汇合线路线间距离为 4 m 的中间，防止停留在线的车辆与邻线运行列车发生侧面冲突，如图 2–20 所示。

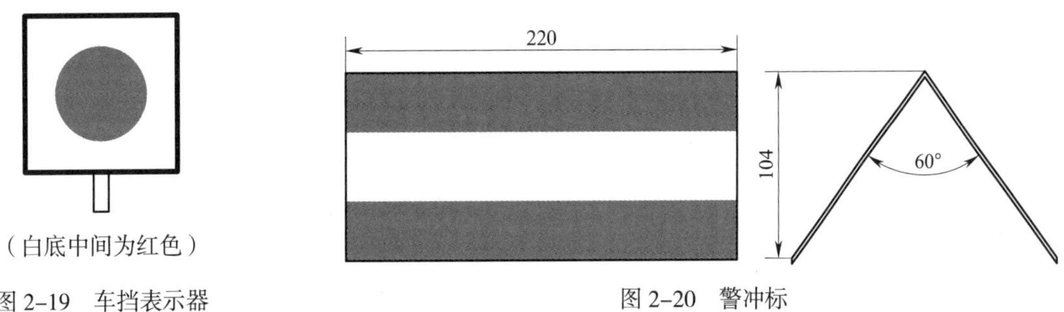

（白底中间为红色）

图 2–19　车挡表示器

图 2–20　警冲标

第三节 联锁系统

一、进路

城市轨道交通系统正线（尤其是车辆段）含有大量的线路并通过道岔连接，列车运行或调车转线所经过的路径称为进路。

1. 进路的分类

进路按性质不同，可分为列车进路和调车进路两类。

列车在车站内运行时所经过的进路称为列车进路。列车进路又可分为接车进路、发车进路、通过进路。列车进入车站时所经过的进路称为接车进路，列车由车站开往区间时所经过的进路称为发车进路，列车由车站通过时所经过的正线接车进路和同方向股道的正线发车进路组合成的进路称为通过进路。

调车车列或单机、机车车辆在车站内运行时所经过的进路称为调车进路。调车进路又可分为调接进路和调发进路。调车车列或单机由车站外方向向车站内调车所经过的进路称为调接进路，调车车列或单机由车站内向车站外方向调车时所经过的进路称为调发进路。

2. 进路的划分

进路有确定的运行方向和范围，道岔的不同开通方向可以构成不同的进路。进路的始端处应设置信号机加以防护，列车和调车车列必须依据信号的开放而通过进路。进路终端处多以同方向的信号机为界限，终端处无信号机时，进路通常以车挡、端墙、站界标或警冲标为界。

进路的划分如图 2–21 所示。

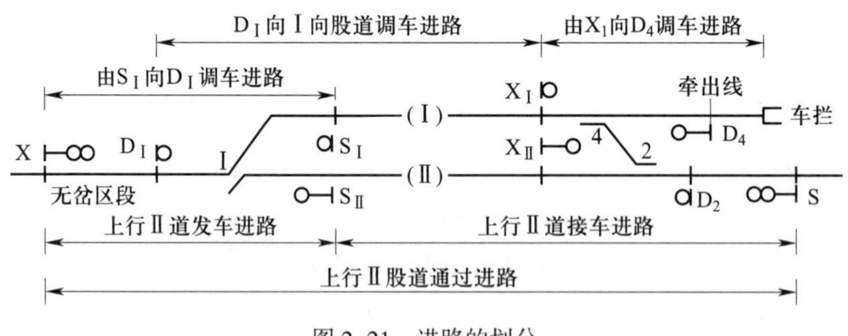

图 2–21 进路的划分

3. 列车进路的组成

列车进路一般由行车进路（主进路）、保护区段及侧面防护三部分组成，如图 2–22 所示。

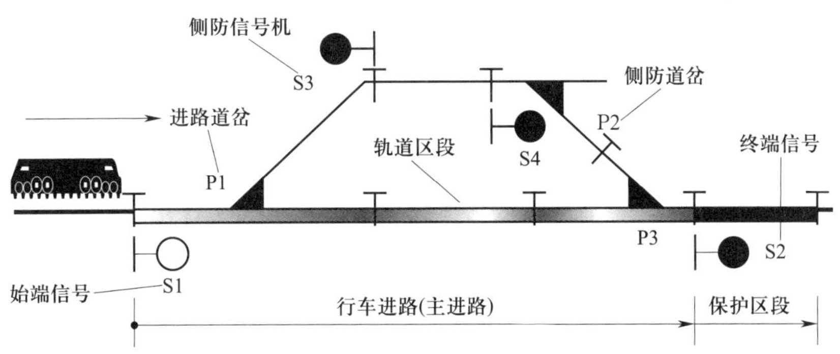

图 2-22　进路的组成

行车进路是指进路上从始端信号机至终端信号机（或车挡、车站端墙、警冲标等）通过的路径，由始端信号机、终端信号机、监控区段（含道岔区段）、非监控区段组成。

保护区段是指终端信号机后方的 1 ~ 2 个区段，设置保护区段是为了避免列车由于某种原因不能在信号机前方停车而冲出信号机（冒进），导致危及列车安全的事故发生。保护区段由保护区段及其侧防元素组成，进路的侧防元素可由道岔、信号机及轨道区段的单个元素或组合元素组成。

侧面防护是为了避免其他列车从侧面进入进路，与列车发生侧面冲突而设置的，防护主进路的侧面防护称为主进路的侧面防护。

二、联锁

进路由道岔位置确定且必须有信号机防护，每条进路只允许一列列车使用。进路如何排列、列车能否进入进路、进路间是否会发生冲突等都由联锁系统控制，联锁系统是行车作业安全保证的核心。

1. 联锁的概念

为了保证列车或调车车列在进路上的安全，有效利用线路，高效率地指挥行车和调车，改善行车人员的劳动条件，利用机械、电气自动控制和远程控制、计算机等技术和设备，必须使信号机、进路和进路上的道岔具有相互制约的关系。联锁是指通过一定的技术方法，使道岔、信号和进路按照一定程序，同时必须满足一定条件才能动作或建立起来的相互关系。

联锁的基本内容包括：防止建立会导致机车车辆相冲突的进路，必须使列车或调车车列经过的所有道岔均锁闭在与进路开通方向相符合的位置，必须使信号机的显示与所建立的进路相符。

2. 实现联锁的技术条件

（1）进路上各区段空闲（无车占用）时才能开放信号。如果进路上有车占用，却能开放信号，则会引起列车、调车车列与原停留车的冲突，这是绝对不允许的。所以，进路的信号开放前必须检查进路空闲情况。

（2）进路上有关道岔在规定位置才能开放信号。如果进路上有关道岔开通位置不对却能开放信号，则会引起列车、调车车列进入异线或挤坏道岔，从而造成行车事故。因此，进路的信号开放必须确保进路上道岔位置正确。

（3）一旦信号开放，其防护进路上的有关道岔必须被锁闭在规定位置，不能转动。信号开放后，进路上任何道岔的转动或松动，都将会危及运行中的列车和调车车列的安全。

（4）敌对信号未关闭时，防护进路信号机不能开放；防护进路信号机开放后，与其敌对的信号必须被锁闭在关闭状态，不能开放。否则列车或调车车列可能发生正面冲突，危及行车安全。因此，进路的信号开放必须检查并确保敌对信号处于关闭状态。

三、城市轨道交通联锁系统

城市轨道交通车站一般不设站线，列车到发均在正线办理，多数车站没有道岔，也没有复杂的咽喉区，联锁关系虽然较为简单，但却具有行车密度高的特点。列车自动监控和自动运行的信号控制方式的普遍采用，对联锁系统的安全、效率、可靠性提出了更高的要求。

1. 联锁设备的功能

控制道岔、信号和进路，并实现它们之间联锁关系的设备称为联锁设备。城市轨道交通联锁设备具有轨道电路处理、进路控制、道岔控制、信号控制、进路自动等功能。

轨道电路的处理功能是指接收和处理轨道区段的“空闲”或“占用”状态信息，并把该状态信息转发给其他相关设备。进路控制功能根据 ATS 系统的命令，负责整条进路的排列、锁闭、保持和解锁。道岔控制功能根据单操道岔命令或进路排列命令，负责道岔的解锁、转换、锁闭和监督。信号控制功能负责监督信号机状态，并根据进路、轨道区段、道岔等设备的状态控制信号机。自动排列进路功能与联锁系统一起自动排出列车进路。该功能有一个自动操作单元，像调度员一样对联锁发出指令，而实际的安全进路排列则由联锁负责。

其中，进路控制功能和道岔控制功能直接影响列车运行安全，被设置为拒绝执行不符合安全条件的命令。

2. 城市轨道交通联锁系统

联锁设备可以分散控制，也可以集中控制。目前使用的联锁系统有继电联锁系统和计算机联锁系统两大类。

（1）继电联锁系统

继电联锁系统又称为电气集中联锁系统，是用电气的方法集中控制和监督车站内的道岔、进路和信号机，并实现它们之间的联锁关系的设备。

继电联锁系统的主要特点是室外采用色灯信号机，道岔由转辙机转换，进路上所有区段均设有轨道电路，由继电器电路对室外设备进行控制并实现联锁，操作人员通过控制台集中操纵和监督全段信号设备。

（2）计算机联锁系统

计算机联锁系统利用计算机实现车站的联锁关系，用继电器电路作为计算机主机与室外信号机、转辙机、轨道电路的接口设备，操作人员通过计算机显示器等设备实现对现场设备的控制和监督，如图 2–23 所示。

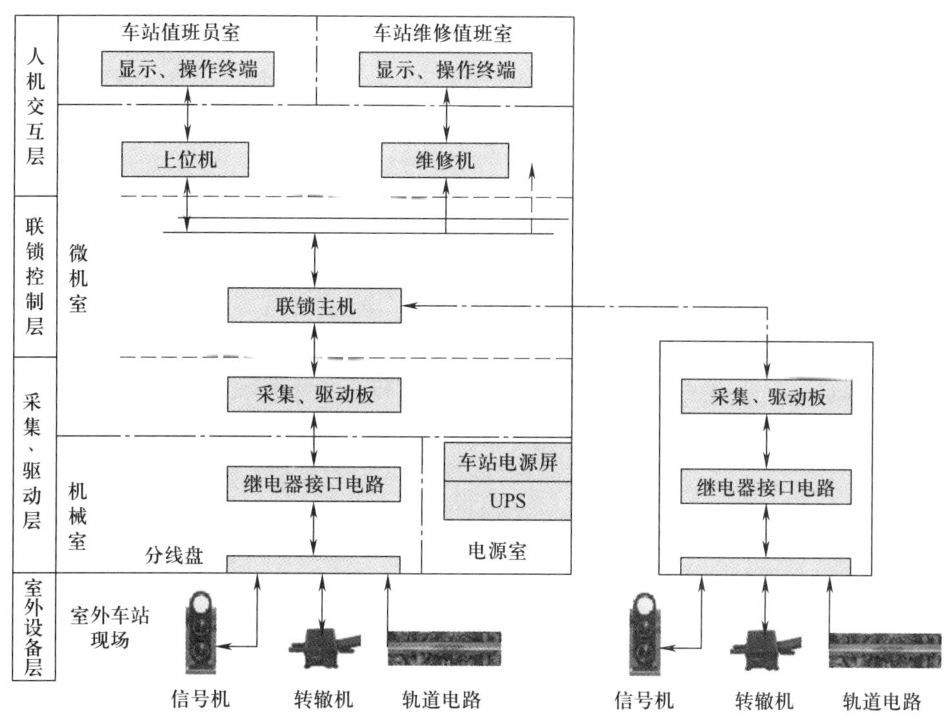

图 2–23　计算机联锁系统

计算机联锁系统充分发挥了计算机的特点，操作表示功能完善，设计、施工、维修和使用便利，便于实现信号设备的远程监督、远程控制和自动控制，是车站联锁设备的发展方向。

知识窗

城市轨道交通列车运行采用三级控制方式，即中心级控制（连续式控制方式）、远程终端控制（点式控制方式）、车站工作站级控制（联锁级控制方式），如图 2–24 所示。

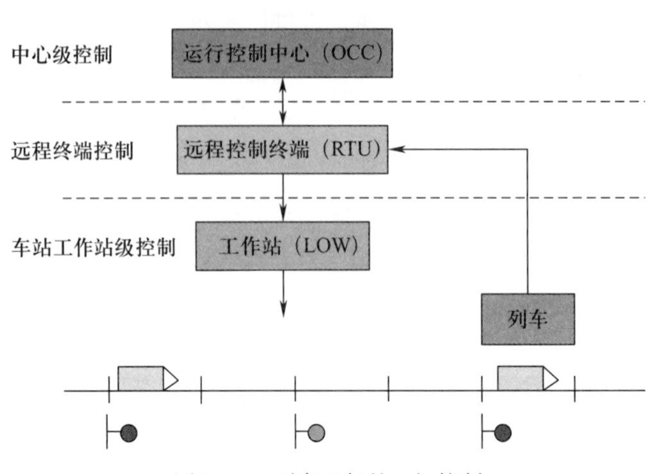

图 2-24　列车运行的三级控制

在中心级控制模式下，控制中心 ATS 设备根据时刻表和运行自动调整系统自动产生并发出列车进路设置命令，联锁系统排列进路，列车运行在 CBTC 控制模式下。

在远程终端控制模式下，列车司机输入目的码，列车发出带有去向的车次号信息，进路控制命令由远程终端产生并发出，联锁系统排列进路，列车运行在点式降级模式下，具备车载防护功能。

在车站工作站级控制模式下，列车进路控制在车站值班员工作站执行，值班员选择通过联锁区的预期进路，联锁系统进行逻辑检查后排列进路，列车运行在联锁级控制模式下，不具备车载防护功能，由行车调度员和车站负责监控列车的安全间隔和运行。

第四节　行车闭塞法

一、区间

为保证线路必要的通过能力和行车安全，轨道线路以车站为分界点划分，两站之间的线路称为区间，通常区间又划分为若干个闭塞分区，如图 2-25 所示。

城市轨道交通车站间距较小，通常不再划分闭塞分区，而采用“一站一区间”方式。双线轨道线路上的分界点称为信号点，进站信号机机柱中心线至同方向站界标机柱中心线之间为车站，外方为区间，如图 2-26 所示。

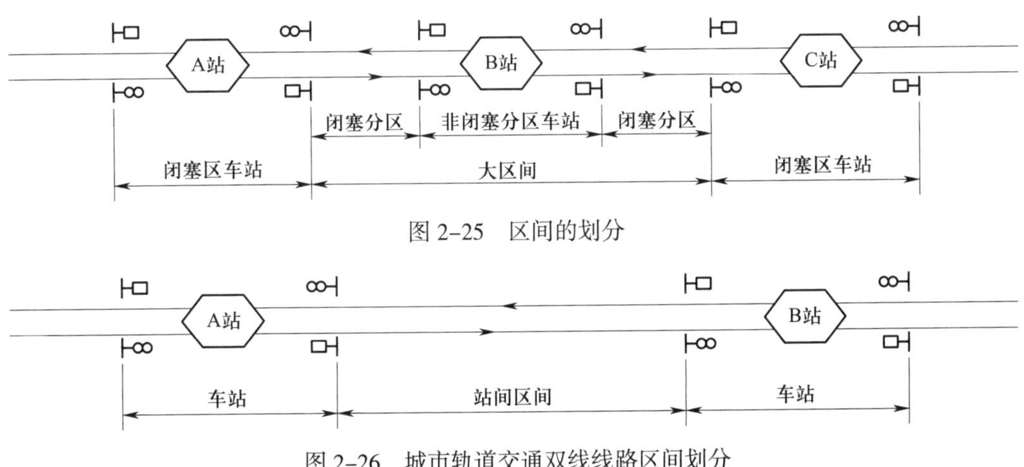

图 2-25　区间的划分

图 2-26　城市轨道交通双线线路区间划分

不设站界标时，地下站通常以端墙为车站与区间的分界点，同一车站两端端墙之间为站内，相邻两车站端墙之间为区间。

二、闭塞

列车在区间运行，必须是在运行前方区间空闲的前提下，而且必须杜绝列车对向和同向同时有列车运行的可能，即必须从列车的头部和尾部进行防护，防止正面冲突和追尾的发生。

为确保列车在区间运行安全而采取一定措施的方法称为行车闭塞法，简称闭塞。城市轨道交通通常采用双线单方向运行模式，行车闭塞法的作用主要是保证列车之间的安全间隔，确保列车安全运行。

1. 闭塞的基本原则及方法

闭塞的基本原则是：在线路区间或闭塞分区内任何时刻只允许有一列列车占用。实现闭塞的基本方法有时间间隔法和空间间隔法两种形式。

（1）时间间隔法

采用时间间隔法时，车站按照事先约定的时间，发出同方向的列车，实现相继追踪列车按照一定的时间间隔运行。时间间隔法的主要缺点是不能确保列车运行安全，当先行列车运行不正常或在区间内发生事故时（晚点、中途停车或列车分离等），依然有可能发生追尾事故。

（2）空间间隔法

采用空间间隔法时，在线路上每隔适当距离设立一个车站或一个通过信号机，把线路划分为若干个区间或闭塞分区，同一区间、闭塞分区内只准许一列列车运行，使前行列车和追踪列车之间保持一定距离间隔。

空间间隔法能较好地保证行车安全，通常情况下，城市轨道交通一般均采用空间间隔法实现区间闭塞。

2. 闭塞的制式

区间闭塞制式是实现区间闭塞，确保列车在区间运行安全的技术和方法。区间闭塞制式的发展经历了人工闭塞、半自动闭塞、自动闭塞和移动闭塞四个阶段。目前，我国城市轨道交通采用的闭塞方法通常可分为移动闭塞、自动闭塞（固定闭塞）、人工闭塞三种类型。

（1）移动闭塞

移动闭塞是随着列车的移动而自动调整列车运行安全追踪间隔距离的闭塞制式。

移动闭塞没有固定的闭塞区间，列车运行闭塞区间的终端（移动授权）由前一列车在线路上的运行位置、运行状态等因素确定。移动闭塞系统通过车地通信，获得与前行列车的距离等信息，自动控制列车凭车载信号显示运行，自动调整运行间隔，并使之保持一定的距离，形成一个与列车同步移动的“虚拟移动分区”，可以提高区间内的行车密度，大幅度提高区间通过能力，如图 2–27 所示。

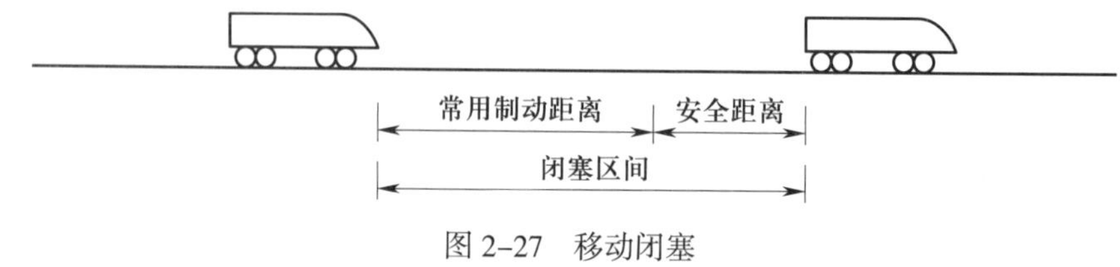

图 2–27　移动闭塞

（2）自动闭塞（固定闭塞）

采用自动闭塞时，用轨道电路或计轴设备将线路划分为若干个固定的区段，即闭塞分区，每个分区的起点设置一架固定信号机进行防护，以固定信号机的允许信号显示作为列车占用分区的凭证。在城市轨道交通系统中，通常也将自动闭塞称为固定闭塞，如图 2–28 所示。

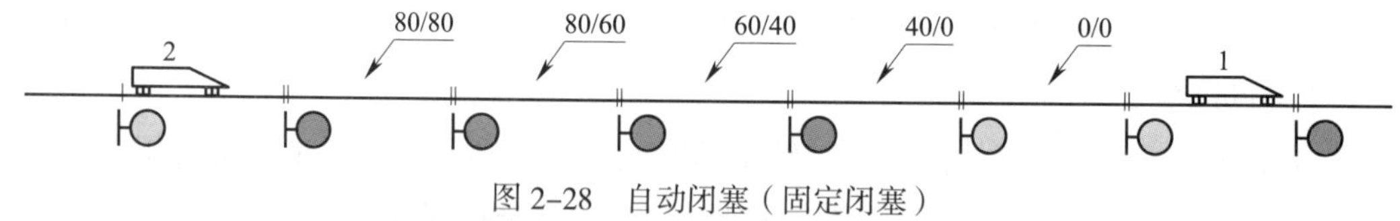

图 2–28　自动闭塞（固定闭塞）

自动闭塞制式中，列车的位置和间距采用轨道电路、计轴装置等固定的地面设备进行检测，以闭塞分区为行车间隔。追踪列车间的最小运行安全间隔为一个闭塞分区长度，正常追踪间隔为三个闭塞分区长度。同时，由于列车定位是以固定区段为单位，无法确定列车在闭塞分区中的确切位置，需要在两列车之间额外设置防护区段，增大了列车间的安全间隔，降低了线路使用效率。

（3）人工闭塞

人工闭塞包括电话闭塞、电报闭塞、电气路签（牌）闭塞。城市轨道交通采用其中的电话闭塞法作为行车闭塞法。

电话闭塞是由相邻两个车站的值班员利用行车专用电话进行联系，以电话记录的方式共同确认闭塞区间空闲后，方准列车进入该闭塞区间运行的行车闭塞法。电话闭塞区间的分界线是各站出站信号机，闭塞区间是发车站出站信号机至前方相邻站出站信号机之间的区段。施行电话闭塞时，由发车站填制路票，发给司机作为列车占用区间的凭证。

除正常运行中使用的闭塞方法外，发生特殊状况时还可以采用封锁区间或时间间隔法行车。

知识窗

基于通信的列车控制（CBTC）系统是真正意义上的闭塞，CBTC 系统中，不需要划分物理意义上的闭塞分区，不需要设置轨道空闲检查设备（如轨道电路、计轴器），不仅节省了大量的轨旁硬件，降低了维护成本，还最大限度地提高了站、线通过能力。CBTC 系统已经成为大密度城市轨道交通系统的优选方案。

CBTC 系统设备可分为轨旁设备和车载设备，轨旁设备主要包括计轴系统及地面应答器，主要功能是检测列车占用区段、信号机显示信息和道岔位置信息。车载设备的功能是接收轨旁数据信息，经过处理、分析、运算后，将运行状况传输至 ATS 系统处理后，再向运行线路上的列车发送进路信息。CBTC 系统的构成如图 2-29 所示。

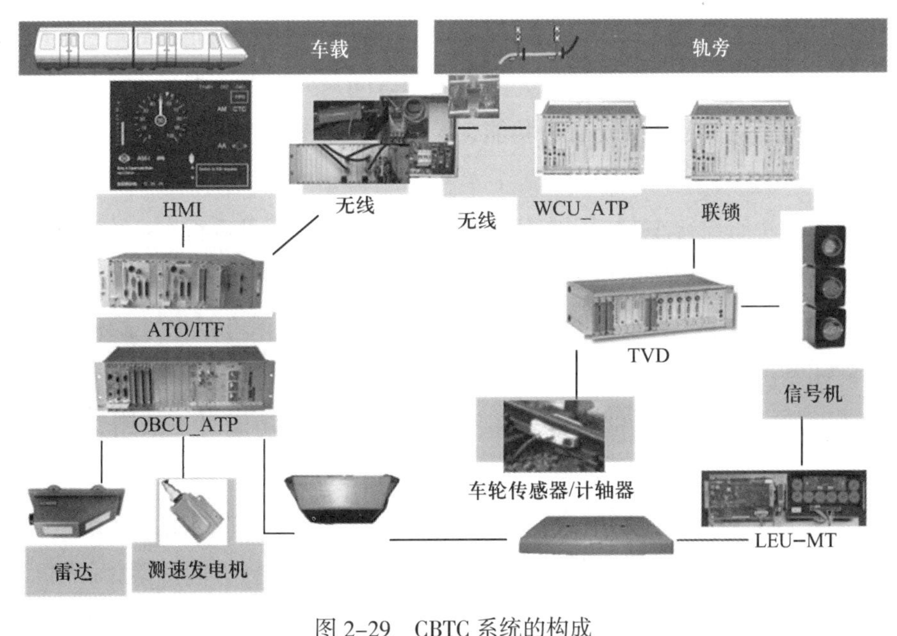

图 2-29 CBTC 系统的构成

三、城市轨道交通行车闭塞法

根据信号系统能够达到的控制级别，城市轨道交通行车闭塞法按照由高到低的优先级别一般可分为移动闭塞法、固定闭塞法及电话闭塞法三种类型。原则上应根据信号系统所具备的模式，优先采用高级别的行车闭塞法组织行车。

1. 移动闭塞法

信号系统具备并处于 CBTC 控制级别时，采用移动闭塞法组织行车，由 ATC 系统控制或监督列车运行。

CBTC 控制模式下，移动闭塞没有固定的闭塞区间，列车运行的移动授权（虚拟闭塞区间的终端）由前一列车在线路上的运行位置、运行状态等因素确定。

移动闭塞法组织行车时，进路上的信号机通常为灭灯状态。列车根据车载信号显示运行，列车加速、减速、停车、开门等操作由车载信号系统自动控制，也可由司机参照车载信号系统的显示进行人工控制。

2. 固定闭塞法

信号系统移动闭塞功能故障或不能使用时，采用固定闭塞法行车。固定闭塞法分为进路闭塞法和站间闭塞法。

（1）进路闭塞法

当车地通信故障或其他故障导致 CBTC 模式不可用，但信号系统具备点式 ATP 模式时，降级至进路闭塞法组织行车。

进路闭塞法通常也称为自动闭塞法，是具备车载防护功能的固定闭塞法。闭塞区间为相同运行方向两架相邻信号机间的区域，一个闭塞区间只允许有一列车占用。信号系统提供推荐速度、列车超速防护及防红灯冒进功能，控制中心行车调度员和车站行车值班员实时监控列车运行。

采用进路闭塞法组织行车时，列车凭车载信号和地面信号显示行车，按照车载信号显示控制速度，如遇车载信号与地面信号显示不符时，需停车后报行车调度员，凭行车调度员命令行车。列车加速、减速、停车、开门等操作由司机参照车载信号系统的显示进行人工控制。

（2）站间闭塞法

当信号系统仅具备联锁功能或电客车不具备车载 ATP 功能时，采用站间闭塞法组织行车。

站间闭塞法属于联锁级控制模式，是不具备车载防护功能的固定闭塞法，信号系统只提供联锁功能，不提供列车超速防护功能。闭塞区间为相同运行方向两架相邻出站信号机间的区域，一个闭塞区间只允许一列车占用。信号系统只提供联锁基本功能，不提供列车车载防护功能。控制中心行车调度员和车站行车值班员实时监控列车运行。

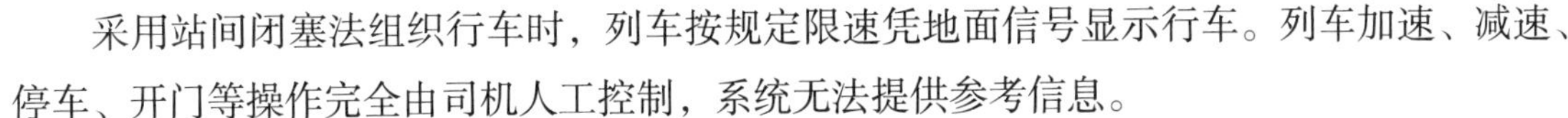

采用站间闭塞法组织行车时，列车按规定限速凭地面信号显示行车。列车加速、减速、停车、开门等操作完全由司机人工控制，系统无法提供参考信息。

3. 电话闭塞法

电话闭塞法是基本行车闭塞法无法使用时的代用闭塞法，出现以下情况时，由控制中心值班主任决定采用电话闭塞法行车：

（1）正线全部或局部信号联锁设备故障时。

（2）控制中心及车站工作站上一个或多个联锁区无法对线路运行车辆进行监控时。

（3）衔接正线与车辆段 / 停车场的进路信号设备故障、联锁失效时。

（4）根据现场情况需要采用电话闭塞法组织行车时（单个设备故障原则上不采用电话闭塞法组织行车）。

电话闭塞的闭塞区间为相同运行方向两架相邻出站信号机间的区域，一个闭塞区间只允许一列车占用。全线信号联锁系统故障时，所有车站均为闭塞车站；局部信号联锁系统故障时，故障区段联锁区所有车站及两端相邻车站为闭塞车站。

使用电话闭塞法行车时，列车占用闭塞区间的行车凭证为路票，发车凭证为车站站台接发车人员显示的发车手信号。执行电话闭塞法行车的车站单方向发出的首列车限速 25 km/h，同方向后续列车限速 40 km/h。

思考与练习

1. 城市轨道交通采用的无线通信技术有哪些？
2. 城市轨道交通采用的测速技术有哪些？
3. 城市轨道交通信号系统由哪些部分组成？
4. 简述城市轨道交通正线信号的显示方式及含义。
5. 城市轨道交通车载信号主要包括哪些内容？
6. 简述城市轨道交通行车手信号的显示方式。
7. 城市轨道交通音响信号有哪些？各表示什么意义？
8. 什么叫进路？城市轨道交通进路如何划分？
9. 什么叫联锁？联锁的基本内容和条件有哪些？
10. 城市轨道交通联锁设备具有哪些功能？
11. 什么叫闭塞？闭塞的基本方法有哪些？
12. 城市轨道交通应用的行车闭塞法有哪些？
13. 简述固定闭塞法的种类、使用时机及行车凭证。
14. 在何种情况下应采用电话闭塞法行车？

第三章　列车驾驶基础

学习目标：

- ◆ 熟悉城市轨道交通车辆设备布置。
- ◆ 掌握城市轨道交通列车操纵台设备布置及使用。
- ◆ 掌握城市轨道交通车辆电气控制柜设备布置。
- ◆ 熟悉城市轨道交通车辆综合控制柜设备布置。
- ◆ 熟悉城市轨道交通车辆客室控制柜设备布置。

城市轨道交通系统是一个现代化程度极高的、复杂的综合系统，列车司机在日常工作任务中必须做到：熟练掌握列车的基本构造及性能，熟悉所担任驾驶区段的线路、信号、停车场、车站等基本设施情况，正确操纵和爱护车辆，合理利用动车功率和制动性能，熟知各种情况下的行车办法，保证安全、正点、优质、高效、全面地完成乘客运输任务。

第一节　车辆电气设备布置

目前，城市轨道交通发展迅速，车辆设备种类繁多，各城市轨道交通运营企业，甚至同一企业内不同线路采用的列车类型也不尽相同。虽然城市轨道交通车辆技术性能各异、设备布局有别、列车编组形式多样，但无论采用何种形式，车辆的基本结构、主要功能并无太大差异，电气设备的种类也基本相同。

一、车辆电气设备布置

典型的“三动三拖”城市轨道交通列车编组方式为“=Tc*Mp*M*T*Mp*Tc=”。其中，“=”表示半自动车钩，“*”表示半永久性牵引杆。Tc 车为带司机室的拖车，T 车为无司机室的拖车，M 车为不带受电弓的动车，Mp 车为带受电弓的动车。

城市轨道交通车辆主要电气设备布置如图 3-1 所示。

1. 车上电气设备

车上电气设备包含的主要电器件见表 3-1。

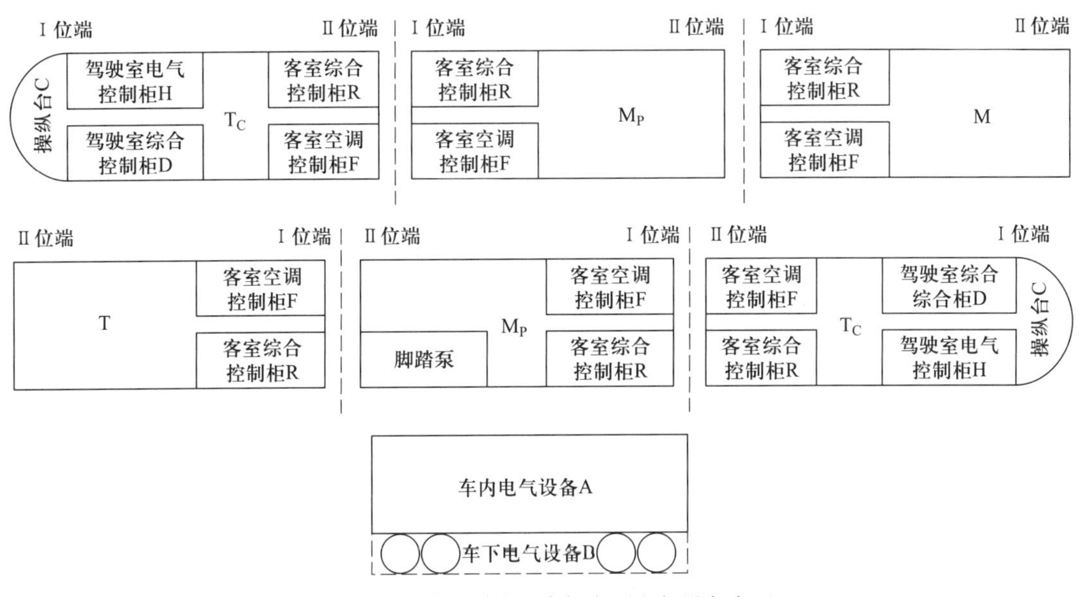

图 3-1 城市轨道交通车辆主要电气设备布置

表 3-1 车上电气设备包含的主要电器件

区域	电器件所在位置	主要电器件
C	操纵台	开关、按钮、指示灯、显示屏等
D	驾驶室综合控制柜	信号显示系统、广播系统、信号系统设备
F	客室空调控制柜	空调控制设备
H	驾驶室电气控制柜	车辆控制所需电器件
R	客室综合控制柜	客室控制电器件及各子系统设备

2. 车内电气设备

车内电气设备（A 区域）包含的主要电器件见表 3-2。

表 3-2 车内电气设备（A 区域）包含的主要电器件

Tc 车	Mp 车、M 车、T 车
驾驶室摄像头、照明设施	客室内显示器
客室内显示器	动态地图
动态地图	LCD 显示屏
LCD 显示屏	客室扬声器

续表

Tc 车	Mp 车、M 车、T 车
客室扬声器	客室摄像头
客室摄像头	客室紧急报警器
客室紧急报警器	

3. 车下电气设备

车下电气设备（B 区域）包含的主要电器件见表 3–3。

表 3–3　车下电气设备（B 区域）包含的主要电器件

Tc 车	Mp 车	M 车	T 车
应答器天线	高速断路器（HSCB）	高速断路器（HSCB）	扩展供电装置
多普勒雷达	母线熔断器	牵引逆变器（VVVF）	监控终端箱
辅助逆变器（SIV）	主隔离开关＋母线隔离开关	母线熔断器主隔离开关	辅助接地开关
蓄电池箱	牵引逆变器（VVVF）	辅助接地开关	
整流装置	电动升弓装置	制动电阻器	
辅助隔离开关	辅助接地开关		
辅助熔断器	制动电阻器		
辅助接地开关			
启动装置			

二、Tc 车主要设备布置

城市轨道交通列车在每个头车（Tc 车）前端设有一个驾驶室。驾驶室内设有操纵台等设备，是司机操纵列车运行的主要工作场所。

1. 车体外部

（1）前照灯

前照灯主要负责线路照明和信号指示，包括头灯、尾灯、运行防护灯，如图 3–2 所示。每节 Tc 车设置两组白色头灯和一组红色尾灯，位于驾驶室前端中下方，各一套左右对称布置。驾驶室顶部左右两侧各安装有一盏红白运行防护灯。

头灯包括远光灯和近光灯，在驾驶台上设有选择开关，可根据需要选择远光或近光。尾灯属于信号灯，由主控钥匙控制，当头车激活时，列车后端的尾灯亮。尾灯由 DC110 V 永久列车线供电，列车休眠时仍会保持点亮。运行防护灯属于信号灯，由列车的头尾转换自动控制。

前照灯显示状态见表 3–4。

图 3-2 前照灯

1—远光头灯 2—近光头灯 3—尾灯 4—运行防护灯

表 3-4 前照灯显示状态

方向手柄位置	前端（激活端）				后端（非激活端）			
	头灯	尾灯	运行防护灯（红）	运行防护灯（白）	头灯	尾灯	运行防护灯（红）	运行防护灯（白）
向前	1	0	0	1	0	1	1	0
向后	1	1	1	1	1	1	1	1
0	0	1	1	0	0	1	1	0

（2）终点站显示器

终点站显示器设在驾驶室前端中上方，采用高亮度发光二极管点阵显示屏，红、绿、黄三种颜色显示，可显示中文和英文。

终点站显示器用于指示列车的目的地，还可显示列车种类（普通、试验、调试、回库）。

（3）雨刮器

驾驶室前窗玻璃采用高强度、高抗冲击性、带电热夹层的安全玻璃，前窗玻璃附带电动雨刮器和遮阳帘。雨刮器设有自动喷淋功能，雨刷挡位分为洗车、停止、低速、高速和间歇位。操纵台上设有雨刮器控制开关和喷淋按钮，对雨刮器和喷淋电动机进行控制。

雨刮器关闭时，雨刷自动返回初始位置（靠车辆运行方向右侧）。洗车时，必须把雨刮器转至“洗车”位，雨刷将停靠在前窗的中间位置。

2. 驾驶室设备布置

驾驶室与客室之间的隔墙上安装有向驾驶室打开的通道门，驾驶室两侧设有驾驶室侧门。

驾驶室内设有驾驶室座椅、灭火器、扶手杆、衣钩等设备。驾驶室电气设备主要包括操纵台、电气控制柜、综合控制柜、驾驶室照明设施、驾驶室电热设施、前照灯、雨刮器、电热玻璃、电笛、终点站显示器等。这些电气设备与客室内电气设备及车下电气设备共同完成车辆的牵引、制动、开关门、空调、照明、广播、紧急对讲、客室监视，以及列车自动控制、车辆通信、车辆与地面通信等。

列车前端不设应急逃生门时，司机操纵台与驾驶室座椅设置于驾驶室的中部，这种驾驶室主要设备的布局如图 3–3 所示。

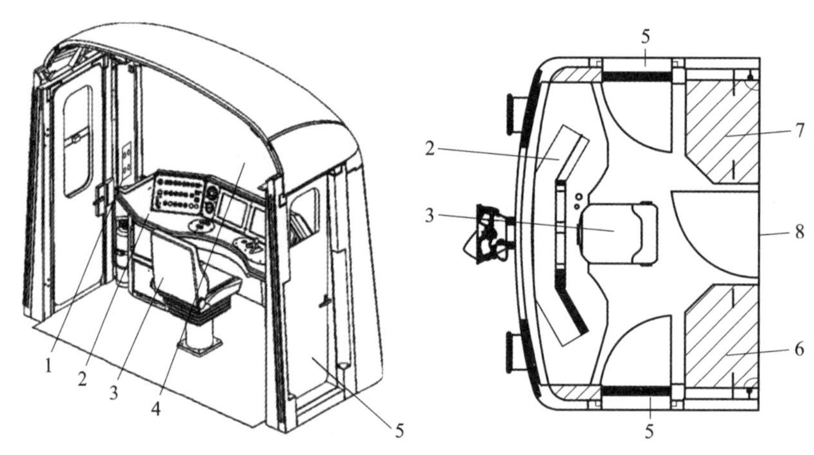

图 3–3　驾驶室设备布局

1—门控面板　2—操纵台　3—驾驶室座椅　4—电热玻璃　5—驾驶室侧门

6—驾驶室综合控制柜　7—驾驶室电气控制柜　8—驾驶室通道门

（1）门控面板

在选定某侧车门为激活侧（开门侧）后，由司机手动操作门控面板，发出激活侧车门开门、关门或再开闭指令。

门控面板分为左侧门控屏和右侧门控屏，分别安装在驾驶室内左侧和右侧墙上，包括两个开门按钮（红色，双按钮按压有效）、一个关门按钮（绿色）和一个再开闭按钮（黄色），如图 3–4 所示。

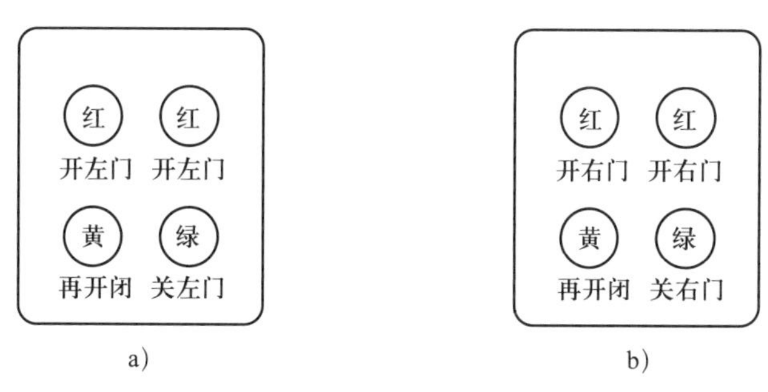

图 3-4　门控面板

a）左侧门控屏　b）右侧门控屏

（2）操纵台

操纵台供司机驾驶列车使用。整个操纵台分为台面设备和台下箱柜两大部分，如图 3-5 所示。操纵台台面采用玻璃钢材料，下部柜体采用铝合金材料，分成左、中、右柜体，它们之间通过螺栓连接，操纵台底部通过螺栓与车体固定。

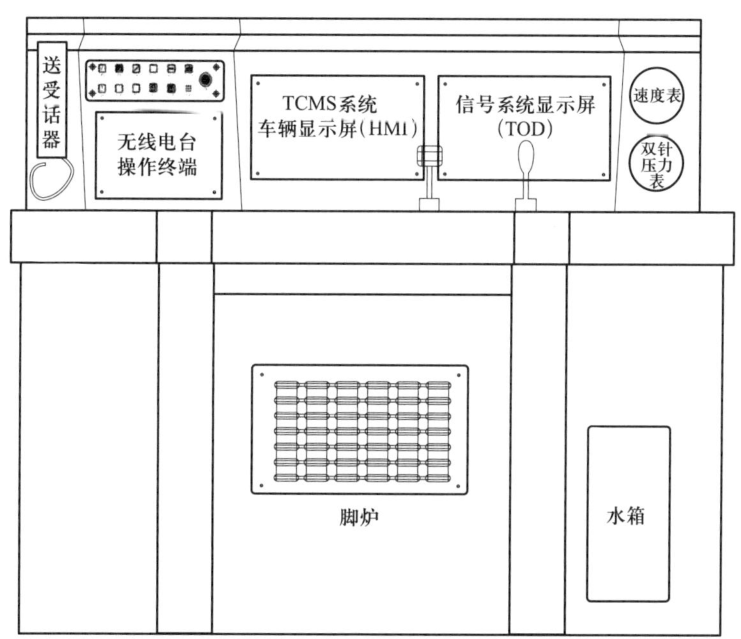

图 3-5　操纵台

（3）驾驶室控制柜

驾驶室设有综合控制柜和电气控制柜，位于在驾驶室后面的左、右两侧，控制列车的启停、牵引、制动、车门开关等，以及 PIS 系统、PA 系统、ATP 设备、ATO 设备。在故障应急处理时，经常涉及控制柜中相关设备的操作。

第二节 操 纵 台

根据功能不同，操纵台可以划分为列车牵引控制、制动控制、空气压缩机控制、受电弓控制、照明控制、车门控制、无线电台控制、自动/手动列车控制、前照灯控制、雨刮器控制、电热控制、列车监控、列车广播、紧急对讲等区域。

操纵台台面集中了与司机进行驾驶操作有关的大部分功能，主要设有 TCMS 系统车辆显示屏（HMI）、广播控制面板、信号系统显示屏（TOD）、双针压力表、司机控制器、无线电台控制面板、空调控制面板、各种信号指示灯、按钮开关、转换开关等，如图 3-6 所示。

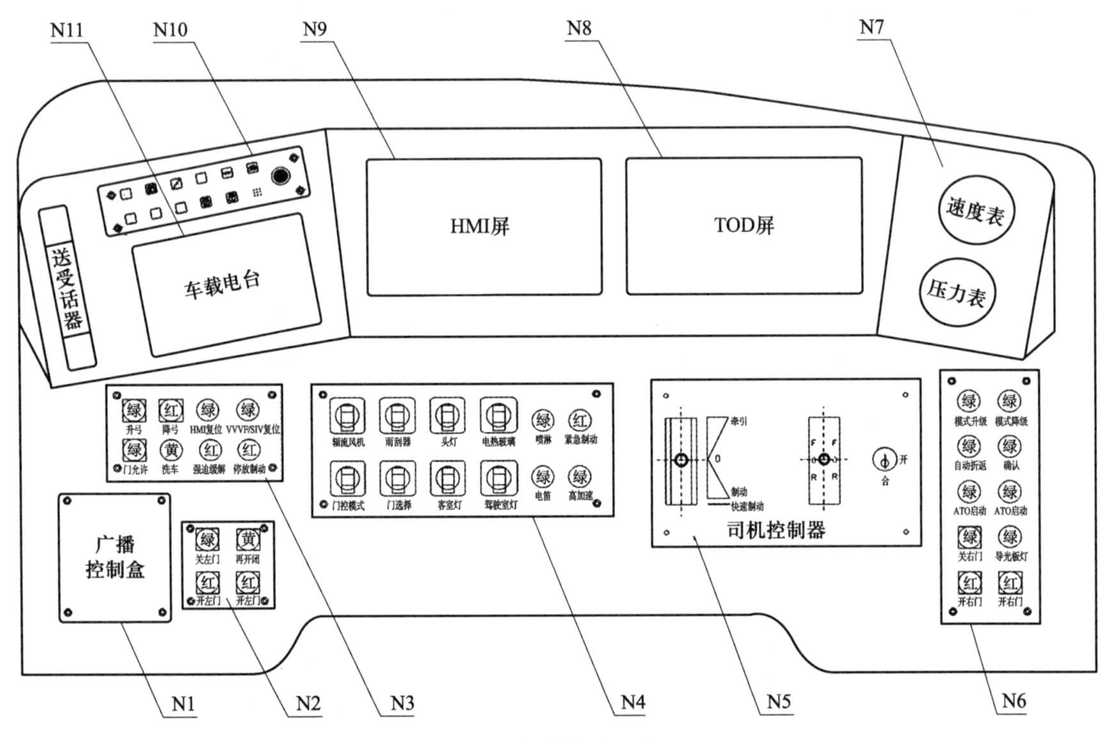

图 3-6 操纵台台面布置

一、按钮、开关等控制设备

操纵台按钮、开关等控制设备主要分布于 N2、N3、N4、N6 面板，各控制设备基本功能见表 3-5。

二、指示灯、仪表等显示设备

1. 指示灯（N10 面板）

操纵台指示灯提供车门、制动等信号灯指示，并设置蜂鸣器，如图 3-7 所示。

表 3–5　　操纵台按钮、开关基本功能

序号	区域	代号	名称	按钮指示灯	功能
1	N2面板	LDOB1	开左门按钮 1	红色	开启列车左侧（前进方向）客室车门，双按钮压下有效，只能在门控面板开左门按钮故障时使用
2		LDOB2	开左门按钮 2	红色	
3		LDCB	关左门按钮	绿色	关闭列车客室左侧（前进方向）车门，只能在门控面板关左门按钮故障时使用
4		COAB	再开闭按钮	黄色	未关好车门进行关门动作，已关闭车门保持关闭
5	N3面板	PANUB	升弓按钮	绿色	升弓控制，所有受电弓都升起时指示灯点亮
6		PANDB	降弓按钮	红色	降弓控制，所有受电弓都降下时指示灯点亮
7		ARS	HMI 复位按钮	绿色	HMI 屏复位操作
8		RS	VVVF/SIV 复位按钮	绿色	VVVF/SIV 复位操作和小故障复位
9		DPS	门允许按钮	绿色	强制发出门允许（门使能）信号
10		CWB	洗车按钮	黄色	洗车模式，列车速度限制在 3 km/h
11		CREB	强迫缓解按钮	红色	制动无法缓解时强迫缓解制动作用
12		PACB	停放制动按钮	红色	停放制动施加、缓解控制
13	N4面板	AFFS	辐流风机开关	—	万能转换开关
14		RBS	雨刮器开关	—	雨刮器控制，在洗车、停止、低速、高速、间歇位间切换
15		HLS	头灯开关	—	头灯远光（明）、近光（暗）控制
16		EHGS	电热玻璃开关	—	电热玻璃控制
17		CMB	喷淋按钮	绿色	雨刮器喷水控制（禁止干刮）
18		EBB	紧急制动按钮	—	实施紧急制动（红色蘑菇头型），按下时降弓断电，不受操纵台激活限制
19		DMCS	门控模式开关	—	选择自动或人工方式开 / 关门。自动位，CBTC 模式下 ATO 自动开、关车门；手动位，人工开、关车门；半自动位，ATO 运行时车门自动打开，人工关闭
20		DSS	门选择开关	—	根据列车停稳在站台的位置，选择要打开的客室门
21		PLS	客室灯开关	—	客室照明控制，不受控于驾驶室是否占用
22		CLS	驾驶室灯开关	—	驾驶室灯控制，切换顶灯、OFF、阅读灯
23		EHVB	电笛按钮	绿色	列车鸣笛控制
24		ACS	高加速按钮	绿色	坡道救援牵引力不足时持续按下，VVVF 将控制牵引电动机以较大的力矩进行牵引，使列车处于高加速运行模式

续表

序号	区域	代号	名称	按钮指示灯	功能
25	N6面板	MDB	模式降级按钮	绿色	降级驾驶模式
26		MUB	模式升级按钮	绿色	升级驾驶模式
27		ARB	自动折返按钮	绿色	启动自动折返
28		ACB	确认按钮	绿色	发出确认信号
29		ATOB1	ATO 启动按钮 1	绿色	启动 ATO 模式，双按钮压下有效
30		ATOB2	ATO 启动按钮 2	绿色	
31		CLBS	导光板灯	绿色	导光板灯控制
32		RDOB1	开右门按钮 1	红色	开启列车右侧（前进方向）客室车门，双按钮压下有效，只能在门控面板开右门按钮故障时使用
33		RDOB2	开右门按钮 2	红色	
34		RDCB	关右门按钮	绿色	关闭列车客室右侧（前进方向）车门，只能在门控面板关右门按钮故障时使用

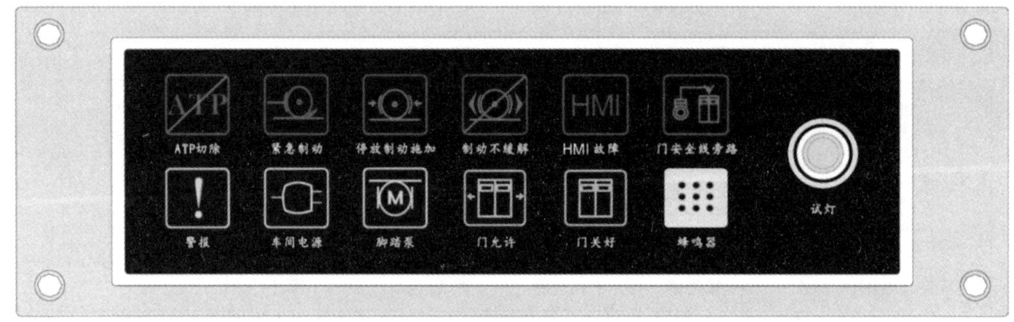

图 3-7　操纵台指示灯面板

试灯按钮（黄色）用于对指示灯（包括 N2、N3、N4、N6 面板的所有按钮指示灯）进行测试。

2．仪表（N7 面板）

速度表显示列车实际运行速度。双针压力表白针显示主风管压力值，红针显示 Tc 车第一转向架第一轴的制动缸压力值。

三、司机控制器（N5 面板）

司机控制器（司控器）设有钥匙开关、主控手柄及方向手柄。各种不同类型的司控器主要区别在于主控手柄的级位，按级位划分主控手柄可分为有级操纵和无级操纵两类，典型的无级操纵司控器的结构如图 3-8 所示。

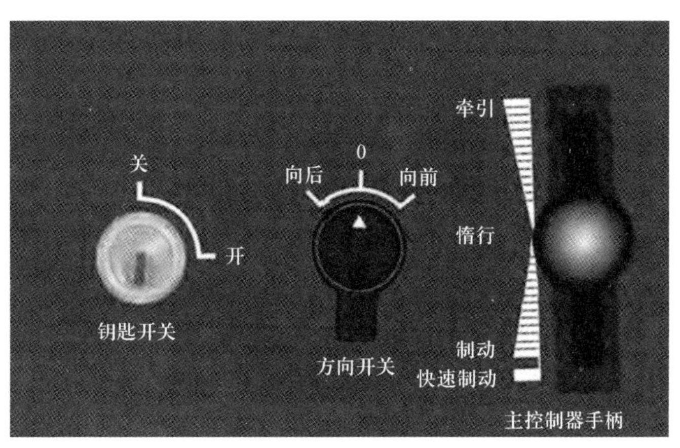

图 3-8 无级操纵司控器

1. 司控器的结构

（1）钥匙开关

钥匙开关是一个机械锁，用于锁闭或激活操纵台，设有两个位置。

1）关位。主控制器手柄和方向开关均在“惰行”位（即“0”位）时，主控钥匙才能在这个位置插入或取出。

2）开位。在列车的另一端操纵台没有被激活的情况下，钥匙开关转到“开”位时，可激活本操纵台。操纵台激活之后，司机才能进一步进行其他操作。

（2）方向开关

方向开关用于选择列车行驶方向，设有“向前、0、向后”三个挡位，换向手柄在各挡位均有定位。

1）向前位（F 位）。不论人工驾驶模式，还是 ATO 驾驶模式，都使列车向前牵引运行。

2）0 位（N 位）。没有牵引状态被激活。

3）后退位（R 位）。激活列车向后（退行）运行。

列车的方向开关必须在开车之前选定，并保持到下个车站直至列车停稳。运行途中如果方向开关被转动，列车将立即触发紧急制动。

（3）主控制器手柄

主控制器手柄（主控手柄）用于控制列车的牵引和制动，也称牵引制动手柄。

主控手柄上设有警惕按钮，在人工驾驶模式下，无论有没有 ATP 保护，司机都必须保持持续按压警惕按钮。松开该按钮超过 3 s，列车就会自动实施紧急制动，如果在松开按钮 3 s 内重新按压警惕按钮，紧急制动不会实施。

主控手柄设有“牵引”区、“0”位（惰行）、“制动”区及“快速制动”位四个挡位，控制手柄在“牵引”最大位、“0”位、“制动”最大位、“快速制动”位均有定位。“牵引”和“制动”挡位内可无级（或有级）调整。

2. 司控器的联锁系统

（1）机械联锁

为防止可能产生的误操作，主控手柄、方向开关和钥匙开关三者之间设有机械联锁装置，实现以下联锁关系。

1）只有主控手柄和方向开关均在“0”位时，钥匙开关才可由“关”位打到“开”位；钥匙开关在“关”位时，主控手柄、方向开关均锁定在“0”位不可动。

2）只有钥匙开关在“开”位且主控手柄在“0”时，方向开关才可在“向前”和“向后”之间转换；只有钥匙开关在“开”位且方向开关在非“0”位时（“向前”或“向后”），主控手柄方可在其各挡位之间进行转换。

3）只有方向开关在“0”位时，主控钥匙方可控制机械锁锁闭司控器。

4）列车惰行时，如果方向开关转换到另一个位置，牵引命令会失效并且列车立即触发紧急制动。

（2）电气联锁

司控器电气联锁可以实现以下联锁关系。

1）列车一端驾驶室中的司控器激活时，另外一端驾驶室无法激活。

2）当一端驾驶室已插入钥匙被激活后，另外一端即使插入钥匙也无法激活该驾驶室。

3）如果两端驾驶室同时被激活，列车将触发紧急制动，并禁止牵引。

4）如果主控钥匙折断，导致驾驶室始终处于激活状态，需要换端操作时，必须将故障端驾驶室激活断路器断开，方可到另一端插入主控钥匙并激活驾驶室。

3. 司控器的使用

先用主控钥匙打开机械锁，然后用方向开关选定行车方向，再操作主控手柄控制列车速度。

行车过程中，如果需要改变行车工况，必须将主控手柄置于“0”位后，方可进行方向开关的操作。如果需要进行换端操作，必须将本端司控器的主控手柄置“0”位，且方向手柄置“0”位，再锁闭机械锁并拔出主控钥匙，然后方可进行换端操作。

四、广播控制盒（N1 面板）

城市轨道交通列车广播具有自动广播、手动广播（半自动广播）、人工广播三种工作模式，用于对全体乘客进行运行信息广播。同时，列车广播提供人工广播、驾驶室对讲、紧急对讲三种模式，以实现不同对象之间的广播通信需求，司机可通过广播控制盒（DACU）的

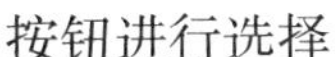
按钮进行选择。

广播控制盒如图 3–9 所示。

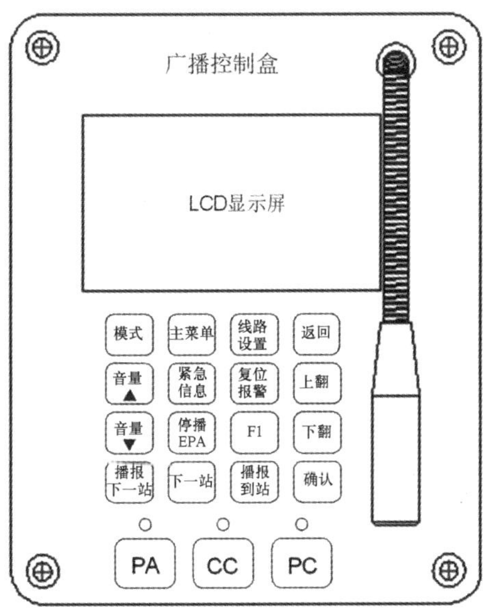

图 3–9　广播控制盒

1．手动广播

开机上电后，广播系统默认为自动模式，将自动完成报站、出站、清客等广播内容。若需进入手动模式，可按压模式按钮，进入模式选择区，司机可通过上翻、下翻及确认按钮选定并进入手动操作模式界面，如图 3–10 所示。

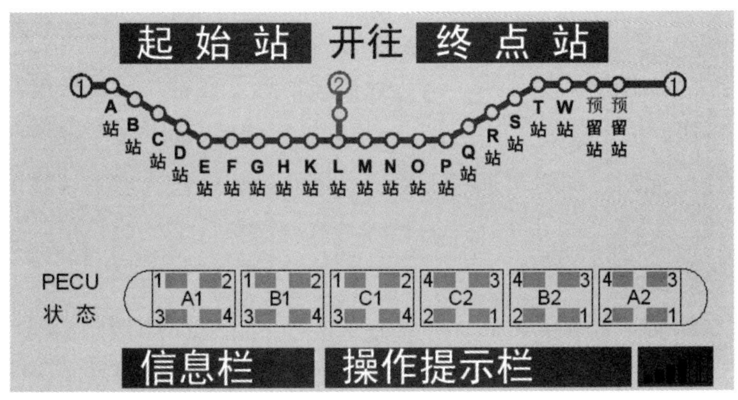

图 3–10　广播系统手动操作模式界面

（1）线路设置

选定手动模式后，系统自动进入“线路设置”功能，司机可按界面中“操作提示栏”的提示完成手动操作广播工作。

1）上下行选择。根据操作提示栏的“上下行选择”提示，以及信息栏中的上下行内容，通过上翻、下翻及确认按钮选择并确定上下行信息，如图 3–11 所示。选定后系统自动进入“起始站”操作提示。

上下行 上 行 请选择上下行

图 3–11　上下行选择

2）起始站选择。根据操作提示栏“请选择起始站”提示，以及在信息栏中的起始站内容（信息栏中起始站按照上下行的设定，从线路第一站按照顺序排列），通过上翻、下翻及确认按钮选择并确定起始站信息。起始站确定后，线路地图上起始站站点将变为红色，站名显示在操作界面的对应位置，系统自动进入“终点站”操作提示。

3）终点站选择。根据操作提示栏“请选择终点站”提示，以及信息栏中的终点站内容（信息栏中终点站按照上下行顺序，从线路最后一站按照倒序排列），通过上翻、下翻及确认按钮选择并确定终点站信息。终点站确定后，线路地图上从选定的终点站到起始站的站点将变为绿色，未选定的站点为灰色。选定后系统自动进入“下一站”操作提示。同时，选定的终点站站名显示在操作界面的对应位置。

终点站选择完毕后，客室动态地图 LED 显示屏（LDMU）就会点亮为绿色，并从起点站到终点站循环闪动，两边的头车终点站显示器（FDU）会显示终点站信息。

（2）手动报站操作

终点站选定后，系统默认提示起始站后顺序的第一站为下一站。如果默认值正确，可直接操作确认按钮选定下一站；如果下一站提示内容需要更改，可通过上翻、下翻及确认按钮选定下一站信息。

下一站选定后，操作提示栏显示“请选择播报信息”提示。司机根据需要操作播报下一站或播报到站按钮，选择播报“下一站”或“到站”信息。

列车运行到下一站时，司机可通过上翻、下翻及确认按钮选定下一站信息，继续进入下一站的播报工作。

（3）紧急信息广播

操作紧急信息按钮，系统进入紧急信息选择界面，如图 3–12 所示。根据信息栏及操作提示栏的提示，司机可通过上翻和下翻按钮选择紧急信息。按压确认按钮，系统将播报选定的紧急信息；按压停播按钮，停止本次播报；按压返回按钮，系统将返回手动操作模式界面。

2. 人工广播（PA）

按下 PA 按钮，PA 指示灯点亮，司机可通过麦克风进行客室广播。

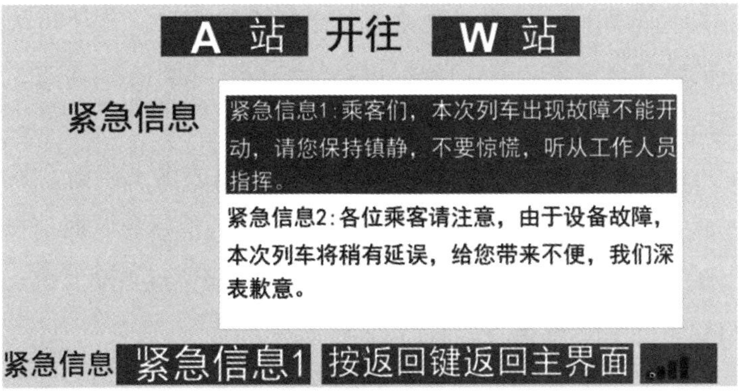

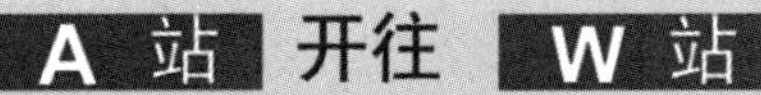

图 3–12 紧急信息选择界面

只有在操纵台激活的情况下，才能实现人工广播，广播过程中另一驾驶室 PA 指示灯保持闪烁。再次按压 PA 按钮，人工广播结束，PA 指示灯熄灭。

3. 驾驶室对讲（CC）

驾驶室间（包括联挂的列车）可以进行对讲通信，驾驶室对讲的工作过程如下：

（1）发起者按下 CC 按钮，所有 CC 指示灯开始闪烁。

（2）应答者在另一个驾驶室中按下 CC 按钮即可应答。通信过程中，CC 指示灯保持常亮。

（3）发起者再次按下 CC 按钮，驾驶室对讲通信结束，所有 CC 指示灯熄灭。

驾驶室对讲通信不受主控钥匙控制，任何一个操纵台都可通过操作广播控制盒的 CC 按钮请求驾驶室之间的对讲，另外一个驾驶室通过操作 CC 按钮均可响应，进行驾驶室间对讲通信。

4. 紧急对讲（PC）

客室适当位置设置紧急报警器（PECU），紧急情况下乘客可触发报警按钮向司机报警，发起紧急对讲。紧急对讲的工作过程如下：

（1）乘客按压紧急报警按钮，PECU“请等待”指示灯闪亮。

（2）广播控制盒（DACU）PC 指示灯闪亮，并伴有报警提示声，DACU 屏显示相对位置 PECU 报警提示。

（3）司机按压 DACU 的 PC 按钮，响应报警，PC 指示灯常亮，建立紧急对讲通信。

（4）PECU“请等待”指示灯灭，“请讲话”提示灯亮，乘客可与司机进行全双工通话，DACU 屏显示相对位置 PECU 报警正在通话的提示。

（5）通话完成，司机次按压 DACU 的 PC 按钮结束通信。

当多个紧急报警器被触发时，按照先到先通原则，司机可通过触发 PC 按钮建立或结束通信，按照乘客报警次序依次与乘客进行通话。

在某位乘客报警通话期间，若有其他乘客报警，系统会保持其呼叫状态。前一乘客报警结束后，已等待的乘客报警将会继续自动进行音响报警并显示报警位置，司机可以继续选择报警乘客进行通话。

紧急对讲通话采用全双工通话模式，且不影响列车播放预录广播。只有激活端驾驶室和被选择 PECU 才能实现紧急对讲。司机可一次性复位所有的紧急呼叫请求，司机既可以在驾驶室远程复位已触发的紧急报警按钮，也可以到触发车厢位置手动复位。

五、车载信号显示屏（N8 面板）

车载信号显示屏（TOD 屏）提供司机和车载控制系统（ATC）之间的人机交互功能，TOD 屏向司机提供列车运行模式、实际速度及目标速度信息、车辆设备故障信息等运行状态信息，以及其他车辆操作必要的信息。司机通过触摸或点击 TOD 屏可以进行相关数据的输入，此外，TOD 屏还能发出音频信号表明有关特殊状态。

通常情况下，TOD 屏可以划分为目标信息、列车速度信息、辅助运行信息、监控及时间信息、列车数据信息、运行状态信息、确认信息等七个区域，如图 3–13 所示。

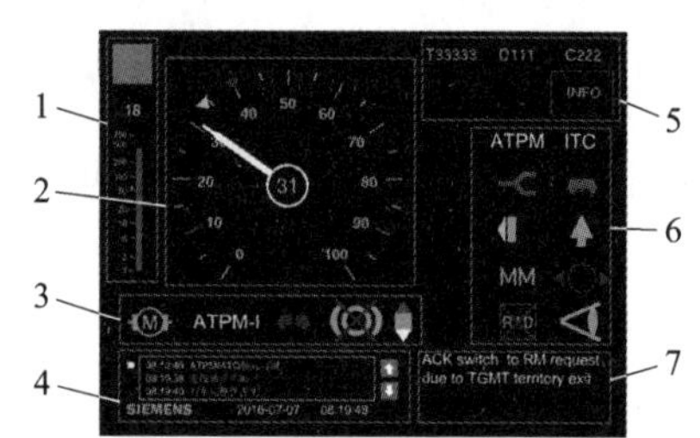

图 3–13　TOD 屏区域划分

1—目标信息　2—列车速度信息　3—辅助运行信息
4—监控及时间信息　5—列车数据信息
6—运行状态信息　7—确认信息

1. 目标信息

列车运行目标信息模块提供列车运行的目标速度、目标距离信息，并反映 ATC 系统控制下的制动状态信息。

目标信息模块图标名称及含义见表 3–6。

表 3–6　目标信息模块图标名称及含义

序号	图标显示	名称	含义
1		ATC 制动	紧急制动触发（红）：列车实际速度达到紧急制动触发速度时显示，并触发紧急制动
2			超速警告 / 请求制动（黄）：列车实际速度超过 ATP 推荐速度，但尚未达到紧急制动触发速度时显示
3	18	目标速度	只在 ATPM 模式下显示。目标点为限制信号时，目标速度显示为 0

续表

序号	图标显示	名称	含义
4	750 500 200 100 50 20 10 5 2 1	目标距离	只在 ATPM 模式下显示。目标距离条形图表示当前位置与目标点间的距离

目标距离信息中，距离条的颜色与目标速度和目标距离有关，见表 3–7。

表 3–7　目标距离条颜色显示

目标速度 v（km/h）	目标距离 S（m）		
	$S>300$	$150\leqslant S\leqslant 300$	$S<150$
$v>60$	淡绿色	淡绿色	淡绿色
$25\leqslant v\leqslant 60$	淡绿色	淡绿色	黄色
$0<v<25$	淡绿色	黄色	黄色
$v=0$	淡绿色	黄色	红色

2. 列车速度信息

列车速度信息模块采用指针和数字显示，提供列车运行的实际速度、推荐速度和紧急制动限制速度。

列车速度信息模块图标名称及含义见表 3–8。

表 3–8　列车速度信息模块图标名称及含义

图标显示	名称	含义
0 10 20 30 40 50 60 70 80 90 100 31	速度信息	指针和数字：指示列车运行的实际速度
		黄色三角形：指示当前 ATP 推荐速度值（人工驾驶应遵守的速度值），列车速度达到此值时，TOD 屏将出现请求制动图标。ATO 模式下不显示推荐速度
		红色三角形：指示当前紧急制动触发速度值

3. 辅助运行信息

辅助运行信息模块主要提供列车牵引、制动状态信息、运行模式运营级别预选信息、列车状态警告信息和车载 ATP 状态信息。

辅助运行信息模块图标名称及含义见表 3–9。

表 3–9　　辅助运行信息模块图标名称及含义

序号	图标显示	名称	含义
1	M	车辆牵引制动状态	牵引
2	B		制动
3			惰行
4	ATO-C	预选运行模式运营级别	自动驾驶模式，CBTC 控制级别
5	ATPM-C		ATP 监督下的人工驾驶模式，CBTC 控制级别
6	ATO-I		自动驾驶模式，点式控制级别
7	ATPM-I		ATP 监督下的人工驾驶模式，点式控制级别
8	RM		人工驾驶模式，联锁控制级别
9		列车状态警告（红色）	列车完整性丢失（红色）
10			列车制动力不足
11			滑行或空转防护，正常范围内图标闪烁，严重时图标常亮
12		车载 ATP 状态（OBCU 状态）	车载 ATP 系统正常，前端 OBCU 激活（绿色）后端 OBCU 待机（白色）
13			车载 ATP 系统部分可用，前端 OBCU 激活（绿色）后端 OBCU 故障（红色），冗余失效

续表

序号	图标显示	名称	含义
14		车载 ATP 状态（OBCU 状态）	车载 ATP 系统部分可用，前端 OBCU 故障（红色）后端 OBCU 激活（绿色），冗余失效
15			车载 ATP 系统故障，完全不可用

模式预选一般根据列车在正线运营时的模式进行设置，由司机在出库前通过驾驶室操纵台模式升、模式降和确认按钮预选当日所需驾驶模式。

4. 监控及时间信息

监控及时间信息模块主要提供列车运行监控信息及当前时间信息，如图 3–14 所示。

图 3–14　监控及时间信息

监控信息采用列表显示，新消息自动滚动至列表首行显示，并在左侧显示新消息提示图标。通过触摸显示屏向上和向下按钮，可查看消息框中其他消息。

5. 列车数据信息

列车数据信息包括车次号、乘务组号和目的地号。选择该区域后，可点击相关按钮，打开对话框输入相关数据，如图 3–15 所示。

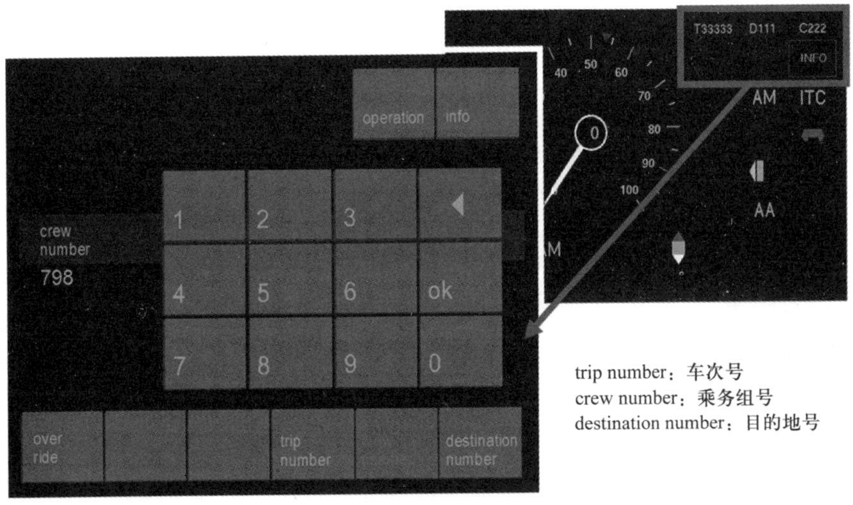

图 3–15　列车信息数据输入

6. 运行状态信息

运行状态信息模块主要提供列车当前运行模式、运营级别、停站和离站信息、折返信息、车门和屏蔽门信息、紧急信息，以及运行相关特殊信息的显示。

运行状态信息模块图标名称及含义见表 3-10。

表 3-10　　运行状态信息模块图标名称及含义

序号	图标显示	名称	含义
1	ATO CTC	当前运行模式运营级别	自动驾驶模式，CBTC 控制级别
2	ATPM CTC		ATP 监督下的人工驾驶模式，CBTC 控制级别
3	ATO ITC		自动驾驶模式，点式控制级别
4	ATPM ITC		ATP 监督下的人工驾驶模式，点式控制级别
5	RM IXL		人工驾驶模式，联锁控制级别
6		列车折返	当前，无人驾驶折返模式可用，但尚未被选中时，绿色常亮显示
7			无人驾驶折返模式被选中时，黄色常亮显示
8		列车换端	当前，列车换端模式可用，但尚未被选中时，绿色常亮显示
9			换端模式被选中时，黄色常亮显示
10		列车停站	列车停稳在站台，并在指定区域范围（停车窗）之内
11			列车未停准在站台指定区域内
12		车门状态	ATP 开门请求，打开前进方向左侧车门
13			ATP 开门请求，打开前进方向右侧车门
14			ATP 开门请求，打开前进方向两侧车门，且同时打开

续表

序号	图标显示	名称	含义
15	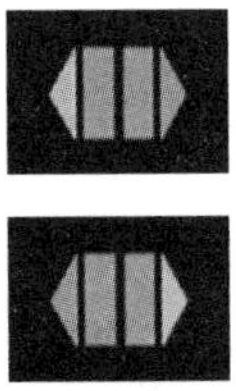	车门状态	ATP 开门请求，打开前进方向两侧车门，且黄色侧先开
16			车门允许。列车停妥但 ATP 未给出门释放指令时，可以按压操纵台门允许按钮，强制进行车门解锁后开门
17			ATP 不再监督车门。列车停妥后使用门允许按钮，允许系统即使没有给出“门关好”命令，也可人工驾驶列车运行
18		屏蔽门状态	屏蔽门打开
19		列车离站	ATP 关门请求
20			ATP 发车请求
21			ATP 扣车请求
22	 MM	车门控制模式	车门手动打开，手动关闭
23	 AM		车门自动打开，手动关闭
24	 AA		车门自动打开，自动关闭
25		特殊信息	列车未定位、定位不成功、在车辆段
26			列车进入车辆段 / 停车场
27			释放速度。IATP 模式下，无论信号机是何显示，每架出站信号机都设置强制停车速度曲线，当其显示由红灯转变为绿灯时，司机应按下释放按钮解除该信号机的停车速度曲线

续表

序号	图标显示	名称	含义
28		紧急信息	列车产生紧急制动
29	RAD		无线通信中断
30	ATP		ATP 故障
31	ATO		ATO 故障
32	BTN		按钮受干扰

出现按钮受干扰图标时，表明某个安全相关的输入按钮受到干扰且功能失效，如确认按钮、ATO 启动按钮、车门允许按钮、ATO 释放按钮等。重新激活该按钮时，点击 HMI 屏菜单栏清单里对应的红色图标，将出现闪动的黄色提示框，此时需在 3 s 内按压提示框内所要求的驾驶台对应按钮，即可对受扰按钮进行再激活，如图 3-16 所示。按钮再激活只能在列车停稳时进行。

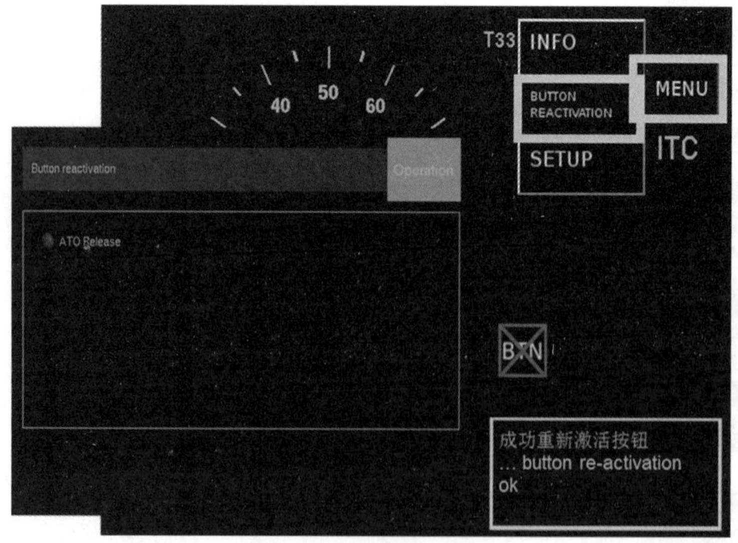

图 3-16　重新激活按钮

7. 确认信息

确认信息模块用于发出相关操作提示，如图 3–17 所示。司机应点击操纵台确认按钮予以回应。

ACK Confirm Release speed
确认释放速度

ACK Confirm mode/level preselection
确认模式/级别预选

ACK Control level degradation request
确认控制级别降级的请求

ACK Switch to RM
确认切换到RM模式

ACK Switch to RM request due to TGMT territory exit
由于离开TGMT区域，确认转换到RM模式的请求

图 3–17　确认信息模块

知识窗

车载信号系统故障应急处理

1. 紧急制动类故障

（1）无线中断

车地无线通信中断 5 s 后仍然不能重新建立连接时，由于车载信号收不到移动授权，ATP 将立即启动紧急制动。该紧急制动会导致列车定位丢失，并降级为 RM 模式，需要经过无源应答器 + 有源应答器（FB+VB）后，才能重新升级。如果列车已经离站台很近，应采用 RM 模式进站停车，按压门允许按钮开门，出站后可直接升级为 CBTC 模式（连续控制模式）。离车站较远时，推荐切除 ATP，运行到终点站后再重新投入。

（2）超速紧急制动

超速导致的紧急制动只需将主控手柄拉到快速制动位后再回“0”位，即可缓解。超速导致的紧急制动不会导致信号模式降级，列车仍然以 CBTC 模式或 ITC 模式（点式控制模式）运行。

（3）定位丢失

定位丢失触发的紧急制动会导致列车降级为RM模式，需要经过FB+VB并重新升级。

（4）后退紧急制动

后退操作只能在RM和SM模式下进行。列车后退时若发生紧急制动，应将方向开关转至前进挡，主控手柄拉到快速制动位再归零，则紧急制动可缓解，后退紧急制动不会导致信号模式降级。

（5）列车运行时车门解锁

运行中的列车车门被解锁或开启时，ATP将立即施加紧急制动。车门被重新关好后，ATP缓解紧急制动，列车可继续正常运行，但ATO模式已被破坏，需要重新建立。车门导致的紧急制动不会使信号模式降级，列车仍然可以CBTC模式或ITC模式运行。

（6）列车进站时PSD异常开启

当列车以CBTC级别运行进入站台区域时，由于PSD异常开启导致紧急制动，可联系行车调度员处理PSD问题。处理后，紧急制动缓解，但ATO模式被破坏，列车需要以ATPM模式进站。PSD导致的紧急制动不会使信号模式降级。

（7）越红灯紧急制动

在信号系统投入的情况下，只有NRM和RM两种模式（且预选模式为RM），列车可以越过红灯。高级模式下越过红灯导致紧急制动无法缓解，可降级模式，再缓解紧急制动。

（8）列车完整性丢失

列车完整性丢失导致的紧急制动是无法缓解的，需要报行车调度员切除ATP后运行到折返轨，在折返轨重新复位ATP。如果TOD列车分离图标仍然存在，该列车必须退出运营，由信号维护人员检查故障。

2. 普通故障

（1）缓解紧急制动

1）主控手柄归零不能缓解紧急制动时，降级模式缓解紧急制动。

2）降级后紧急制动仍然不能缓解时，则切除ATP。

3）切除ATP后，紧急制动仍然存在，则说明该紧急制动是车辆系统原因导致，不能缓解。

（2）开关车门

在故障状况下，列车停稳后没有门允许信号时：

1）按压门允许按钮，两侧车门都将被激活，不需要操作门选择开关，直接开启站台侧的车门。

2）按压门允许按钮后仍然没有门允许信号时，立即关闭本端 ATPN，人为造成信号系统冗余（后端 ATP 启动），再按压门允许按钮，开启站台侧的车门。

（3）车门无法开启

司机确认门允许释放后，按开门按钮，车门不能打开时：

1）重新按压关门按钮，再按压开门按钮打开车门。门控系统要求门允许信号和门指令之间必须存在至少 1.5 s 的时间差，如果小于 1.5 s，则车门不能开启。门允许信号给出后，司机至少需要等待 1.5 s 后再开门。

2）仍然无法打开车门时，切除本端 ATPN，再通过本端的门允许按钮和开门按钮开门。

3）仍不能开门时，切除 ATP 后开门。

（4）列车冲欠标

列车以 ATO 模式进站停车欠标时，司机应以 ATPM 模式二次对标后人工开启车门，如果是 CBTC 级别，则 PSD 可以联动打开。

列车以 ATO 模式进站停车冲标时，司机应以 ATPM 模式退行对标后开门。如果没有开门信号，站台区域图标为红色时，必须通过强开门按钮开门，如果是 CBTC 级别，则 PSD 可以联动。

（5）车载 OBCU 无法启动

驾驶室操纵台激活后，TOD 屏 OBCU 状态为红点时，首先应检查两端头车信号各空气开关 ATPN、ATON、HMIN、ATP 切除开关是否都在闭合位。所有空气开关都在闭合位置时，则需要重启 ATP。具体步骤为：激活操纵台，将 ATP 切除开关打到切除位，待 HMI 屏 OBCU 两端都为红点后，再将 ATP 切除开关打到正常位置，待 90 s 后 OBCU 应完成启动，HMI 屏本端 OBCU 变为绿色、后端白色，代表系统启动正常。

（6）OBCU 红点

列车在正线运行，TOD 屏出现本端或后端的 OBCU 红点时：

1）CBTC 模式下出现此情况，对行车没有影响，可不予处理，到折返轨时复位 ATP 一般即可恢复，如果不能恢复，则需要退出运营。

2）ITC 模式下的本端红点会造成紧急制动，该车必须退出运营，后端红点不会对行车造成影响。

（7）TOD 屏无速度码

检查车门是否全关闭、PSD 是否全关闭。若都正常而仍没有速度码时，可询问行车调度员前方进路是否正常触发。

（8）TOD 屏有红码无黄码

行车调度员需确认前方进路正确，信号机开放，引导司机以 ATPM 模式运行，则黄码会自动跳出。

（9）TOD 故障重启

TOD 是非安全单元，列车在正线运行时，如果突然发生重启，不会造成紧急制动和安全问题，可不予处理，待 20 s 左右即可恢复正常。不能恢复正常时，列车必须退出运营。

（10）ATO 模式无法提速

列车在区间以 ATO 模式运行，提前转入惰行而不再提速时，司机要及时报告行车调度员，询问是否有晚点可能。如果有可能，立即转为 ATPM 模式驾驶加速，接近站台时再启动 ATO 模式停车。如果没有晚点，则不予干涉。

（11）ATO 灯不闪烁

ATO 模式下，关门后将主控手柄归“0”位，ATO 灯将开始闪烁。不闪烁时，司机应以 ATPM 模式动车后再将主控手柄归零，ATO 灯闪烁，司机启动 ATO 模式。如果 ATPM 模式动车无牵引力，可重新开关一次车门，确认车门全部关好，则该故障自会消失。

（12）ATP 的复位和切除

复位 ATP 时，主控钥匙必须在开启状态，将 ATP 切除开关打到切除位，待 TOD 屏 OBCU 两端都变为红点（约 2 s）后，再打到开启状态。约 90 s 后系统将完成自检，启动完成，TOD 本端 OBCU 状态为绿点。

六、HMI 显示屏（N9 面板）

列车控制与管理系统（TCMS）对列车的供电状况、速度、运行模式进行实时监控和识别，并根据读取到的列车驾驶人员发出的指令信息，对列车各个子系统发出相关控制指令，进而使各子系统产生相应的调整控制，以符合设定的功能要求，从而实现对列车的有效控制。同时，TCMS 对列车主要设备的运行状态进行自动检测、记录和显示，当运行中出现设备故障时，通过人机直接对话形式在短时间内有效诊断列车故障。

1. HMI 屏初始界面

HMI 屏作为 TCMS 的人机交互界面，主要显示内容涉及列车运行参数设置、主要设备

运行状态及故障信息等，并兼有对列车辅助设备的控制功能，典型的 HMI 屏显示界面如图 3–18 所示。

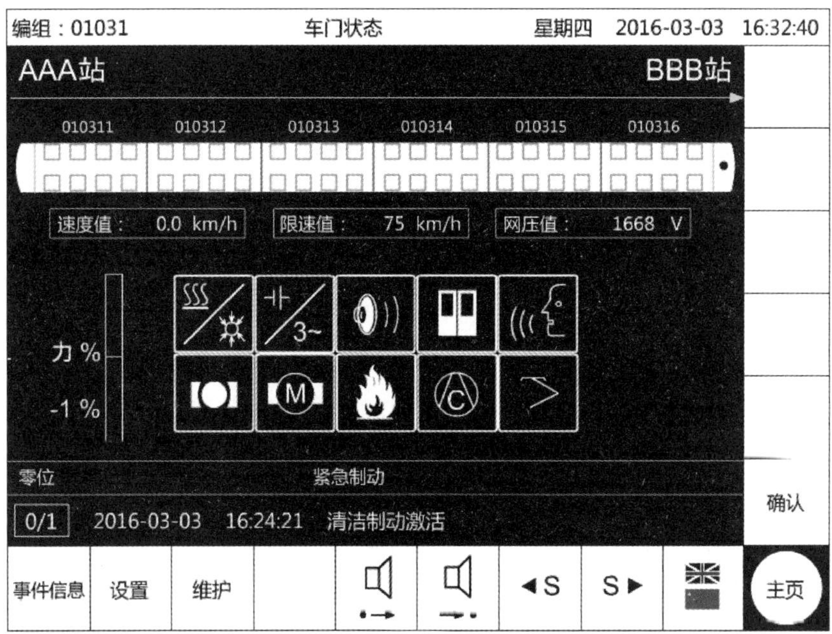

图 3–18　典型的 HMI 屏显示界面

HMI 屏界面区域划分见表 3–11。

表 3–11　　HMI 屏界面区域划分

序号	栏目	内容说明
1	标题区	显示旅程号、画面标题、日期和时间
2	乘客信息	显示列车运行方向，左侧为下一站站名，右侧为终点站
3	车辆编组信息	显示车辆编号，“·”表示驾驶室占用端
4	行车基本信息	显示列车当前速度、当前列车限速、网压
5	功能模块	设置 10 个功能按钮，触摸某一按钮，将显示相应的信息界面
6	牵引制动信息	显示列车当前牵引力 / 制动力信息
7	列车状态信息	显示列车当前驾驶模式、轮轨接触状态、制动方式（图 3–18 中未显示此栏目）
8	故障及维护信息	显示列车故障及维护信息（未查看信息数 / 总信息数）
9	固定菜单	包括事件信息、设置、维护、广播报站、语言选择等

2. 功能模块

HMI 屏功能模块包括空调、辅助电源、紧急广播、车门状态、制动状态、牵引状态、

火 / 烟检测、空压机状态、受电弓 / 高速断路器状态等。

一般情况下，HMI 屏基本配色方案见表 3–12。

表 3–12　　HMI 屏基本配色方案

显示颜色	含义	显示颜色	含义
白色	项目名称、框线等一般信息	绿色	正常、常规状态
黄色	正在试验、测试中 提示信息、预警信息	红色	异常、非常规状态 警告信息、禁止信息
浅蓝色（青色）	操作指南、进度列表	黑色	状态不明

（1）空调

空调模块显示界面如图 3–19 所示。

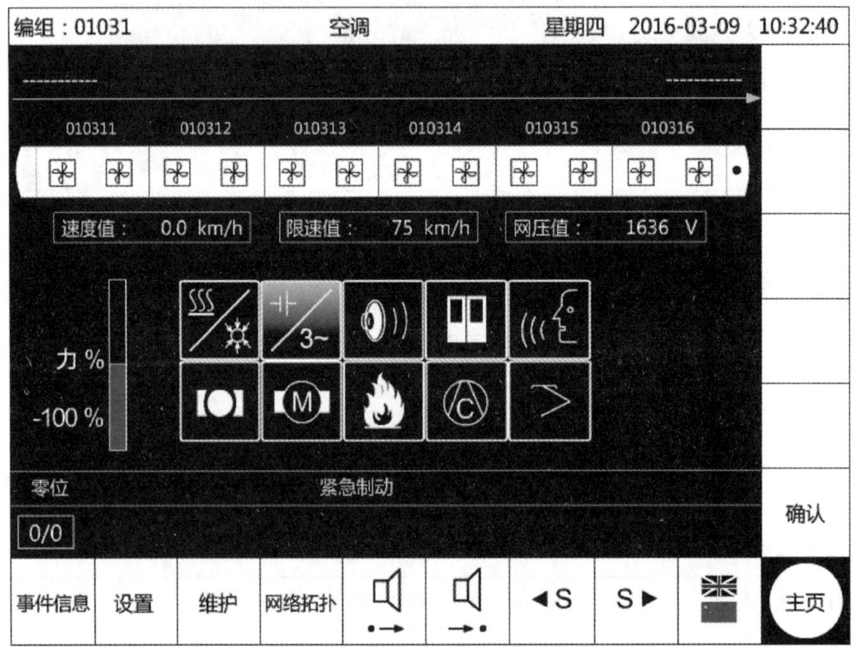

图 3–19　空调模块显示界面

空调模块显示界面图标含义见表 3–13。

表 3–13　　空调模块显示界面图标含义

序号	图标	含义
1		空调断开、无故障（白底，白色扇叶图标）
2		空调运行、无故障（灰底，黑色扇叶图标）

续表

序号	图标	含义
3		通风模式、辅助电源供电（白底，黑色扇叶图标）
4		紧急通风模式、蓄电池供电（黄底，红色扇叶图标）
5		限制制冷模式（黄底，黑色扇叶图标）
6		空调警告（黄底，黄色扇叶图标）
7		空调故障（红底，红色扇叶图标）

（2）辅助电源

辅助电源模块显示界面如图 3–20 所示。

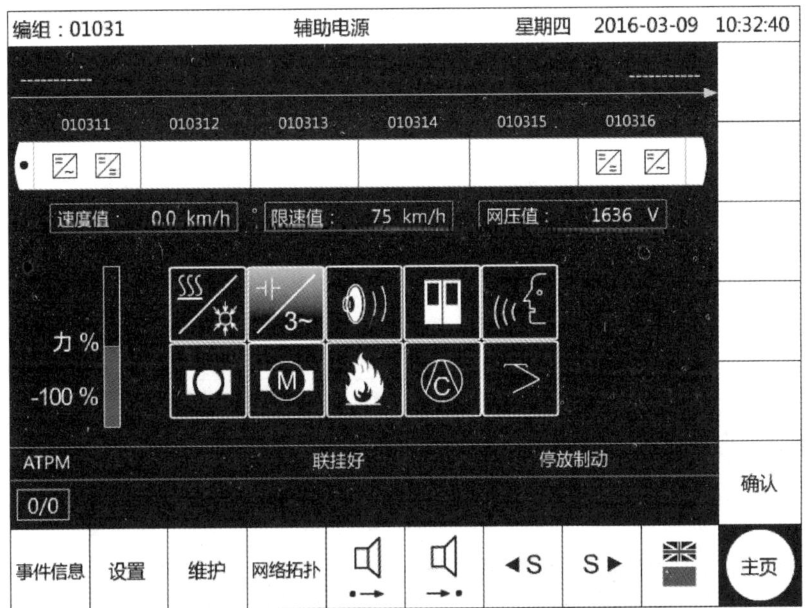

图 3–20　辅助电源模块显示界面

辅助电源模块显示界面图标含义见表 3–14。

表 3–14　　辅助电源模块显示界面图标含义

序号	图标	含义
1		AC/DC 辅助电源故障（红底）
2		AC/DC 辅助电源警告（黄底）
3		AC/DC 辅助电源运行正常（灰底）
4		AC/DC 辅助电源关闭（白底）

(3)车门状态

车门状态模块显示界面如图 3–18 所示，图标含义见表 3–15。

表 3–15　　车门状态模块显示界面图标含义

序号	图标	含义
1		车门关闭，无故障(灰度)
2		车门打开，无故障(黑底)
3	#	车门紧急解锁
4		车门被隔离
5		车门障碍物探测被激活
6		车门故障(红底)
7		车门警告(黄底)

(4)制动状态

制动状态模块显示界面如图 3–21 所示。

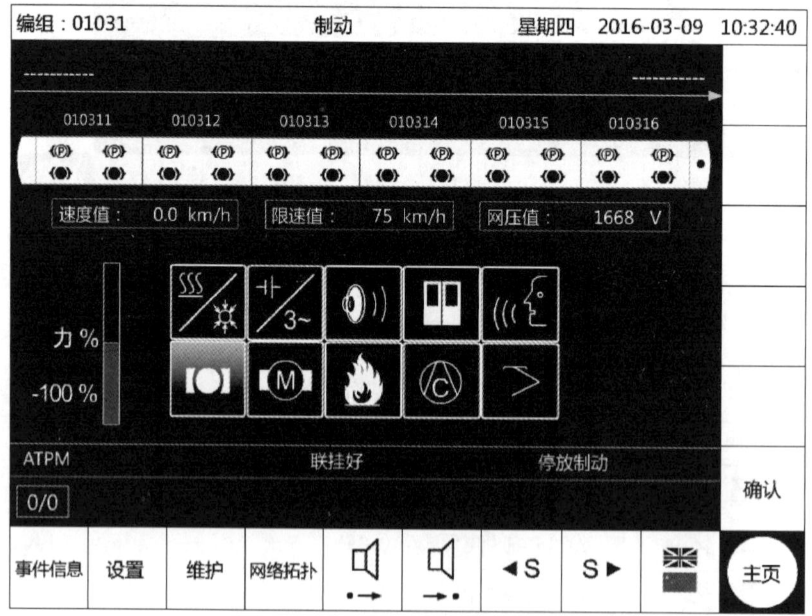

图 3–21　制动状态模块显示界面

制动状态模块显示界面图标含义见表 3-16。

表 3-16　　制动状态模块显示界面图标含义

序号	图标	含义
1		停放制动施加
2		停放制动缓解
3		气制动施加（黑色图标）
4		气制动缓解（灰色图标）
5		制动警告（黄色图标）
6		制动故障（红色图标）
7		制动切除

3. 固定菜单

事件信息界面中，出现的故障信息以列表形式显示，可点击上页或下页按钮选择。所选消息的建议措施在显示屏的下端区域显示。

设置界面中，主要包括线路选择、空调设置、亮度 / 声音、广播设置、制动自检、运输模式等。其中，线路选择界面主要供司机快速选择运行交路，选择并确认后列车会根据运行位置自动报站。亮度 / 声音设置界面可对显示屏的亮度和声音进行调节。其他项目一般不允许司机进行相应项目设置。

维护界面供列车检修或调试人员进行相关参数设置及系统测试时使用，未经允许，司机不得进入。

广播报站界面供手动报站时使用，在 MVB 网络通信故障情况下，司机通过线路选择设置起始站和终点站，通过点击 按钮触发广播报站。如果发现广播报站有误，司机可通过点击 或 键进行调整。

知识窗

TOD 及 HMI

城市轨道交通行业发展迅速，车辆设备及信号系统的生产厂家众多，技术各有所长，图 3–22 所示为国产某型车载信号系统 TOD 屏初始界面，其中，各图标含义如图 3–23 所示。

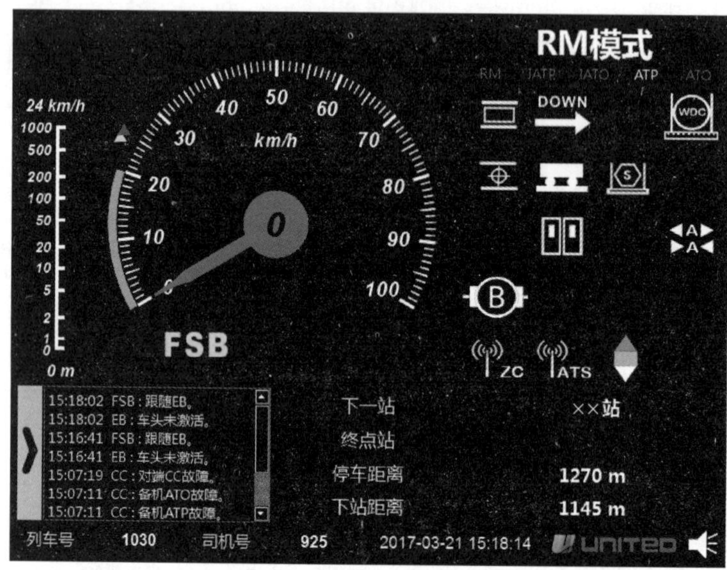

图 3–22　TOD 屏初始界面

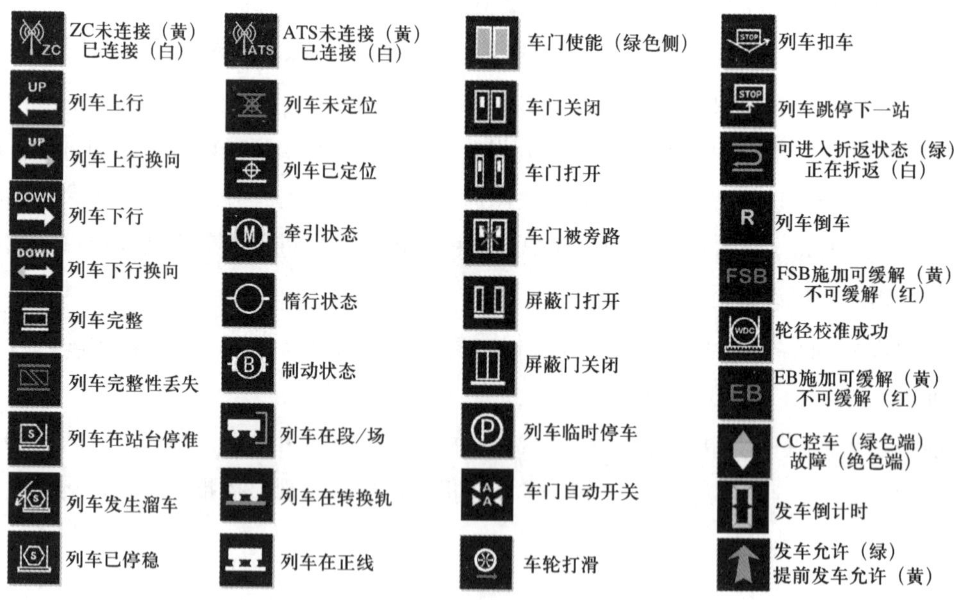

图 3–23　TOD 图标含义

国产某型车辆 HMI 屏界面显示项目包括“检查”“设置”“维修”和“常规”四大类别，如图 3–24 所示。

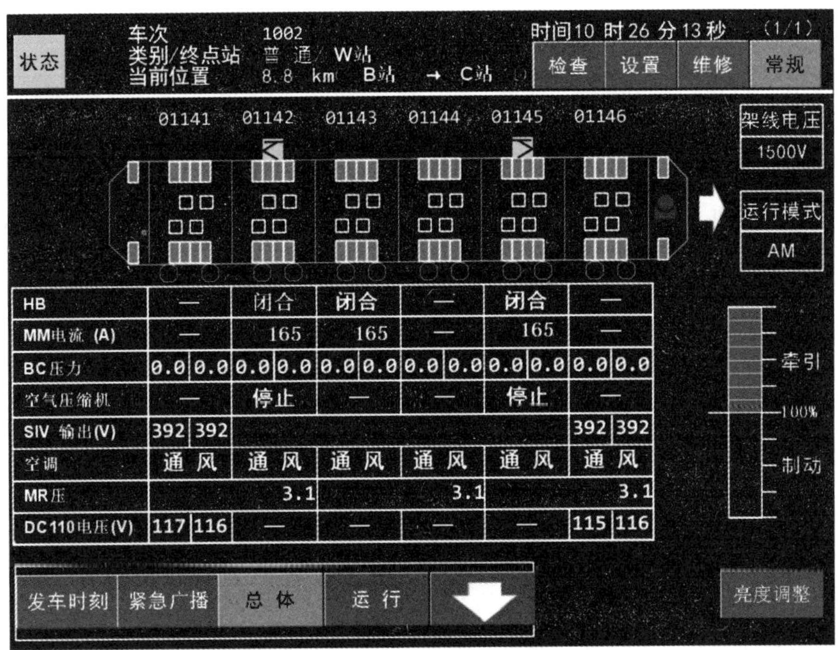

图 3–24　HMI 屏“常规—总体”界面

“常规”类界面显示列车车次、类别、终点站、当前位置、当前时间等基本信息，并通过触摸菜单设置总体、运行、发车时刻、紧急广播、出库检查、空调状态、速度限制、列车设置等界面，分项目类别显示列车运行基本信息。

“维修”类显示项目主要显示列车车载信号系统（OBCU）、制动装置、牵引逆变器（VVVF）、辅助逆变器（SIV）、车门系统、空调系统、列车广播及乘客信息系统（PIS）、列车广播系统（PA）等主要设备的状态，同时，对到当前时间为止所发生的设备异常及故障进行记录和显示，为司机进行故障判断及应急处理提供相关信息。

“设置”界面及“检查”界面主要供列车检修或调试人员进行相关参数设置及系统测试时使用。

第三节　控　制　柜

一、驾驶室控制柜

1. 驾驶室电气控制柜

驾驶室电气控制柜设在驾驶室后面的右侧，属于框架式结构，具有列车启停控制、列车牵引制动控制、列车车门等逻辑控制，以及列车交、直流配电等功能。驾驶室电气控制柜设备布置如图 3-25 所示。

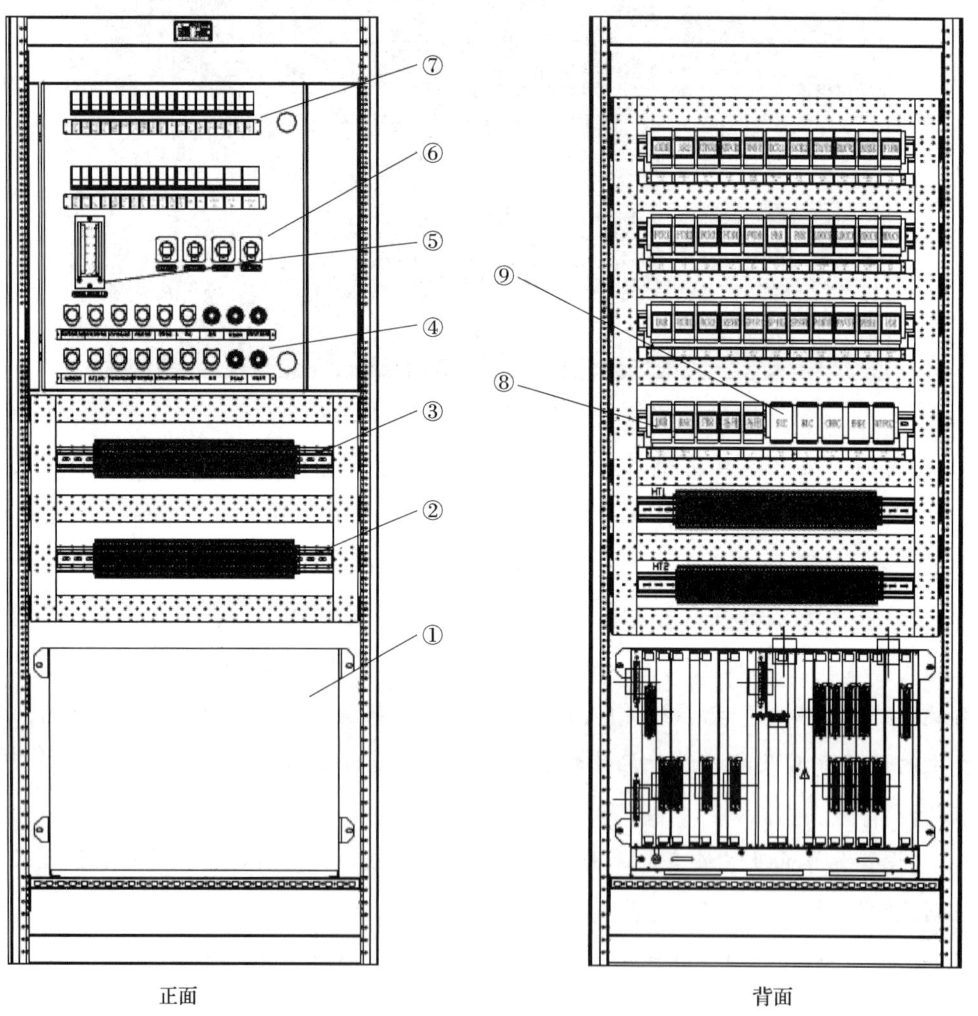

图 3-25　驾驶室电气控制柜设备布置

图 3–25 中各区域设备见表 3–17。

表 3–17　　　　驾驶室电气控制柜设备

区域		序号	代号	名称
①	CCU	1	HMI	HMI 中央设备
②	端子排	2	HT1	接线端子排 1
③		3	HT2	接线端子排 2
④	按钮	4	BNBB	制动不缓解旁路按钮
		5	DCBB	门安全线旁路按钮
		6	DMBB	警惕旁路按钮
		7	EBSB	紧急制动环路短接按钮
		8	RBCB	电制动切除按钮
		9	PABB	停放制动旁路按钮
		10	ATIFS	ATI 故障按钮
		11	BATCB	蓄电池合按钮
		12	BATOB	蓄电池断按钮
		13	UCOS	VVVF 故障切除按钮
		14	TOWB	回送按钮
		15	CFB	换端按钮
		16	DSBB	门选择旁路按钮
		17	E3B	紧急制动按钮短接按钮
		18	FRB	初次升弓按钮
		19	LD1BB	左门 1 km/h 旁路按钮
		20	RD1BB	右门 1 km/h 旁路按钮
⑤	电压表	21	CMB	接触网 / 蓄电池电压表
⑥	转换开关	22	PEHS	客室电加热开关
		23	CEHS	驾驶室电加热开关
		24	AFFS	辐流风机开关
		25	CMCS	空气压缩机模式开关

续表

区域		序号	代号	名称
⑦	断路器	26	AFFCN	客室辐流风机控制断路器
		27	HMIDN	HMI 显示器断路器
		28	ATON	ATO 模式断路器
		29	ATPN	ATP 模式断路器
		30	BCN	制动控制断路器
		31	BVN	司控器制动控制断路器
		32	CABN	驾驶室激活断路器
		33	CEHECN	驾驶室电热设备控制断路器
		34	CLBPN	导光板断路器
		35	CLN	驾驶室灯断路器
		36	CMCN	空气压缩机控制断路器
		37	CVN	驾驶室通风断路器
		38	DCN	车门控制断路器
		39	DFVN	蓄电池电压表断路器
		40	EBCN	紧急制动控制断路器
		41	HLN	前照灯断路器
		42	HMIN	信号显示屏断路器
		43	PACN+	PA 驾驶室断路器
		44	PANCN	受电弓控制断路器
		45	PCN	司控器牵引控制断路器
		46	PEHCN	客室电加热控制断路器
		47	PISCN	驾驶室信显断路器
		48	PLCN	客室照明控制断路器
		49	RBN	雨刮器断路器
		50	RCSN	信号无线断路器
		51	RN	车载无线电台断路器
		52	RPLN	防护灯断路器
		53	SDSN	速度显示系统断路器
		54	SILN	信号灯断路器
		55	SIVN	SIV 控制断路器
		56	WFLN	轮缘润滑装置断路器
		57	SLPN	漏电保护断路器
		58	EHGN	电热玻璃断路器
		59	CEHN	驾驶室电加热断路器

续表

区域		序号	代号	名称
⑧	继电器	60	ABBR	异常制动继电器
		61	AR1	自动折返继电器 1
		62	AR2	自动折返继电器 2
		63	ATPCR1	ATP 模式切除继电器 1
		64	ATPCR2	ATP 模式切除继电器 2
		65	BNRR	制动不缓解继电器
		66	DCR1	门全关好继电器 1
		67	DCR2	门全关好继电器 2
		68	CFR	换端继电器
		69	DMR	警惕动作继电器
		70	DMTR	警惕按钮延时继电器
		71	EBAPR1	紧急制动继电器 1
		72	EBAPR2	紧急制动继电器 2
		73	ELBR	电制动继电器
		74	BAR	制动施加继电器
		75	FBR	快速制动继电器
		76	FCR1	头车继电器 1
		77	FCR2	头车继电器 2
		78	FCR3	头车继电器 3
		79	FCR4	头车继电器 4
		80	FRR	方向继电器
		81	FWDR	前进继电器
		82	LDCCR	左门指令线断开继电器
		83	LDOCR	左门指令继电器
		84	PANDR	受电弓降弓继电器
		85	PANUR	受电弓升弓继电器
		86	PBRR	停放制动继电器
		87	PDR	电源关闭信号继电器
		88	RCR1	尾车继电器 1
		89	RCR2	尾车继电器 2
		90	RDCCR	右门指令线断开继电器
		91	RDOCR	右门指令继电器
		92	REVR	后退继电器
		93	SP1R1	1 km/h 继电器 1
		94	SP1R2	1 km/h 继电器 2
		95	SPSWR	车间电源工作继电器

续表

区域		序号	代号	名称
⑨	接触器	96	CEHC	驾驶室电暖气接触器
		97	EHGC	电热玻璃接触器
		98	HLC	强光灯接触器
		99	WLC	弱光灯接触器
		100	ATPCC	ATP 切除接触器

驾驶室电气控制柜中 MCB 面板（图 3-25 中④、⑤、⑥、⑦部分）设备布置如图 3-26 所示。

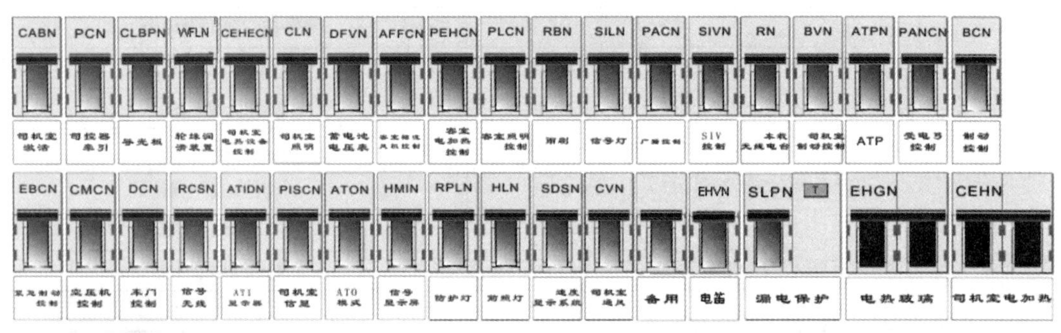

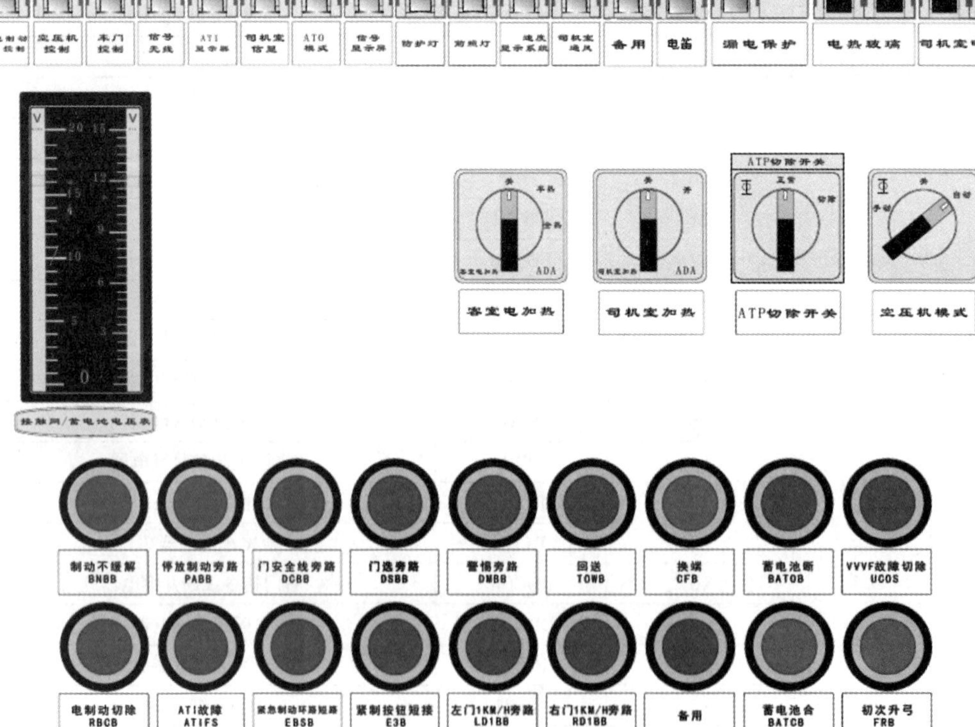

图 3-26　驾驶室电气控制柜中 MCB 面板设备布置

2. 驾驶室综合控制柜

驾驶室综合控制柜设在驾驶室后面的左侧，主要安装有车载 OBCU 控制单元、PIS 主机、PIS 视频服务器、PIS 媒体服务器、PIS 无线网桥、PA 控制器、无线电台主机和接线端子排，如图 3-27 所示。

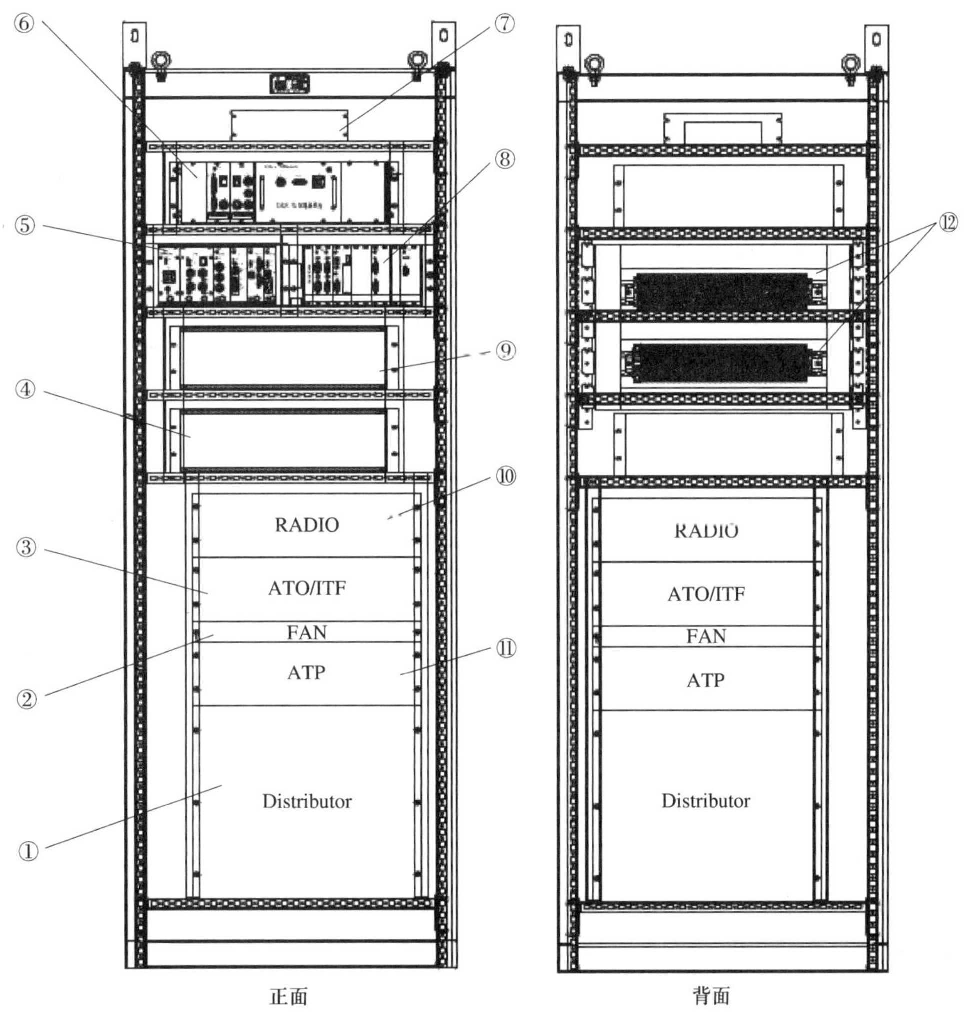

图 3-27　驾驶室综合控制柜

图 3-27 中各区域设备见表 3-18。

表 3-18　　驾驶室综合控制柜设备

序号	代号	名称
①	OBCU_DIS	车载控制单元配电盘单元
②	OBCU_FAN	OBCU 风扇单元

续表

序号	代号	名称
③	OBCU_ITF ATO	车载控制单元非安全 ATO 单元
④	CMS	驾驶室媒体服务器
⑤	CCP	PIS 主机
⑥	RC2	无线电台主机
⑦	WLB	PIS 无线网桥
⑧	PCU	PA 控制器
⑨	CVS	驾驶室视频服务器
⑩	OBCU_RCS	无线电通信系统
⑪	OBCU_ATP	车载控制单元安全 ATP 单元
⑫	DT	端子排 1、2

二、客室综合控制柜

列车各客室内均设有一个客室综合控制柜，此控制柜可以实现本车的电气控制，安装于柜内的客室控制单元、火灾探头、火灾报警终端机与驾驶室内的电气设备及车下电气设备共同完成对车辆的网络、广播、乘客信息显示及火灾报警系统的控制。

列车中各个客室的综合控制柜结构类似，只是因车型的差异，设备布置略有不同。例如，空气压缩机控制继电器、受电弓升弓继电器、受电弓控制断路器、空气压缩机接触器、初次升弓接触器等设备仅在 Mp 车上安装，Mp 车的客室综合控制柜如图 3–28 所示。

图 3–28 中各区域的设备布置见表 3–19。

三、客室空调控制柜

客室空调控制柜结构如图 3–29 所示。

图 3–29 中的设备布置见表 3–20。

四、脚踏泵

当主风缸压力过低且蓄电池电压过低或供电故障，无法满足正常升弓的需求时，可使用脚踏泵进行升弓操作。脚踏泵位于 Mp 车二位端（或 Mp 车客室空调控制柜内），其工作原理如图 3–30 所示。

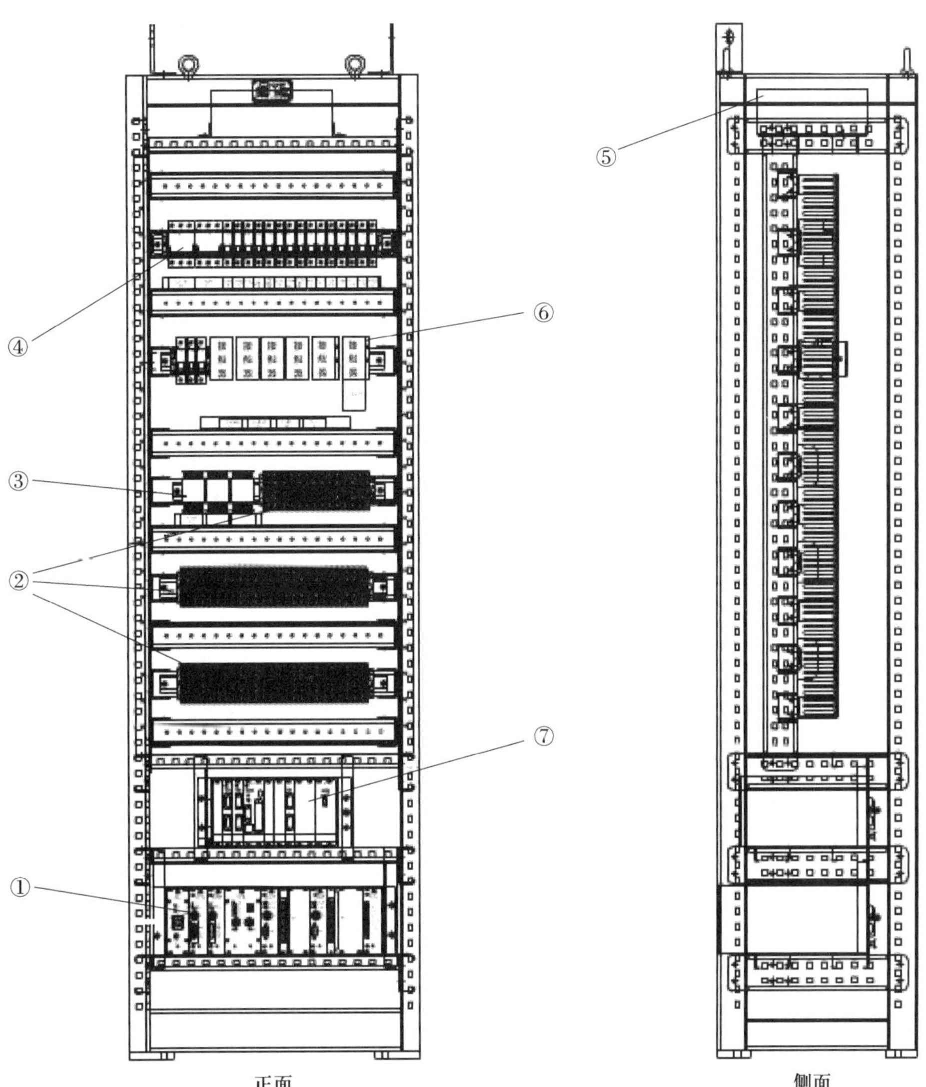

图 3-28　Mp 车的客室综合控制柜

表 3-19　　Mp 车客室综合控制柜设备布置

区域		序号	代号	名称
①	—	1	SCU	车厢控制器
②	端子排	2	RT3	接线端子排 1、2、3
③	继电器	3	CMCR	空气压缩机控制继电器
		4	NRDR	制动不缓解检测继电器
		5	PANUR	受电弓升弓继电器

续表

区域		序号	代号	名称
④	断路器	6	AFFN	辐流风机断路器
		7	HMIMN	HMI 监视部断路器
		8	HMISN1	HMI 传送系 1 断路器
		9	HMISN2	HMI 传送系 2 断路器
		10	CMDUN	空气压缩机干燥器断路器
		11	CMN	空气压缩机断路器
		12	DN	门控制器断路器
		13	EPLN	客室紧急照明断路器
		14	FRDN	初次升弓装置断路器
		15	GWVN	网关阀断路器
		16	LCDN	LCD 断路器
		17	LEDN	LED 屏断路器
		18	PANCN	受电弓控制断路器
		19	PECUN	客室紧急报警断路器
		20	PEHN	客室加热器断路器
		21	PISSN	PIS 客室控制单元断路器
		22	PLN	客室照明断路器
		23	SCUN	客室广播断路器
		24	RION	RIO 阀断路器
		25	DPBSN	多媒体屏断路器
⑤	—	26	CS	车厢服务器
⑥	接触器	27	AFFC	辐流风机接触器
		28	CMC	空气压缩机接触器
		29	PEHC1	客室电加热器接触器 1
		30	PEHC2	客室电加热器接触器 2
		31	PLC	客室照明接触器
		32	PanMC	初次升弓接触器
⑦	—	33	SCC	客室控制单元

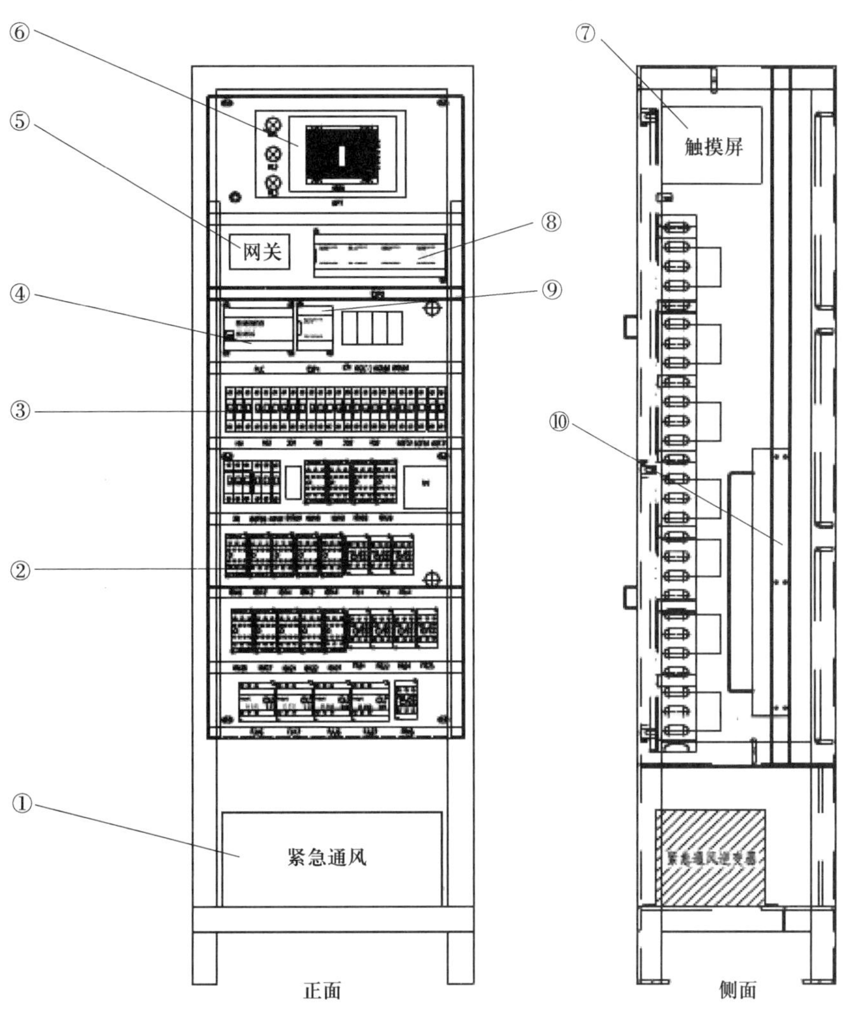

图 3-29　客室空调控制柜结构

表 3-20　　客室空调控制柜设备布置

序号	名称
①	紧急通风逆变器
②	继电器
③	断路器
④	可编程控制器
⑤	网关
⑥	电源模块
⑦	触摸屏

续表

序号	名称
⑧	数字量扩展 EXP1
⑨	模拟量扩展 EXP2
⑩	端子排

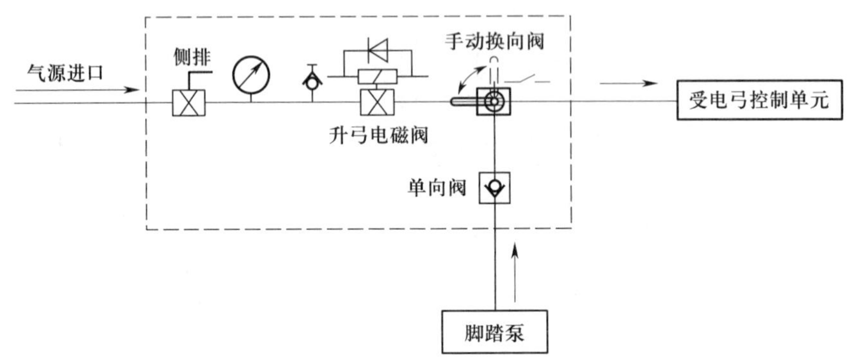

图 3-30　脚踏泵工作原理

使用脚踏升弓装置时，需先按下升弓按钮，再将手动换向阀打到“脚踏泵”位，然后取出脚踏泵进行踩踏，保持全行程不间断踩踏 60 次左右。人工操作脚踏泵的最大工作压力为 600 kPa。

思考与练习

1. 简述城市轨道交通车辆主要电气设备的布置。
2. 简述 Tc 车的电气设备布置。
3. 简述操纵台各按钮及开关的基本功能。
4. 简述操纵台指示灯及仪表灯显示的含义。
5. 司控器设置有哪些联锁关系？
6. 人工广播、驾驶室对讲、紧急对讲有哪些特点和要求？
7. TOD 屏的显示内容有哪些？
8. TOD 屏中辅助运行信息主要包括哪些内容？
9. TOD 屏中列车运行状态信息主要包括哪些内容？
10. 简述 HMI 屏的显示内容。
11. HMI 屏功能模块主要包括哪些内容？
12. 简述驾驶室综合控制柜的功能与布置。

第四章　列车整备及出入段/场

学习目标：

- ◆ 熟悉城市轨道交通列车司机岗位职责及服务规范。
- ◆ 掌握城市轨道交通列车司机出、退勤作业流程及标准。
- ◆ 掌握城市轨道交通列车司机交接班标准化作业程序。
- ◆ 熟悉城市轨道交通列车整备作业流程及标准。
- ◆ 掌握城市轨道交通列车出入段/场标准化作业程序。

国家标准《城市轨道交通技术规范》(GB 50490—2009)将城市轨道交通定义为采用轨道导向运行的城市公共客运交通系统，包括地铁系统、轻轨系统、单轨系统、有轨电车、磁浮系统、自动导向轨道系统、市域快速轨道系统。城市轨道交通运营是为安全有效地运送乘客而有组织地开展的各种活动的总称，包括正常运营状态、非正常运营状态和紧急运营状态。城市轨道交通是集多专业、多工种于一身的现代化程度极高的复杂系统，运营应该在能够保证乘客和所有使用该系统的人员、设施、设备安全的情况下实施。

第一节　司机服务规范

城市轨道交通列车司机是指具备独立驾驶城市轨道交通列车的资格，从事城市轨道交通列车驾驶作业的人员。列车司机作为城市轨道交通运营的关键岗位，负责驾驶列车及监控列车运行，对所值乘列车的运营安全全面负责。列车司机应具有高尚的职业道德、严谨的工作态度、强烈的职业责任感和全面的安全意识。

一、司机基本工作流程和岗位职责

1. 司机基本工作流程

城市轨道交通列车司机负责驾驶列车进行正线运行、段/场调车、列车调试、洗车等作业。一般情况下，司机基本工作流程如图4-1所示。

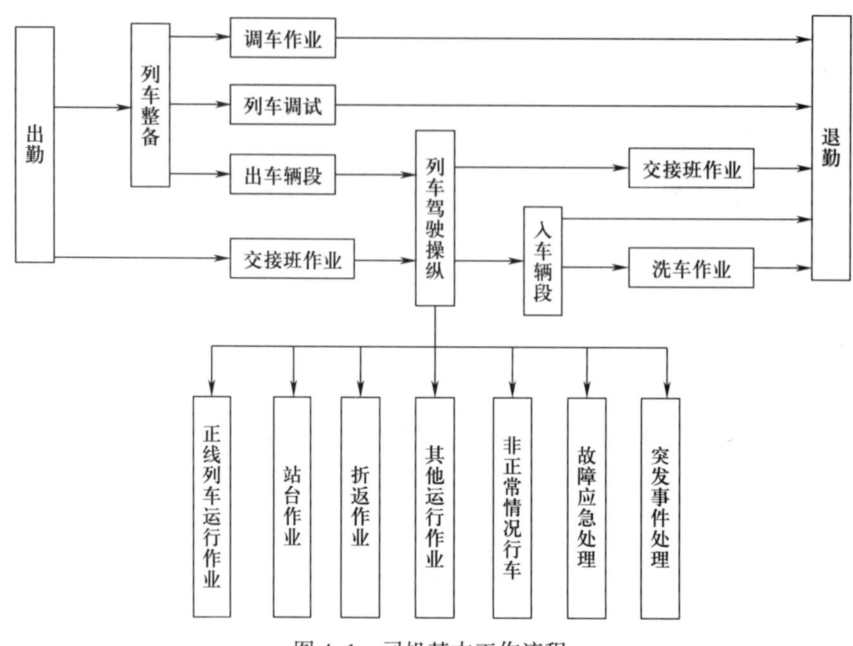

图 4–1　司机基本工作流程

2. 司机岗位职责

城市轨道交通列车司机既是确保运营服务质量的重要一环，又是运营安全风险防范的最后一关。司机必须牢固树立“安全第一、预防为主”的思想，认真学习并严格遵守各种规章制度和运行规则，杜绝臆测行车，确保作业安全。

司机应具备过硬的业务素质，必须熟练掌握列车的基本构造及性能，熟悉所担任驾驶区段的运行线路、信号设备、停车场、车站等基本设施情况。必须熟知各种情况下的行车办法，具备过硬的列车操纵技术、熟练的列车故障处理能力和较高的突发事件应急处理能力。

司机应具有良好的心理素质，能够积极控制并及时消除不良情绪，保持良好的心理状态。同时，司机应具备良好的沟通能力，正确表达行车必要信息，提高服务质量，为乘客提供安全、舒适、便捷的乘车服务。

城市轨道交通列车司机岗位职责主要包括：

（1）严格遵守各项安全规章制度、行车组织规则及岗位工作准则，正确操纵电客车，有权拒绝违章指挥和冒险作业，确保列车运行安全。

（2）做好出车前的检查准备工作，及时将不满足上线运营条件的列车报告给车辆段 / 停车场调度人员，并严格按其指示执行。

（3）正线运行时，严格按照运营时刻表及调度命令的要求驾驶列车，确认行车凭证和列车进路，认真执行呼唤应答制度。车辆段 / 停车场内作业时，严格把控计划关、进路关、速度关，确保段 / 场内运作安全。

（4）列车运行中，认真执行“动车集中看、瞭望不间断”的要求，认真确认设施、设备状态，严格按照规定速度运行，严禁做与行车无关的事。遇突发事件或发现危及行车及人身安全的情况时，立即采取紧急措施，做好应急处置及乘客安抚工作。

（5）列车进站后，掌握好时机，按规定开、关车门，按标准立岗，密切注意站台乘客动态和线路情况。遇有危及行车及人身安全的情况时，立即采取紧急措施。

（6）手动驾驶列车时，应做到启动加速快、途中速度高、惰力利用好、进站调速稳、停车位置准。

（7）服从安排、听从指挥、团结协作，发生交路混乱时要有高尚的职业道德，确保有车必有司机值乘，确保顺利完成行车任务。

（8）加强自身业务学习，切实掌握专业知识，提高业务技能和应急处理能力。发生突发事件时立即汇报，冷静、果断、及时处理，尽快恢复列车运营。

（9）对学员进行业务指导和监督，监控学员或其他人员按章作业，确保运行安全。

二、列车司机服务承诺与规范

1. 服务承诺

城市轨道交通服务应遵循乘客为先、有礼有节、形象规范、仪态大方、微笑服务、热忱主动、坚持原则、灵活处理的基本原则，做到安全、准点、快捷、舒适。

2. 服务规范

城市轨道交通服务基本规范是遵章守纪、作业标准、仪表端庄、用语文明、服务周到、礼貌热情、环境整洁、待客如宾。

（1）仪容仪表规范

城市轨道交通列车司机上岗时应按规定穿着工装，佩戴领带（结）、肩章、臂章、工号牌等，要求衣着整洁，肩章、臂章清洁平整，不缺扣、不立领、不挽袖挽裤，工号牌佩戴于上衣口袋中上方，团徽或党徽佩戴于工号牌中上方。

车辆段、车站及列车上均视为作业区域，工作制服原则上只在作业区域、工作时间穿着，上下班途中、已下班但仍需穿着工作制服的员工必须按标准着装。

（2）行为举止规范

城市轨道交通列车司机在岗时要时刻精神饱满、举止大方、行为端正，不得聊天、说笑、追逐打闹或做与岗位工作无关的事。

如因列车故障，司机需进入客室操作设备时，必须保证着装整齐、举止得当，不得冲撞乘客。如需乘客配合，司机应礼貌进行协商，请求配合，不得有强制行为。

（3）文明服务规范

1）文明用语，规范用词。熟练使用十字文明用语（请、您好、谢谢、对不起、再见）。

应根据乘客身份和当时环境使用恰当的文明用语，如“先生”“女士”“小朋友”“您好”“请讲”“对不起”“给您添麻烦了”“谢谢”“再见”“请您配合我们的工作”等。

工作联系、接听电话、人工广播或报站、回复乘客求助、与乘客交流时统一采用普通话，做到口齿清楚、语调平和、语速适中、音量适宜、叙述内容清楚明了，避免声音刺耳慌乱。

调度电话、无线调度台、指定专用电话用于行车工作联系时，必须使用行车标准用语。涉及阿拉伯数字时，发音规定见表 4–1。

表 4–1　　阿拉伯数字发音规定

1	2	3	4	5	6	7	8	9	0
yāo	liǎng	sān	sì	wǔ	liù	guǎi	bā	jiǔ	dòng
幺	两	三	四	五	六	拐	八	九	洞

2）礼貌待客，理解乘客。接待乘客的投诉时，应态度和蔼、得理让人，不与乘客争论、顶撞，不斗气、不训斥。如果由于时间关系不能为乘客解答时，应礼貌地指引乘客与车站工作人员联系。特殊情况理性处理，必要时与行车调度员、车站值班人员或警察联系，确保列车正常运行。

知识窗

运营列车人工广播用语

列车运行中，司机应认真监听客室广播，发现自动广播故障不能正常播音或报站错误时，应立即改用人工广播。运营列车人工广播用语标准见表 4–2。

表 4–2　　运营列车人工广播用语

广播时机	广播内容	播报频率及要求
列车启动后	各位乘客请注意，本次列车开往 ×× 站，下一站 ×× 站	启动后播报一次
列车进站前	各位乘客请注意，×× 站到了，需要下车的乘客请做好准备	进站前播报一次
不停站通过	尊敬的各位乘客，本次列车将不在前方 ×× 站停靠，需在 ×× 站（被越站）下车的乘客，请在其他站下车，给您出行带来的不便，我们深表歉意	被越站的前一站进站前、被越站的前一站开车后，各连续进行人工广播两次
列车延误（调整）	尊敬的各位乘客，因临时运营调整，本次列车将有所延误，目前正在处理，请乘客耐心等待，感谢您的谅解与合作	列车延误时播报一次
临时停车	尊敬的各位乘客，现在是临时停车，请您稍候，不要触动车上设备，不要靠近车门，不便之处，敬请原谅	临时停车时播报一次

续表

广播时机	广播内容	播报频率及要求
列车故障持续停车	尊敬的各位乘客，由于列车故障，正在加紧抢修，请您耐心等候，感谢您的谅解与合作	每 2 min 播报一次
列车故障在站清客	各位乘客请注意，由于列车故障，本次列车将退出服务，请全体乘客下车，给您出行带来的不便，我们深表歉意	清客站确认车门屏蔽门开启后播报一次

3. 作业规范

司机必须按时出勤、准时出乘，严禁迟到、漏乘，临时请假必须按有关规定提前办理。

（1）列车驾驶

驾驶列车时，司机应保持坐姿端正、双脚平放、轻靠椅背、集中精力、不间断瞭望，认真确认和监控列车前方进路的情况，左手置于操纵台鸣笛按钮处，右手置于操纵台主控手柄和方向手柄之间，禁止做与行车无关的事。发现危及行车安全的情况时，司机应及时采取有效措施。操作列车保护装置前，司机必须确认其符合安全条件，并得到行车调度员的口头命令容许。

采用人工驾驶模式时，司机应精心操纵、严控速度、准确对标，采取“早拉少拉”，做到“三稳一准”（起车稳、运行稳、停车稳、对标准），不得“急推快拉”，应保持列车平稳运行，防止列车发生紧急制动，避免列车二次启动。需要二次启动列车时，司机应做好乘客服务工作。

列车运行中，司机认真监听客室广播，发现报站错误时，及时改用人工广播。列车进站过程中，除紧急呼叫外，司机可不接听调度电话，等列车停妥开门后，再联系行车调度员说明原因。

（2）手指口呼

左手握拳，食指与中指伸出，大拇指按住无名指，左臂弯曲，迅速抬起指向太阳穴。左臂用力挥动，左手从太阳穴由上而下指向需要确认的物体或方向。确认后，左手变为五指并拢，同时左臂立即恢复。

坐姿手指口呼时，保持坐姿，手指应略高于操纵台。

（3）站台作业

开门作业时，列车在车站停车后，司机必须确认开门方向。关门作业时，司机应合理掌握关门时间，防止夹人夹物。

采用自动或人工驾驶模式时，司机应确认列车完全停稳后，将主控手柄置于最大制动（快速制动）位，方可下车进行站台作业。

站台立岗时，司机应保持立正姿势站立，两手自然下垂，双眼平视前方，监护乘客乘降，不得袖手、背手、手插口袋或手搭在物品上，不得打哈欠或伸懒腰等。

三、乘务作业安全准则

城市轨道交通列车司机应具有高尚的职业道德和强烈的责任感，树立牢固的安全意识，确保行车安全。在正常情况下，司机操作列车应确保“准确”，在非正常情况下应确保“安全”，所有操作均必须动作紧凑，快速正确，严禁无故延误操作程序时间。

司机应保证班前充分休息，出勤时做好行车预想，退勤时做好行车总结，及时准确汇报行车工作中发生的事故或事件，便于调查处理。

作业中，司机必须严格遵守劳动纪律，严守岗位，不擅自离岗，做到“有车必有人”；严格遵守规章制度，正确执行操作程序，规范使用驾驶设备，爱护列车，精心操纵，确保列车运行安全和人身安全；严格执行作业标准化规范，严格按照运营时刻表及信号显示行车，维护运行秩序；严格执行行车调度员命令，行车调度员发布口头命令时，受令司机必须认真逐句复诵，领会命令内容，并做成书面记录，确保听清、记清，以便向接班司机进行交接，对调度命令不清楚时，严禁动车，严禁臆测行车。

上下列车时，应站稳抓牢，严禁飞乘飞降、以车代步。升降弓前、动车前、遇鸣笛标时、过平交道口时、天气不良时和其他需要鸣笛警示的情况时，必须鸣笛。升弓前，必须确认所有人员在安全区域，方可鸣笛升弓。受电弓升起后，严禁触摸电气带电部分，严禁进行地沟检查，严禁攀登车顶。

启动列车前，必须确认信号、道岔、进路、制动、车门等动车五要素，防止冒进信号。在车辆段 / 停车场内有地沟的股道动车前，必须确认地沟无人后，方可动车。

驾驶列车时，司机应在前端驾驶，严禁在无人引导的情况下推进运行。列车运行中，司机必须集中精力，认真瞭望，严禁做与行车无关的事。未经调度人员同意，严禁擅自进入正线、出入车辆段 / 停车场线。在非正常行车情况下，严禁无凭证或携错误凭证开车。原路折返时，严禁没有指令和未确认道岔动车。

司机进行整备作业或在正线站台需要离开驾驶室时，必须锁闭驾驶室门窗，注意登车梯、站台与驾驶室侧门之间的空隙，谨防摔伤。司机开关驾驶室侧门时，必须掌握力度，确认侧门开关到位，防止夹伤。

司机进出辅助线路时，必须报告行车调度员或车站，得到同意后穿戴好防护用品，方能进出辅助线路，严禁未经同意擅自进入线路。

严禁擅自带无关人员进入驾驶室，司机以外人员因工作需要登乘列车驾驶室时，必须严格执行登乘制度。没有司机监督时，学员严禁擅自操纵列车。

第二节　出勤、退勤及交接班

典型的城市轨道交通列车司机乘务作业包括出勤、整备、出车辆段 / 停车场、正线驾驶、折返作业、交接班、入车辆段 / 停车场、退勤等环节。司机必须服从调度人员指挥，严格执行“两纪一化”（劳动纪律、作业纪律、作业标准化），为乘客提供安全、正点、快捷、舒适的运营服务。

车辆段 / 停车场出勤、退勤作业在车辆段 / 停车场派班室办理手续，正线出勤、退勤作业在正线指定派班室办理手续。

一、出勤作业

出勤作业是城市轨道交通列车司机投入运营工作前重要的准备阶段，在这个阶段，司机应做好出勤前的各项工作准备，包括业务准备、生理准备、心理准备。标准完善的出勤制度是加强司机日常管理的有力手段，有利于规范司机的工作行为，督促其严格履行岗位职责，安全平稳驾驶列车，确保列车安全正点运行。

司机出乘前必须保证充分休息，保持精力充沛，班前 10 h 严禁饮酒或服用影响精神状态的药物，生理和心理状况必须符合乘务工作的要求。

司机出乘时应按规定着装，携带上岗证、驾驶证等必需证件，以及《行车组织规则》《车辆段运作手册》《列车操作规程》和《故障应急处理指南》等技术资料，严禁无证上岗，不得携带与行车无关的物品。

司机按规定出勤时间提前到达指定地点，按规定方式办理出勤作业。出勤作业原则上应在 10 min 之内完成。

1. 电客车司机出勤

（1）车辆段 / 停车场出勤

车辆段 / 停车场出勤时间为距列车出库计划动车时间（出库点）前 1 h。

当班司机（包括车辆段 / 停车场出发列车值乘司机、便乘司机）应按照规定的出勤时间（原则上提前 15 min）由本人到车辆段 / 停车场派班室办理出勤作业。备班司机应在首班车出库前 30 min 出勤。

司机到达派班室，酒精测试合格后，在司机日志（见表 4–3）上抄录当日行车揭示、调度命令及行车注意事项，学习相关文件（行车案例），做好安全预想后，到派班员处办理出勤作业。

表 4–3 **司机日志**

编号:(执行标准号 ××××)

日期		出勤时间	日 时 分	当班队长	
接车班次		值乘司机		派班员	
接车时间	日 时 分	车体号		天气	
交车班次		监控司机		学员	
行车揭示					
行车注意事项					
学习记录					
安全预想					
行车事件记录					
工作任务 完成情况					
退勤时间	日 时 分	当班队长		派班员	
备注					

填写说明：司机出勤时，在派班室根据当日交路信息及行车注意事项填写行车日志，填写完毕，交由出勤派班人员签章确认。行车过程中，司机应在行车日志上如实记录当班期间发生的事件，退勤时，应将行车日志交由退勤派班人员签章确认。

司机领取司机报单（见表 4–4）并按当日交路信息填写，领取手持电台并开机检查功能及电量，领取列车时刻表、钥匙（主控钥匙 2 把、屏蔽门钥匙 1 套、方孔钥匙 1 把）等行车备品，检查确认行车备品数量齐全、状态良好后，在司机出勤 / 退勤登记表（见表 4–5）上签名登记。

表 4–4 **司机报单**

编号:(执行标准号 ××××)　　　　________年____月____日

职务	代号	姓名	出勤时间	退勤时间
			出勤派班员	退勤派班员

续表

序号	车号	车次	始发站	发车时间	终到站	到站时间	驾驶模式	行车信息
1								
2								
3								
4								
5								
……								
当班队长					运行里程数			
带教师傅								

填写说明：司机出勤时，在派班室根据当日交路信息填写司机报单，填写完毕交由出勤派班人员签章确认。行车过程中，司机应在司机报单上如实记录当班期间发生的事件，退勤时，应将司机报单交给退勤派班人员签章确认后，由退勤派班人员保存。学员退勤时先将司机报单交给带教师傅签字，再交给退勤派班人员签章确认后，由退勤派班人员保存。

表 4–5　　司机出勤／退勤登记表

编号：（执行标准号 ××××××）

_______年___月___日　　　　　　_______班　　时刻表_______

出勤							退勤	备注
交路	车次	车号	股道	姓名	计划出勤	出勤时间	退勤时间	
交接内容	主控钥匙：数量为_______套　其他钥匙：数量为_______把 800 MHz 电台：数量为_______台 其他事项：							
交班者：___________			接班者：___________			交接时间：___________		

填写说明：此表在司机出勤时，由派班人员进行填写，派班人员应提前填好除姓名、出勤时间及退勤时间外的其他项目。

值乘司机领取电客车状态记录卡（见表 4–6），并与停车场调度员确认列车状态和停放股道位置，出勤作业完毕后，到达相应股道按规定整备列车。便乘司机领取行车备品后，按出勤表指定的车次便乘列车出库。

表 4–6　　电客车状态记录卡

执行标准号 ××××××　　　　　　　　　　________年____月____日

<table>
<tr><td>车次：</td><td colspan="2">停放位置：　　　道　　　段</td><td colspan="2">出车辆段方向：</td></tr>
<tr><td colspan="5">______________电客车技术状态良好，符合运行条件：
检修调度员：____________　______________年______月______日______时______分
车辆段调度员：____________　______________年______月______日______时______分</td></tr>
<tr><td colspan="2">一位端里程表计数　　km</td><td rowspan="2">备注</td><td colspan="2" rowspan="2">司机在出段 / 场前在此填写：里程表里程数、消防器材状况、驾驶室备品情况、司机代码</td></tr>
<tr><td colspan="2">二位端里程表计数　　km</td></tr>
</table>

故障报告单

<table>
<tr><th>序号</th><th colspan="2"></th><th>车辆状态</th><th>故障描述</th></tr>
<tr><td rowspan="4">1</td><td>车辆号</td><td></td><td rowspan="4">牵引 □
制动 □
惰行 □
停车 □</td><td rowspan="4">采取措施：

报告人：</td></tr>
<tr><td>车次号</td><td></td></tr>
<tr><td>故障时间</td><td></td></tr>
<tr><td>故障等级</td><td></td></tr>
<tr><td rowspan="4">2</td><td>车辆号</td><td></td><td rowspan="4">牵引 □
制动 □
惰行 □
停车 □</td><td rowspan="4">采取措施：

报告人：</td></tr>
<tr><td>车次号</td><td></td></tr>
<tr><td>故障时间</td><td></td></tr>
<tr><td>故障等级</td><td></td></tr>
<tr><td rowspan="4">3</td><td>车辆号</td><td></td><td rowspan="4">牵引 □
制动 □
惰行 □
停车 □</td><td rowspan="4">采取措施：

报告人：</td></tr>
<tr><td>车次号</td><td></td></tr>
<tr><td>故障时间</td><td></td></tr>
<tr><td>故障等级</td><td></td></tr>
<tr><td rowspan="2">4</td><td colspan="2">列车制动功能是否正常</td><td>常用制动 □
快速制动 □
紧急制动 □</td><td>采取措施：

报告人：</td></tr>
<tr><td colspan="2">列车制动状态显示设备是否正常</td><td>正常 □
异常 □</td><td>采取措施：

报告人：</td></tr>
</table>

填写说明：此表由检修调度人员提供，司机出勤后，持本表到达相应股道进行整备作业，整备作业完毕后，签名记录。末车回库后，退勤司机将本表交给派班人员。

出勤作业中，司机必须严肃、认真地听取派班员的指示及要求，并应主动询问有无其他注意事项，有疑问时必须询问清楚。

派班员负责确认司机精神状态，审核司机日志上抄录的行车揭示、调度命令及行车注意事项。确认符合出勤作业要求后，派班员在司机日志上签章，并将行车日志交还司机。

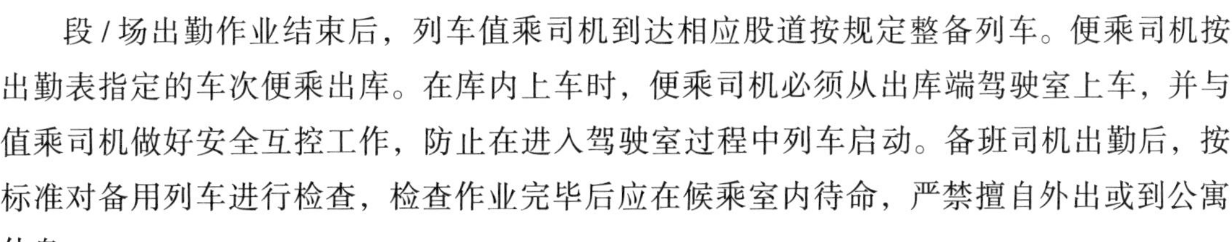

段/场出勤作业结束后，列车值乘司机到达相应股道按规定整备列车。便乘司机按出勤表指定的车次便乘出库。在库内上车时，便乘司机必须从出库端驾驶室上车，并与值乘司机做好安全互控工作，防止在进入驾驶室过程中列车启动。备班司机出勤后，按标准对备用列车进行检查，检查作业完毕后应在候乘室内待命，严禁擅自外出或到公寓休息。

知识窗

行车揭示

行车揭示是指由调度所施工调度室编制的涉及限速（含计划限速和临时限速）、行车方式变化和设备变化的调度命令，包括时间、地点、缘由、速度、行车方式变化及设备变化等要素（见表4–7）。

表4–7 行车揭示

编号：（执行标准号××××）

<table>
<tr><td colspan="2">命令号：</td><td colspan="2">起止时间：　年　月　日　时　分起　止于　年　月　日　时　分</td></tr>
<tr><td colspan="3">出示时间：　年　月　日　时　分</td><td>撤除时间：　年　月　日　时　分</td></tr>
<tr><td>内容</td><td colspan="3">一、注意事项
1. 今日执行××××时刻表，认真确认发车时间及折返时间
2. 雨天钢轨湿滑、出场/段列车严格控制速度，转换轨前提前降速、停车
3. ××—××下行区间钢轨打磨，有异常时采取措施
4. 库内整备作业时，其他人员从尾端进入驾驶室，存在较大安全隐患
二、调度命令
×时×分（发布时间）昨晚××—××下行区间进行钢轨打磨作业，各次列车司机运行至该处应加强监控，注意安全。遇到异常情况应立即采取措施　行车调度员××××（发布行车调度员代号）
三、安全预想
1. 确认行车凭证预想
2. 雨天行车预想
3. 精神状态预想
四、其他
1. 行车案例：××地铁早发车发错股道，列车挤岔（精神状态不佳、未确认安全保障措施，引发安全事故）
2. 风险管控：速度失控、冲撞异物、冒进信号等</td></tr>
<tr><td colspan="2">抄录人：</td><td>复核人：</td><td>撤除人：</td></tr>
</table>

（2）正线出勤

正线出勤时间为司机所担当运行车次开车时间（接车点）前 15 min。

正线出勤司机按照出勤时间提前 15 min，由本人到正线指定派班室办理出勤作业手续。

司机到达正线派班室，酒精测试合格后，认真查阅行车揭示，并在司机日志上抄录当日行车揭示、调度命令及行车注意事项，学习相关文件（行车案例），做好安全预想后，到派班员处办理出勤作业。

司机领取并填写司机报单，领取并确认对讲机、手持台等行车备品，检查确认行车备品数量齐全、功能良好，在司机出勤/退勤登记表上签名登记，确认列车时刻表及交路表，了解并确认接车车次、接车时间及接车地点，简要记录在司机日志上。

派班员确认司机的精神状态，审核司机日志上抄录的行车揭示、调度命令及行车注意事项。确认符合出勤作业要求后，派班员在司机日志上签章并交还司机。

出勤作业中，司机必须严肃、认真地听取派班员的指示及要求，并应主动询问有无其他注意事项，有疑问时必须问清楚。

出勤完毕后，司机应按担当运行车次到达时间，至少提前 1 min 到相应站台端头指定位置立岗接车，等待交班。待列车停稳后，司机进驾驶室与到达司机进行交接（交接用语：×× 次 ×× 车，车况良好，线路正常），确认车次、车体号，听取列车技术状态、行车命令及线路状况等安全事项，查看确认行车设备备品的数量齐全、功能及状态正常，若有异常，及时联系派班室。

（3）电话出勤

电话出勤方式原则上仅在列车正线调试等特殊情况下采用。某些城市轨道交通运营企业考虑到调试期间尚未正式运营，若调试列车存放位置距离派班室较远，且可能位置偏僻、交通不便时，正线调试司机可采用电话出勤。

电话出勤时，司机应保持精神状态良好，着装符合上岗要求，带齐行车备品，按规定出勤时间提前 10 min 到换乘室，通过固定电话向派班员办理出勤。

派班员确认来电显示为规定电话出勤地点后，向出勤司机传达接班交路信息、本班调度命令、行车注意事项及相关行车指示等内容和要求，调试作业时，还应传达调试作业内容及列车停车位置、车体号。

司机记录相关信息，并与派班员通过固定电话复诵确认，同时传达到共同出勤人员。派班员确认司机复诵正确后允许其出勤。

出勤完毕后，司机按要求到指定地点接班，与交班司机交接列车状态及行车备品等。

2. 调车、调试司机出勤

担当调车、调试作业的司机应按规定着装，按规定时间提前到车辆段/停车场派班室办理出勤作业。

司机酒精测试合格后，抄写当日行车揭示、调度命令及行车注意事项，学习相关文件（事故案例），做好安全预想后，到派班员处办理出勤。

司机出勤时，领取司机报单、调试作业任务书（适用调试作业）及行车备品，听取并记录派班员传达的当日调车计划、调试计划（适用调试作业）及注意事项，还应了解列车状态和停放股道位置。出勤后到相应股道整备列车。

正线运营列车转调试列车时，调试司机需要前往指定地点接车，与到达司机做好交接，并与行车调度员核对调试任务书，确认调试内容、调试范围等。

出勤作业时，司机必须严肃认真，集中精神听取派班员、调度员的指示及要求，并主动询问有无其他注意事项，有疑问时必须询问清楚。领取行车备品时，司机必须检查确认备品数量齐全、状态良好，并签字确认。

二、退勤作业

城市轨道交通列车司机退勤是指司机在完成运营工作任务后，将列车驶回停车库，或将列车交给其他接班司机继续运行后，离开驾驶岗位到规定的地点办理规定手续的程序。

1. 电客车司机退勤

（1）车辆段 / 停车场退勤

司机操纵列车到达车辆段 / 停车场指定股道对位停稳后，记录本端列车走行里程，关闭本端驾驶室所有负载后换端。换端后，司机再次记录本端列车走行里程，关闭全车所有负载，鸣笛降弓，关闭主控钥匙，断开蓄电池，下车锁好驾驶室侧门，报告车辆段 / 停车场信号楼值班员。

退勤司机到车辆段 / 停车场派班员处，归还所有行车备品和电客车状态记录卡，并说明列车状态，汇报当班运行情况。退勤司机应填写司机报单，当值期间发生事件时需填写行车事故事件报告单（见表 4–8），由车队长审核并签字确认。

派班员应了解清楚行车事故事件报告单内容，检查司机日志内容，确认司机下一班次的出勤时间及交路正确，满足退勤条件后，在司机日志上盖章确认，允许司机退勤。

退勤作业完毕后，派班员确认列车状态记录卡数量齐全，转交车辆段 / 停车场调度室。

夜班司机在车辆段 / 停车场退勤后，40 min 内必须关闭手机入住司机公寓休息。在公寓待班时，必须严格执行公寓待班管理制度，严格执行叫班签认制度，保证准时出乘。

（2）正线退勤

司机在正线交接班完毕后，到正线派班室办理退勤。

表 4–8　　　　　　　　　　行车事故事件报告单

编号：（执行标准号 ××××××）

司机姓名			监控员		
事故事件类别	□晚点　□救援　□清客		其他		
车次			车号		
发生时间	年　月　日　时　分				
发生地点					
事故事件概况					
处理情况					
报告人		报告日期		当值派班员	

正线退勤司机向派班员汇报当班的运行情况，并归还全部行车备品，填写并递交司机报单，当值期间发生事件时需填写行车事故事件报告单，由车队长审核并签字确认。

派班员应了解清楚行车事故事件报告单内容、检查司机日志内容，确认司机下一班次的出勤时间及交路正确，满足退勤条件后，在司机日志上盖章，允许司机退勤。

出现以下情况时，司机不得退勤：不在规定退勤地点、设备备品不清、接班司机未到岗、发生车辆故障或行车事件未交接清楚，以及不满足退勤要求的其他情况。

（3）电话退勤

电话退勤是指司机完成本班工作并与接班司机进行交接后，到指定地点（正线换乘室）向派班员打电话办理退勤的作业方式。电话退勤原则上仅在列车在正线调试，或列车调试完毕直接投入运营服务等情况下采用。

电话退勤作业时，退勤司机应使用固定电话向派班员办理的退勤手续包括：

1）汇报本班工作情况及行车备品交接情况，内容包括列车车次、车组号、接车司机姓名、备品交接等情况。

2）报告下一班次的出勤时间、出勤地点及交路。

派班员核对无误后，允许司机退勤。当班期间发生行车事件的人员不得采用电话退勤。

2. 正线调试、试验人员退勤

担当调试作业的司机与接班司机的交接工作必须在指定地点进行，严禁在运行时进行交接。

交接内容主要包括当日行车及安全注意事项、司机报单、对讲机和行调电台等行车备品，以及调试任务书和行车命令等。调试司机接班后需报行车调度员，并向行车调度员确认调试内容和调试范围等。

正线调试、试验人员作业完毕后，按照车辆段 / 停车场退勤作业程序办理退勤，并交回调试任务书及行车命令。

知识窗

公寓待乘及叫班

值乘早班交路时，司机必须在值乘前一晚入住公寓休息待乘（夜班司机退勤后 40 min 内必须关闭手机入住公寓休息）。

公寓待班时，司机必须严格执行公寓待班管理制度，按照管理员安排的房间签名休息，不得随意调整房间。公寓内保持安静，禁止玩手机、饮酒、大声喧哗或进行任何娱乐活动等，以免影响他人休息。严格执行叫班签认制度，确保准点出勤。

公寓管理员应根据规定的出勤时间规定，按出勤顺序提前叫班。叫班时，遵循“一叫、二答、三催、四复查”的原则，确保司机准点出勤。

出勤表由派班室提前一天制定，制定原则是按前一天夜班作业结束的先后顺序排列，先结束作业的司机先休息，早班先出库。

三、交接班作业

交接班作业是指司机在值乘一段时间后，在特定的车站由另外一名司机继续值乘本班列车所办理的特定手续的过程。交接班作业是早、中、晚各班次间工作交接的必要程序，同时，在同一班次内的每个交路间提供间隔休息时间，可以有效避免司机疲劳驾驶。

1. 车库内交接班

在停车库内交接班时，接班司机应与交班司机进行对口交接，交接内容包括列车钥匙、驾驶专用物品、司机报单，以及当日正线运行注意事项。

接班司机对列车进行检查和试验，了解列车的技术状况，一旦发现列车故障或车辆状况不符合出库要求的，应及时向信号楼值班员报告。

2. 正线交接班

正线交接班作业时，接班司机要按照规定时间，在所接列车到达车站前至站台指定位置立岗接车。接班司机立岗接车时，需要认真监视列车进站状态，发现诸如异响、异味、火花、冒烟等情况，应立即报告交班 / 到达司机及行车调度员，并协助处理。

（1）中间站交接班作业

中间站交接班作业是指司机完成当日工作（本班次交路表中所有规定交路）后，在特定车站（设有正线派班室的中间站）与下一班次司机之间进行的工作交接。

在中间站办理交接班作业时，接班司机应按照规定时间，提前在站台前端墙指定位置立岗接车。

列车到达车站停妥，交班司机按规定程序办理开门作业完毕后，打开端墙门与接车司机进行交接，交接内容主要包括核对车次、清点行车备品，以及交接列车状态、行车调度员命令和列车运行信息（包括早、晚点信息）等。交接完毕后，交班司机驾驶列车运行至下一站。

列车运行中全员负责列车运行安全，至下一站对标停稳、开门作业完毕后，交班司机下车，接车司机开始站台作业。交班司机下车后，反向便乘回中间站派班室，退勤下班。

（2）折返站交接班作业

折返站交接班作业是指司机完成本班次交路表中某个交路的值乘任务后，在折返站 / 终点站与本班次接班司机之间进行的工作交接。

在折返站办理交接班作业时，接班司机应按照规定时间，提前在站台尾端墙指定位置立岗接车。

列车到达车站停稳后，交班 / 到达司机按规定程序办理开门作业，接班司机从车门进入客室，并由通道门进入另一端驾驶室。

交班司机关门作业完毕后，通过驾驶室操纵台“驾驶室对讲”与接班司机进行交接（接班司机待清客广播完毕后，再激活“驾驶室对讲”），“驾驶室对讲”故障时，改用对讲机，严禁使用客室广播进行交接班。交接内容包括核对车次、交接列车状态、行车调度员命令、列车行驶交路（包括早、晚点信息），以及其他有必要交接的内容。

列车折返至另一侧站台停妥开门后，交班司机经客室门下车，接车司机开始站台作业。

（3）交接班作业注意事项

完成当日工作的交班司机必须等接班司机到达并进行对口交接后，才可以到派班员处退勤下班。交接班作业时，必须做到“有车必有人”，严格执行交接班制度，做到“三不交，一不接”，即接班司机未上车不交班、接班司机未复诵交接内容不交班、未明确接班司机代码不交班、交班 / 到达司机没有交班不接班。接班司机与交班司机交接完毕后，必须在司机报单上签字确认。

交接前，交班司机要对交接的内容提前做好准备，做到心中有数。交接作业时，交班司机和接班司机必须等列车停稳后，方能上下车。交接事项要条理清晰、内容简明、顺序清楚、避免重复。接班司机应注意观察列车指示灯、仪表、显示屏状态，确认电客车状态卡内容与交班司机交接内容是否一致；确认调度命令是否准确、细致，并认真进行复诵，防止漏交、错交调度命令。

正线作业期间必须严格按照运行时刻表的要求行车，严禁赶点。若遇设备故障、发生事故，以及在规定时间内未完成交接作业的，交班司机应随车继续交接，直至处置和交接完毕。

交接班时，如果列车发生故障需立即处理，由交班司机进行处理，接班司机协助，故障处理完毕后再进行交接，如果列车处于非正常状态，交班司机除正常交接作业外，需多添乘 1 ~ 2 个区间进行列车状态的详细交接。

折返站交接班作业时，如果因交路乱或加开车造成列车早到，无法提前到尾端墙处立岗接车时，接班司机应在列车关门前进入客室，并迅速前往后端驾驶室，用对讲机与到达司机进行交接班。交接班作业完毕，交班司机下车后应到换乘室待令，原则上不能随意离开换乘室。

3. 存车线备用列车交接班

存车线备用列车交接班作业时，交接班司机应跟车进出存车线路。

必须步行进入时，司机应向行车调度员申请，按照面向来车方向通行路径说明进出线路，得到其同意后，方能下线路与备用车司机交接班。进入线路行走时，司机要加强对线路的瞭望，确保自身安全。

第三节　整 备 作 业

整备作业是对列车在运用前进行的一系列检查和动态试验。通过整备作业，司机能够及时发现列车的不良状态，准确地进行故障分析和判断，以便及时快速地应对和处理，防患于未然，还可充分发挥列车技术性能，确保列车运行安全和提高服务质量。

城市轨道交通列车投入运用前必须进行整备作业，确保列车技术状态良好，未经过整备的列车严禁动车。

一、运营列车整备作业

运营列车司机出勤后，应在 5 min 之内到达车辆段 / 停车场相应股道的指定位置，对指定列车进行整备作业。

1. 整备作业准备

司机到达股道的指定位置后，首先必须核对列车停放股道的位置、状态、车号等与电客车状态记录卡记录的相关内容一致，同时应对电客车状态记录卡中记录的故障（如有）进行现场确认；其次检查确认列车前后有无红闪灯等防护标志；最后检查确认列车两端和驾驶室内有无禁止动车指示牌等警示标志。

司机核对确认完毕，报告信号楼值班员申请进行整备作业，发现异常时严禁作业，必须立即通知信号楼值班员，并按其指令执行。

司机与信号楼值班员之间的工作联系必须使用标准用语，车辆段 / 停车场作业联控用语见表 4–9。

表 4–9　　车辆段 / 停车场作业联控用语

序号	呼叫时机	司机	信号楼值班员	备注
1	整备作业前	①信号楼，×× 车 ×× 道 × 段整备作业	②×× 车 ×× 道 × 段整备作业，信号楼明白	司机在到达列车停放地点时呼叫信号楼
2	整备完毕后出库前（要求出库时）或请求开车时	①信号楼，×× 车 ×× 道 × 段列车整备作业完毕，具备动车条件 ④×× 车 ×× 道往转换轨 ×× 道出段 / 场信号黄灯好，可以动车，司机明白	②×× 车 ×× 道 × 段列车整备作业完毕，具备动车条件，信号楼明白 ③×× 车司机，×× 道往转换轨 ×× 道出段 / 场信号黄灯好，可以动车	司机按照运营时刻表规定的开车时间提前 10 min 与信号楼联系 动车前必须确认具备行车条件
3	列车在出段 / 场信号机前停车后	①信号楼，×× 车在 ×× 信号机前停稳 ④×× 信号机往转换轨 ×× 道出段 / 场信号黄灯好可以动车，×× 车司机明白	②×× 车在 ×× 信号机前停稳，信号楼明白 ③×× 车司机，×× 信号机往转换轨 ×× 道出段 / 场信号黄灯好，×× 车可以动车	
4	列车在出段 / 场信号机前不停车越过	②×× 道往转换轨 ×× 道出段 / 场信号黄灯好，可以动车，在 ×× 信号机前不停车直接进入转换轨 ×× 道，司机明白	①×× 道往转换轨 ×× 道出段 / 场信号黄灯好，×× 车可以动车，在 ×× 信号机前不停车直接进入转换轨 ×× 道	

续表

序号	呼叫时机	司机	信号楼值班员	备注
5	列车进段 / 场，在转换轨停车后	①信号楼，×× 车在转换轨 ×× 道停稳 ④×× 车转换轨 ×× 道往 ×× 道 × 段入段 / 场信号黄灯好，可以动车，司机明白	②×× 车在转换轨 ×× 道停稳，信号楼明白 ③×× 车转换轨 ×× 道往 ×× 道 × 段入段 / 场信号黄灯好，司机可以动车	入段列车进路上的蓝灯可以越过，必须在红灯前停车 如果遇到洗车作业，提前告知司机，按调车方式办理
6	列车回段 / 场，到达指定位置停车后	①信号楼，×× 车在 ×× 道 × 段停稳，列车已做好防护	②×× 车在 ×× 道 × 段停稳，列车已做好防护，信号楼明白	
7	某道待令	②×× 车司机 ×× 道 × 段待令，司机明白	①×× 车司机 ×× 道 × 段待令	

知识窗

列车检查方法

整备列车时，应做到项目、顺序及动作协调一致，由上至下，由里向外，由左至右，通过检、听、嗅、摸、测等方式检测和判断列车质量。

目视检查法：适用于检查仪表、显示屏的显示，各部件有无变形、裂纹、丢失、折损、堵塞、漏泄、烧损，以及工具、备品、消防器材是否完备。

手触检查法：适用于检查各部件的温度、振动等。用手掌、手指或手背触及检查部件时应注意避免烫伤。

鼻嗅检查法：根据部件及电气装置发热、烧损时的异味，进行判断和检查。

耳听检查法：凭听觉判断各部件有无异常声响。

测量检查法：利用检查工具或仪表测量间隙行程的限度尺寸，以及电压、电流、电阻值等。

2. 整备作业程序

各项确认完毕，征得信号楼值班员同意后，司机方可开始整备作业。整备作业过程中，司机必须携带专用检车备品，严守作业程序，采用目视、手动、耳听的方式，做好各项检查和试验，确保列车在投入服务前技术状态良好。

列车整备作业必须执行“先静态、后动态”的原则，司机要严格按照要求检查列车的走行部和客室内部，并在两端驾驶室进行动态功能试验。整备作业过程必须严格执行“三禁止”和“五确认”。“三禁止”即禁止未确认禁止动车指示牌盲目操作，禁止触摸带电部件，禁止跨越地沟、钻车底。“五确认”即确认股道、列车车号及接触网送电情况，确认两侧及地沟无人、无异物侵限，确认前方进路无人、无异物侵限，离开驾驶室确认驾驶室侧门锁闭良好，确认库门开启、库门插销底部插好。

运营列车整备作业走行线路及检查顺序如图 4–2 所示。

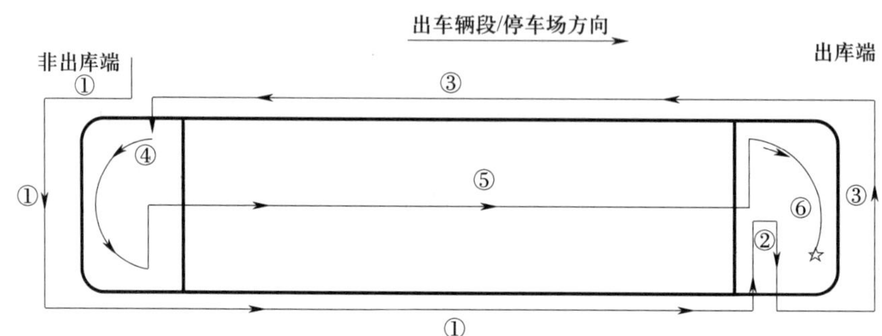

图 4–2　运营列车整备作业走行线路及检查顺序

（1）非出库端

到非出库端，检查确认列车端部、非出库端二位侧走行部配件齐全、状态良好，到达出库端。检查走行部前，必须确认已经降弓。进行车底检查时必须戴好安全帽，并注意空间位置，避免碰伤。

（2）出库端驾驶室

上车进出库端驾驶室，检查驾驶室设备、备品及所有自动开关。确认设备状态良好，备品数量齐全，开关位置正确，铅封良好，确认气压表压力。闭合蓄电池，做紧急按钮试验（不升弓），试验完毕后恢复紧急停车按钮，分断蓄电池。驾驶室检查时，必须确认所有自动开关的工作状态正常，在运营期间均须保持在正常位置。

（3）出库端

下车（离开驾驶室时，必须确认驾驶室侧门锁闭），检查出库端列车端部，检查出库端二位侧走行部，到达非出库端，确认设备正常、配件齐全、状态良好。

（4）非出库端驾驶室

上车进非出库端驾驶室，闭合蓄电池，开主控钥匙，确认非出库端客室的备品柜锁闭良好，填写电客车状态记录卡。确认显示屏启动完毕（约 1 min）后，升弓做功能试验。升弓前，司机必须确认设备安全且相关人员处于安全位置，方可鸣笛升弓。受电弓升起后，严禁触摸电气带电部分，严禁进行地沟检查，严禁攀登车顶。

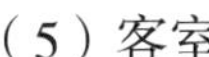

（5）客室

检查确认客室内备品柜锁闭良好，其他设备完整无损。B05 箱盖板确认锁闭良好时，可不用打开检查，否则必须报车辆段调度人员，打开检查 B05 手柄位置正确、状态良好后，再重新锁好。

（6）出库端驾驶室

到出库端驾驶室开主控钥匙，升弓做功能试验，试验完毕，填写电客车状态记录卡。

库内整备作业时，电客车状态记录卡中如果记录有故障，必须现场检查确认。发生电客车故障或列车不符合运行技术要求时，司机应及时通知信号楼值班员，听从其指令，安排换车或等候专业人员处理。

整备作业完毕后，司机在出库端驾驶室确认前方线路无人、无异物侵限，报告信号楼值班员整备作业完毕，准备出段。动车出库前，将门控模式开关设置为“A/M（自动开 / 手动开）”位。

3. 整备作业标准

（1）列车静态检查

列车静态检查主要包括车休外观、走行部、驾驶室及客室检查。作业前应确认列车前方及两侧、地沟、车底无人，无障碍物侵限，受电弓已降下。如果列车在升弓状态，确认人员处于安全位置后，降下受电弓，再确认地沟及列车两侧无人，无障碍物侵限。

1）车体外观及走行部检查标准。车体外观及走行部检查标准见表 4–10。

表 4–10　　车体外观及走行部检查标准

序号	主要检查项目	检查内容及要求	手指口呼
1	车体外观	检查确认列车两端无禁止动车指示牌；车体外观无破损、变形、倾斜；徽记、标志、车号、目的地显示屏完整清晰；防护灯、头灯、尾灯、运行灯外观良好无破损；车门、车窗外观良好，车门锁闭良好，车门外部解锁装置盖板锁闭良好	无禁止动车指示牌，车体外观良好
2	车钩及缓冲装置	检查确认车钩外观良好，无裂纹及磨损；电缆软管无脱落，各塞门位置正确；风路连接良好，风管无老化破损；车钩锁闭良好，连接处无异物；自动车钩钩头腔内无异物，电气盖板锁闭良好	车钩外观良好，塞门位置正确
3	转向架	检查确认各部件安装牢固，无裂纹、损坏、变形；空气弹簧无泄漏、无裂纹、无污损；车轮踏面无擦伤、无裂纹、无剥离；闸瓦无裂损、无丢失；车轮下无止轮器或异物	转向架外观良好，车轮下无异物

续表

序号	主要检查项目	检查内容及要求	手指口呼
4	电气设备箱、蓄电池箱、分线箱等	检查确认悬挂牢固、外观良好；箱盖锁闭良好，无打开；连接线无破损、无老化	箱盖锁闭良好
5	车间电源盖	检查确认无电缆连接、锁闭良好	外观良好
6	辅助控制模块	检查确认外观良好，各塞门位置正确	外观良好，塞门位置正确
7	风源模块	检查确认空气压缩机外观良好，安装牢固，塞门位置正确，各管路无松动泄漏	外观良好，塞门位置正确
8	风缸及空气管路系统	检查确认风缸外观良好、安装牢固，各塞门位置正确，无泄漏	外观良好，塞门位置正确
9	智能阀、网关阀	检查确认线缆连接良好，悬挂牢固，各塞门位置正确	外观良好，塞门位置正确

2）客室设备检查标准。客室设备检查标准见表 4–11。

表 4–11　　客室设备检查标准

序号	主要检查项目	检查内容及要求	手指口呼
1	客室内观	检查确认贯通道 LED 显示屏、空调通风设备、安防设备、扶手、座椅、地板、门窗玻璃等部件外观良好、无损坏；座椅、地板清洁，卫生条件符合出库运营条件	客室设备外观良好，卫生清洁
2	照明	检查确认照明良好	照明良好
3	设备柜、电子柜、贯通道连接板	检查确认柜门锁闭良好；贯通道完整、无损坏	柜门锁闭
4	车门系统	检查确认门页无损，锁闭良好；车门指示灯外观正常，无显示；动态地图显示正常；车门上盖板及立柱锁闭良好；紧急开门手柄位置正确，外盖良好；乘客报警按钮外观良好、位置正确	车门外观良好
5	LCD 多媒体显示屏	检查确认外观良好	外观良好
6	B05	检查确认 B05 盖板锁闭良好	锁闭良好
7	灭火器	检查确认灭火器齐全完整、固定牢固	灭火器有

3）驾驶室检查标准。驾驶室检查标准见表 4–12。

表 4–12 驾驶室检查标准

序号	主要检查项目	检查内容及要求	手指口呼
1	照明	检查确认照明灯和阅读灯外观、照明良好	照明良好
2	司机控制器	检查确认方向手柄、主控制手柄、钥匙开关完整，均在“0”位；按压警惕按钮动作灵活，无卡滞	外观良好
3	车载电台、广播控制盒	检查确认外观良好，接线无松动	外观良好
4	车辆显示屏、信号显示屏	检查确认外观良好、无破损，信息显示正确	外观良好
5	驾驶室侧门	检查确认门玻璃无破损、外观良好；开关门动作灵活、无卡滞；锁闭良好	驾驶室侧门好
6	驾驶室通道门	检查确认通道门锁闭良好	锁闭良好
7	各种仪表、按钮、开关、指示灯	检查确认仪表、按钮、指示灯外观良好、显示正确；按钮、开关位置正确	外观良好，位置正确
8	前窗玻璃、雨刮器、遮阳布	检查确认玻璃清洁、无破裂；雨刮器、遮阳布完整无缺	外观良好
9	电气设备柜	检查确认开关位置正确，按钮外观良好，旁路开关铅封完整，柜门锁闭良好	外观良好，锁闭良好
10	通风	检查确认导风叶及开关外观良好、无破损，将开关打至通风位，通风良好	外观良好，作用良好
11	座椅	检查确认外观良好，座椅调节灵活	座椅良好
12	备品柜	检查确认备品柜锁闭良好，行车备品（红闪灯、荧光衣、防毒面具等）齐全、完好，灭火器安装牢固，外观良好	备品齐全，外观良好

（2）列车功能试验

列车功能试验的主要目的是检验各电气设备的动作准确性，能实现正常的牵引、制动和缓解操作，确认指示灯、仪表的显示正常，确认制动各级位压力正确，确认紧急按钮等安全设备完好无损、功能正常，确保列车状态良好地投入运营。

列车功能试验项目及程序见表 4–13，检查、操作仪表、开关、指示灯、风压、按钮时需手指口呼。

表 4–13　　列车功能试验项目及程序

序号	项目	试验程序及要求	手指口呼
1	激活列车	按下蓄电池合按钮，确认： （1）蓄电池电压不低于 DC84 V （2）主风缸风压不低于 450 kPa（4.5 bar）	电压正常，风压正常
2	激活操纵台	（1）合“主控制器钥匙”，确认显示屏正常，无故障信息显示，确认操纵端激活 （2）确认门关好、受电弓降、主断分、停放制动施加、气制动施加指示灯亮	显示屏无故障显示
3	紧急按钮试验	（1）按压紧急制动按钮，确认制动缸压力上升至约 350 kPa（3.5 bar），确认列车两侧无人，鸣笛后按压升弓按钮，确认受电弓未升起 （2）恢复紧急制动按钮，确认制动缸气压降至约 140 kPa（1.4 bar，保持制动施加）	紧急按钮良好
4	升弓程序	（1）确认列车两侧无人，高呼升弓，鸣笛，按压升弓按钮 （2）到驾驶室外确认受电弓正常升起，确认网压表电压，车辆屏上的受电弓图标显示升起	受电弓升起，网压正常
5	试灯	按压试灯按钮，确认指示灯亮	各指示灯正常
6	车载电台试验	（1）启动车载电台电源按钮 （2）测试车载台与信号楼间的组呼功能、收发信息功能、紧急呼叫功能	信号楼 ×× 车 ×× 道 × 段整备作业
7	列车广播系统试验	（1）在广播控制盒面板上按压模式按钮，选择手动模式后确认。按压上翻或下翻选择上下行，按压线路选择按钮选择“起点站”和“终点站”后，按压下一站按钮后确认。按压播报下一站按钮确认报站正确后，在客室动态地图及 LED 上进行确认。按压播报到站按钮确认报站正确、系统工作正常（必须选择 2 个或 2 个以上车站试播） （2）按压客室广播按钮（PA），报站播音中断，人工广播正常。单击“紧急信息”，按压上翻或下翻按钮选择相应内容，按压确定按钮，确认广播内容正确、系统工作正常，按压停播按钮中止	广播良好
8	各开关功能试验	（1）辐流风机开关打至开位，确认辐流风机开启；开启驾驶室引流风机，确认正常	通风良好
		（2）按压喷淋按钮，旋转雨刮器开关，确认雨刮器工作正常（喷淋无水禁止干刮）	雨刮器良好
		（3）将方向手柄保持在向前位，头灯应点亮（下车确认）；操纵头灯开关，头灯变亮或变暗	头灯良好

续表

序号	项目	试验程序及要求	手指口呼
8	各开关功能试验	（4）将客室灯打到合位，打开通道门，确认客室内照明正常	客室照明良好
		（5）将驾驶室灯打到合位，确认驾驶室照明正常	驾驶室照明良好
		（6）打开空调，通过车辆屏确认全列车空调开启	空调良好
		（7）确认门控模式开关位置：M/M（手动开 / 手动关）门控模式开关位置	门控模式开关位置正确
9	客室门试验	（1）按压强制开门按钮，确认门允许指示灯亮。按压驾驶室侧墙上的开左门按钮，所有左侧车门打开。确认车体侧墙指示黄灯亮，确认车辆显示屏与车体侧门状态显示灯正常	开左门
		（2）操作侧墙上关左门按钮，确认车辆显示屏与车体侧门状态显示灯正常，门关好指示灯亮 （3）操纵台开关左门按钮试验方法同上 （4）右侧车门试验程序同上 严禁在车门未完全打开时按压关门按钮；严禁左右车门同时做试验	关左门，所有车门关好，客室门良好
10	停放制动试验	（1）按压停放制动按钮，停放制动按钮灯亮，车辆显示屏显示“停放制动”，操纵台停放制动指示灯亮，停放制动施加（主风缸压力不低于 500 kPa，即 5 bar） （2）再次按压停放制动按钮，停放制动按钮灯灭。车辆显示屏“停放制动”消失，操纵台停放制动指示灯灭，停放制动缓解 （3）保持停放制动缓解状态	停放制动良好
11	警惕按钮试验	（1）按压警惕按钮，确认警惕按钮无卡滞 （2）不按压警惕按钮，将主控手柄推向“牵引”区最小位，车辆显示屏出现“牵引封锁 / 警惕按钮” （3）将主控手柄拉回“0”位 （4）车辆显示屏“牵引封锁 / 警惕按钮”消失	警惕测试良好
12	动态牵引及制动试验	试验前首先确认本班全体乘务员处于安全区域，列车下部及走行部无人作业 （1）确认列车气制动施加指示灯亮，闭合高速断路器，确认主断“合”绿灯亮，网压显示正常 （2）方向手柄置“前”位，鸣笛后将主控手柄推向“牵引”区但不得超过 20%，气制动缓解灯亮 （3）待列车稍移动，立即将主控手柄拉回 100% 常用制动处，气制动施加灯亮，气制动压力上升至约 140 kPa，（1.4 bar），列车停车。再把主控手柄拉到快速制动位，制动缸压力上升至约 220 kPa（2.2 bar）。主控手柄回“0”位后气制动压力降至约 140 kPa（1.4 bar），气制动施加指示灯亮，列车显示屏应无故障显示	牵引制动良好

续表

序号	项目	试验程序及要求	手指口呼
13	关车程序	（1）列车在指定股道停稳，关闭头灯，关闭到达端列车负载（空调、照明、电加热等），施加停放制动并确认，锁闭侧门、通道门进行换端作业	停放制动施加
		（2）在出库端关闭列车负载，记录状态卡里程数	—
		（3）确认方向手柄回“0”位、主控手柄回“N”位，按压降弓按钮，确认车辆屏显示受电弓降下、网压表显示为 0，到驾驶室外确认列车受电弓降下	受电弓降下
		（4）关主控钥匙，分断蓄电池，带齐备品下车	—
		（5）报信号楼	信号楼，××车在××道×段已停妥，做好防溜

（3）整备作业时间标准

司机出勤后，应在 5 min 之内到达相应股道停车位置准备开始整备作业。整备作业时间限定 40 min，并应在列车出库前 10 min 完成，完成后必须报告信号楼值班员。不能按时完成时，应向信号楼值班员报告整备作业情况。

列车整备作业用时标准见表 4–14。

表 4–14　　列车整备作业用时标准　　min

作业项目	作业用时	距出库动车计划时间
出勤完毕到达指定股道	5	50
外部检车作业	15	35
非出库端驾驶室检查	8	27
客室检查	5	22
出库端驾驶室检查	10	12
报告整备作业完毕	2	10

4. 禁止出库的规定

出段运营的列车必须保证相关系统设备处于良好状态，发现列车故障或不符合运行技术要求时，司机应立即向信号楼值班员报告，按其指令执行。需要司机协助处理时，严格按照车辆故障应急处理程序进行处理。如果发现下列故障之一，严禁出库：

（1）受电弓、车间电源等高压设备故障，致使列车无 DC1 500 V 电源。

（2）牵引、制动系统故障，导致列车不能正常行驶。

（3）同辆车同侧有一扇以上车门不能打开，或全列车有八扇以上车门不能打开。

（4）列车诊断系统故障。

（5）空气压缩机、辅助逆变器、空调等辅助系统设备故障，影响行车。

（6）车载通信系统、列车广播系统、信号设备（VOBC）故障。

（7）头灯、尾灯、运行防护灯、电笛故障，影响行车。

（8）蓄电池电压过低，列车不能正常启动，且手动升弓、自举模式启动失败。车钩、电气连接器及缓冲装置有一项不良。

（9）车体倾斜，变形超限。

（10）其他影响列车运行的故障。

特殊情况下，列车需带故障（不影响行车安全和乘客服务）出段 / 场上线运营时，由检修调度员决定是否出库，同意出段 / 场时需在电客车状态记录卡上注明故障情况并签名，必要时派技术人员跟车。

二、调车整备作业

列车凭自身动力调车时，司机按照调车计划单到达规定的股道后，必须确认股道、车组号符合调车计划，列车前后两端无警示标志，周围无异物侵限。否则，立即通知信号楼值班员，按其指令执行。

1. 转线调车

转线调车整备作业标准按运营列车整备作业标准执行，功能试验程序按运营车整备作业试验程序执行，可以不做列车客室门试验和列车广播系统试验。调车整备作业时，司机应严格按照检查走行线路和整备作业程序，采用目视、手动、耳听的方式，做好列车整备和试验，确保列车调动前技术状态良好。

转线调车整备作业走行线路及检查顺序如图 4-3 所示。到非出库端检查列车端部，检查非出库端二位侧走行部→到达出库端，检查出库端列车端部→检查出库端二位侧走行部→

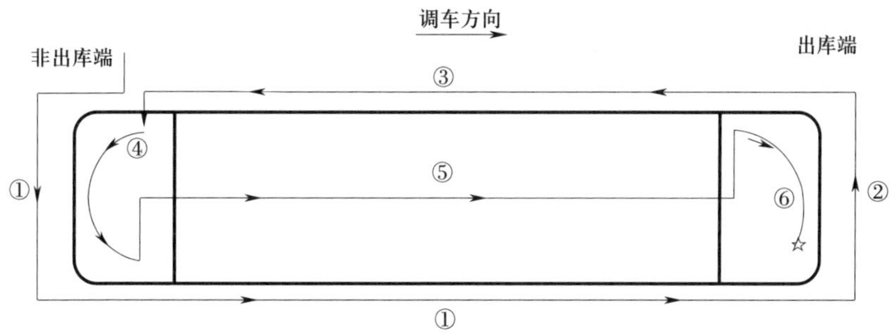

图 4-3　转线调车整备作业走行线路及检查顺序

到达非出库端驾驶室，升弓做牵引制动功能试验→检查客室→到出库端驾驶室做功能试验→报信号楼整备作业完毕，准备出库。

2. 库内调车 A 端转 B 端（或 B 端转 A 端）

库内调车整备作业时，从非出库端检查列车走行部一周，对列车走行部、设备箱锁闭状态、截断塞门、制动缸缓解塞门位置进行检查和确认。在操纵端进行照明、牵引、制动功能试验，检查确认操纵端照明状态良好，牵引、制动性能良好。

3. 禁止调车的规定

整备作业中，发现列车故障或不符合运行安全要求时，司机应立即向信号楼值班员报告，按信号楼值班员的指令执行。发现下列情况之一者，严禁利用自身动力进行调车作业，并马上报告信号楼值班员：

（1）列车停放股道上挂接有地线时。

（2）有维修人员正在作业，影响行车时。

（3）列车两端车钩处挂有禁止动车指示牌时。

（4）设备或障碍物侵限时。

（5）列车转向架液压减震器被拆除且空气弹簧无气时。

（6）走行部下的设备箱无法锁闭时。

（7）制动系统故障时。

（8）受电弓、车间电源等高压设备故障，致使列车无 DC1 500 V 电源时。

（9）其他情况影响调车作业安全时。

三、热备车及调试车整备作业

1. 热备车整备作业

热备车整备作业按运营列车整备作业标准执行。热备车转运营列车时的整备作业，只需进行出库端牵引、制动试验。热备车上线用时标准如下：

（1）正常情况下，段 / 场加开列车上线时间为 10 min。

（2）热备车担当调车任务时，段 / 场加开列车上线时间为 20 min。

（3）热备车担当洗车任务时，段 / 场加开列车上线时间为 25 min。

2. 调试车整备作业

调试车外部整备作业按照运营列车整备作业标准执行。调试车整备作业检查内容如下：

（1）列车前后照明良好，雨刮器外观良好、动作正常。

（2）列车车载台与信号楼通信正常。

（3）牵引、制动性能良好。

第四节　出入车辆段 / 停车场

运营时间内组织列车出入车辆段 / 停车场时，司机必须严格按照列车运行图的安排，严格执行信号楼值班员、行车调度员的命令。列车出入车辆段 / 停车场时严禁冒进信号进入正线或车站。信号系统出现故障时，司机必须等待设备修复，或接到调度命令准许，或收到引导信号后才能动车进入。

空载客车、工程车、调试列车和救援列车出入车辆段 / 停车场均按列车方式办理。

一、列车出车辆段 / 停车场作业

列车出车辆段 / 停车场作业是指列车出库后由车辆段 / 停车场内线路运行进入始发站的整个运行作业过程。

1. 出车辆段 / 停车场凭证及速度要求

列车出车辆段 / 停车场时，司机确认信号楼值班员指令和出段信号开放（黄灯）动车出段。车辆段 / 停车场无法开放列车信号但可开放调车信号时，司机根据信号楼值班员指令及调车信号白灯动车出段。

列车在车辆段 / 停车场内采用 RM 模式驾驶，库内限速 5 km/h 运行，列车头部出库后，即可提速至 15 km/h 运行出库。列车尾部出库后，按照 RM 模式速度要求运行至出段 / 场信号机前停车。

2. 列车出车辆段 / 停车场

运营列车整备完毕，确认列车状态符合正线服务要求后，司机向信号楼值班员报告（联控用语见表 4–9）联系出段，信号楼值班员安排列车出段 / 场。

司机确认信号楼值班员指令、出库信号（黄灯或白灯）开放、前方进路正确、车库门开启到位且车体两侧无人等条件后，鸣笛动车。

列车运行至库门口处一度停车，确认平交道口无人、无异物侵限，道口安全后以 5 km/h 的速度动车通过，列车尾部越过库门前平交道后方可提速。列车继续运行到出段 / 场信号机前停车，报告信号楼值班员。

司机凭出段 / 场信号开放（黄灯）及信号楼值班员指令动车，驾驶列车进入转换轨。

列车出段 / 场时，司机应严格控制速度，严禁超速运行。运行中保持不间断瞭望，认真确认进路中每个调车信号机的显示及每个道岔的开通位置，并进行相应的手指口呼，车辆段 / 停车场呼唤应答用语见表 4–15。列车运行至库门口、平交道口前必须一度停车，确认线路、库门状况良好，无人、无障碍物后方可动车。有人员在前方线路上行走时，司机应鸣笛警示并减速。

表 4-15　车辆段 / 停车场呼唤应答用语

呼唤时机	呼唤用语	备注
出库、入库动车前	库门好、道口安全	确认库门开启位置正确，平交道口安全
库门前	一度停车	列车必须停车并确认安全后方可动车
平交道口		
一度停车标前		
接近信号机	黄灯好 / 白灯好	—
	红灯 / 蓝灯停车	列车必须在红灯 / 蓝灯前停车
出、入段信号机前	一度停车	停车前
	黄灯好 / 引导信号好（黄 + 红灯）	停车后，动车前
入段信号机前使用人工引导手信号	引导手信号黄旗（灯好）	—
鸣笛标	注意鸣笛	—
接近道岔	道岔好	—
	停车	道岔位置显示不正确时，立即停车
接近限速地点	限速 ××km/h	按照限制的速度呼唤，并按规定驾驶
列车进入尽头线	限速 8 km/h、5 km/h、3 km/h，尽头线注意	按三车、二车、一车距离控制好速度，准备停车
遇接触网终端标	严禁越过	—

因运营秩序调整、生产需要或其他特殊原因，需要列车在出段 / 场信号机前不停车直接进入转换轨时，信号楼值班员可以向司机下达口头命令并做好记录。司机确认出段 / 场信号机开放正确，按照信号楼值班员命令，在出段 / 场信号机前不停车，直接运行到转换轨停车。

如果联锁设备出现故障，需要使用站间电话闭塞法组织行车时，列车凭车辆段调度员发车信号出段 / 场，凭路票占用转换轨及出段 / 场线区段，路票的有效区域为车辆段 / 停车场至转换轨之间。转换轨区段出现故障时，司机与信号楼值班员联系互控，凭调车信号白灯驾驶列车到达出段 / 场线。

3. 列车入转换轨

转换轨具备出入车辆段 / 停车场功能，是信号模式的转换点。在转换轨处，驾驶模式在 RM 模式与 ATPM（ATO）模式间自动转换，车载台在车辆段 / 停车场与正线间自动转组。

司机凭信号楼值班员指令和出段 / 场信号机黄灯信号动车，按规定限速（15 km/h）驾驶列车到转换轨一度停车标处对标停车，确认车载台处于正线行车组，将对讲机调至正线行车组，同时确认信号显示屏显示 ATO/ATPM 驾驶模式可用。

司机与行车调度员进行联控（转换轨作业联控用语见表 4–16），司机告知停车地点、车次及车底号，由行车调度员进行核对。

表 4–16　　转换轨作业联控用语

序号	呼叫时机	司机	行车调度员	备注
1	列车在转换轨停车后	①行车调度员，××次××车在转换轨一度停车 ④××次××车凭地面（车载）信号显示按时刻表发车，司机明白	②××次××车在转换轨一度停车，行车调度员明白 ③××次××车凭地面（车载）信号显示按时刻表发车	—
2	确认显示屏收到速度码、ATO/ATPM 模式被允许激活、前方信号机开放“绿灯”	①推荐速度有 ②绿灯好	—	手指口呼

司机确认列车收到速度码（推荐速度）后，凭行车调度员命令按运营时刻表规定动车，采用 ATPM 或 ATO 模式驾驶列车运行至始发站，按运营时刻表规定的时间投入运营服务。

若列车在转换轨一度停车标处停车后收不到速度码，应报告行车调度员。司机以 RM 模式，凭地面信号或行车调度员的命令按运营时刻表规定动车。

4. 列车出车辆段 / 停车场安全注意事项

（1）列车出车辆段 / 停车场作业时，司机必须认真确认信号显示是否正确，道岔开通位置是否正确，运行线路是否存在侵限或者侵限的风险。在信号等行车设备故障情况下，司机必须等待设备修复、接到调度命令准许或收到引导信号后才能动车进入。发现异常时，应及时停车并汇报，严禁冒进信号进入车站或正线。

（2）列车在地面线路行驶时，司机必须密切留意线路供电系统情况，包括接触网及隔离开关的位置，注意观察显示屏网压和受电弓状态。发现异动、异响等异常情况时，应立即停车汇报，必要时需降弓。

（3）列车在进入隧道前，在瞭望条件允许和线路正常情况下可不鸣笛。发现有人在线路附近或侵入行车限界时需要鸣笛示警，遇紧急情况时司机应立即采取紧急措施停车。

（4）司机必须熟记出车辆段 / 停车场的线路状况，掌握列车牵引与制动的时机，严格控制速度，时刻保持警惕，防止发生安全事件，确保行车安全。

（5）雨、雪、冰雹等恶劣天气驾驶列车出段时，司机应确认地面钢轨湿滑程度，限速

15 km/h 驾驶列车运行。在转换轨停车后，报告行车调度员并申请人工驾驶，列车下坡过程中，司机应做到提前制动，把主控手柄放在适当的制动位，控制好制动力的大小，保持列车以 15 km/h 的速度下坡。若列车在下坡过程出现滑行，应适当减小制动力，待滑行消失后按规定速度运行。待列车尾部进入隧道，方可转换为自动驾驶模式。

（6）CBTC 模式下，列车采用 ATO 模式运行，司机需在列车出库和交接班时输入司机代号。在有 ATS 计划运行图的情况下，列车出车辆段 / 停车场到转换轨时，自动接收行车信息。非 CBTC 模式下或没有 ATS 计划运行图的情况下，列车在出车辆段 / 停车场及正线运行车次变更时，行车调度员需要输入服务号和目的地号。

（7）停在 A 段的列车，司机手指口呼确认信号、进路、库门、平交道口安全后，直接动车出库。停在 B 段的列车，运行至库门前 1 ~ 2 m 处停车，司机手指口呼确认信号、进路、库门、平交道口安全后，方可动车出库。

二、列车入车辆段 / 停车场作业

列车入车辆段 / 停车场一般是指列车完成运营任务按运行图规定退出正线运行，或者因列车发生故障，经行车调度员准许退出运行，驶回车辆段 / 停车场进行维修，或者因其他原因经行车调度员准许退出正线运行服务，行驶回车辆段 / 停车场的作业过程。

1. 入车辆段 / 停车场凭证及速度要求

列车运行至入段 / 场信号机前停车，司机凭信号机显示黄灯（或引导信号机显示黄灯和红灯）及信号楼值班员命令指令动车（联控用语见表 4–9），以 RM 模式驾驶列车限速 25 km/h 进入车辆段 / 停车场。

2. 列车入转换轨

列车运营结束正常退出服务回车辆段 / 停车场时，司机不需要联系行车调度员，直接按照运营时刻表规定执行，按计划返回车辆段 / 停车场。转峰期间，司机必须与行车调度员联系确认返回车辆段 / 停车场。

列车到达终点站后，司机播放终点站清客广播，由车站工作人员进行清客。司机打开客室通道门确认客室无乘客滞留，凭车站工作人员清客完毕“好了”信号关门。司机按运营时刻表和行车调度员命令，驾驶列车以 ATO 或 ATPM 模式运行至转换轨，在入段 / 场信号机前停稳，将手持台调至车辆段 / 停车场行车组后，报告信号楼值班员。

列车回段时，如果隧道口钢轨湿滑，司机应提前转换人工驾驶模式，保持列车速度为 15 km/h，爬坡过程中控制好列车牵引力和制动力的大小，保持列车匀速运行，禁止在坡道上停车。

3. 列车入车辆段 / 停车场

回段列车凭入段信号黄灯回段。回段列车进路上的调车信号蓝灯视为无效，但司机需注意确认沿途道岔是否开通，若黄灯不能开放，则开放引导信号，按信号楼值班员指令动车。

收到信号楼值班员动车指令并复诵后，司机将列车驾驶模式转为 RM 模式，凭入段 / 场信号机显示黄灯（或引导信号机显示黄灯和红灯）及信号楼值班员指令动车。

列车运行至车库门前一度停车标处停车，确认前方进路无人、无障碍物侵入衔接、库门开启到位、平交道口安全，动车限速 5 km/h 入库，进入相应股道。停稳关车后，报告信号楼值班员。回段列车进路只能开放到停车库 A 段，如果进停车线 B 段停车，司机必须在 B 段调车信号机前一度停车，确认调车信号开放（白灯）后，再动车进入 B 段停车。

列车在车辆段 / 停车场内行驶时，司机应不间断瞭望，认真确认信号机显示及道岔开通位置，严格控制列车运行速度，在道岔咽喉或复杂区段及曲线区域适当降低速度。司机在平交道口一度停车标、库门前应一度停车，确认安全后再次动车，通过平交道或有人员在前方线路上行走时，应鸣笛警示并减速，停车时严禁越过信号机。

4. 列车非正常情况入车辆段 / 停车场

正线运营列车因故必须在中间站退出服务时，司机应按行车调度员指令执行，并做好退出服务相关工作。列车进入存车线或返回车辆段 / 停车场前，必须检查客室情况，防止将乘客带入存车线或车辆段 / 停车场。

知识窗

车辆段 / 停车场信号机显示方式

车辆段 / 停车场信号机显示方式见表 4–17。

表 4–17　车辆段 / 停车场信号机显示方式

信号机类型	信号灯显示	行车指示
进段 / 场信号机	黄灯	允许入段 / 场
	红灯	禁止越过
	黄灯和红灯	引导信号开放，允许入段 / 场，随时准备停车
出段 / 场信号机	黄灯	允许出段 / 场
	红灯	禁止越过
调车信号机	蓝灯或红灯	禁止越过
	月白灯	允许越过该信号机进行调车

思考与练习

1. 简述城市轨道交通列车司机的基本工作流程。
2. 简述城市轨道交通列车司机的岗位职责。
3. 简述城市轨道交通列车司机的服务规范。
4. 简述城市轨道交通列车司机乘务作业安全准则。
5. 简述城市轨道交通列车司机车辆段/停车场出勤作业的流程及要求。
6. 简述城市轨道交通列车司机正线出勤作业的流程及要求。
7. 简述城市轨道交通列车司机车辆段/停车场退勤作业的流程及要求。
8. 简述城市轨道交通列车司机正线退勤作业的流程及要求。
9. 简述折返站交接班作业的作业流程及作业标准。
10. 列车整备作业前必须确认哪些事项?
11. 运营列车功能试验包含哪些项目?
12. 简述列车出段/场作业流程及标准。
13. 简述列车入段/场作业流程及标准。

第五章 正线列车运行

学习目标：

- ◆ 熟悉城市轨道交通列车司机正线作业规范。
- ◆ 掌握城市轨道交通列车区间运行作业流程及标准。
- ◆ 掌握城市轨道交通站台作业程序及标准。
- ◆ 熟悉城市轨道交通列车折返作业流程及标准。
- ◆ 掌握城市轨道交通列车人工驾驶作业流程及标准。
- ◆ 掌握轧道车、反向运行、退行、推进运行等作业流程及标准。

所谓正线，是指轨道交通区间和由区间直接延伸至车站的线路，正线运行是指列车在正线上为了运营目的而形成的按列车运行图运转的过程。列车在正线承担运营服务，是城市轨道交通最主要的工作任务。正线作业主要包括区间运行、站台作业及折返作业。

第一节 正线作业基本知识

一、正线作业基本规则

正线作业时，司机必须熟练掌握线路平面布置图，严格按照信号显示行车，准确对标，正确开门，严防越出停车标、错开车门，严禁未对好停车标打开车门。

列车在转换轨无行车调度员命令时，严禁早于运营时刻表规定时间发车（精确到秒）。司机在操作各种开关按钮前，必须先进行确认，然后再进行操作，防止误操作。司机动车前，必须关好驾驶室侧门侧窗，运行中禁止打开驾驶室侧门侧窗，禁止将身体任何部位伸出侧门侧窗外。司机动车前，必须确认行车凭证，任何情况下无行车凭证严禁动车。

1. 正常运营

正常情况下，正线运营列车采用 ATO 模式驾驶（规定采用 ATPM 模式时除外），降级驾驶模式前，必须得到行车调度员的授权。司机必须严格按照行车组织规则的规定，必须严格执行行车调度员命令，按照线路限速和驾驶模式限速控制好列车运行速度，严禁超速。

司机在驾驶列车时，必须严格执行呼唤应答制度，并做到呼唤时机恰当、手臂伸直、手指确认、用语准确、声音响亮。双司机值乘时，操纵司机与监控司机之间应相互监督，做好行车“三控”（即自控、互控、他控），确保行车安全。

列车运行过程中，司机应坚持“动车集中看，瞭望不间断”，按照“远看信号，近看道岔”的原则，确认前方进路安全。司机必须认真留意显示屏、指示灯的状态，并通过眼观、耳听、鼻闻等方法，时刻注意运行中列车的变化。发生自动设备故障或自动模式错误时，司机应及时人工介入，采取相应措施，并及时报告行车调度员，按其指令执行。

正常运行情况下，列车进站对标过程中，禁止接受行车调度员的普通呼叫，应待列车停稳后再回复。如果行车调度员使用紧急呼叫模式呼叫，司机必须立即应答。司机必须加强与车站的联系，对于需经车站中转的行车指示或命令，必须执行复诵制度，命令不清不准动车，严禁臆测行车。

2. 故障运营

正线运行中，列车故障应急处理应遵循尽快恢复故障或尽量减轻故障影响，在确保安全行车的前提下，尽快让列车动起来的基本原则。司机应保持沉着冷静，对线路情况、列车运行状态、故障可能产生的影响等进行清醒的判断，快速做出正确处理，并应尽量缩短故障处理时间，最大限度地降低故障的影响程度，维护正常运营秩序。

司机在故障应急处理中应做到：

（1）及时汇报

司机在正线驾驶列车运行的过程中，应严格按照列车时刻表规定的运行时刻操纵列车，发生故障时，应及时查明情况并向行车调度员汇报。

（2）控制时间

城市轨道交通系统车流密集、计时精确、列车追踪时间短。运营期间，若列车出现故障无法动车，造成正线行车中断，将对全线运营造成重大影响。司机在处理故障时，必须做好时间控制，将故障影响控制在可控范围之内。

（3）安全操作

司机在处理故障时，必须严格按照操作规范，安全合理地进行各项操作，在保证自身作业安全的同时，防止故障进一步扩大。故障处理完毕后，应结合实际运行条件，采取合理的速度驾驶列车。

（4）“应急”为主

运营列车发生故障时，首先应由司机进行现场处理。司机的处理要做到“应急”，即在有限的时间内，根据实际情况消除故障对列车继续运行的影响，同时，在没有很好的解决办法时，通过“应急”处理使列车暂时维持运行。

故障应急处理时间一般为 2 min，处理故障 4 min 后仍无法动车时，司机应通过行车调度员向检修调度员请求技术支援。处理故障 6 min 后仍不能动车时，司机必须请求救援，并按规定做好列车防护和防溜等准备工作。司机在救援工作准备完成的情况下，可以继续处理故障。如果故障处理过程中衍生其他故障，必须按照其他故障对应具体处理流程进行处理。

列车运行中出现故障或火灾等非正常情况时，在确保事态不进一步扩大和保证安全的前提下，司机应尽量维持列车运行，待进站停车后再按照相应的应急预案和故障处理原则进行处理。故障列车若需维持运行至终点站时，司机必须密切留意列车运行状态，防止故障进一步扩大。列车故障消失，可以正常运行时，司机必须首先报告行车调度员，得到其允许后方能动车。

遇车载信号系统故障需采取 NRM 模式驾驶时，司机必须严格按照行车组织规则相关规定行车，列车运行中加强地面信号的确认，严格按照限速运行。遇非正常情况，司机必须严格按照非正常行车办法执行，加强确认行车凭证，严守速度。

发现弓网故障、线路及其他轨旁设备损坏或超限时，司机必须立即采取紧急停车措施。

二、正线作业联控

列车正线作业中，司机必须服从行车调度员的统一指挥，认真执行作业联控。行车调度员发布行车指示或口头命令时，受令人必须原话复诵，未复诵或复诵不清楚的视为命令无效。作业联控、行车工作联系必须使用标准用语，司机与行车调度员的联控用语见表 5–1。

表 5–1　　司机与行车调度员的联控用语

类别		序号	标准用语
通用		1	（1）行车调度员主动呼叫列车司机时，为地点 + 车次：行车调度员呼叫 ××（站）上 / 下行（进站 / 出站）×× 次；行车调度员呼叫 ××（站）至 ××（站）（区间）上 / 下行 ×× 次 （2）司机呼叫行车调度员时，应比照行车调度用语，按地点 + 车次进行回应：××（站）上行 ×× 次（汇报相关内容） 行车调度员可直接应答，不需要地点 + 车次回应，但应根据出车计划表或 ATS 等进行核对 （3）列车出段 / 场运行至转换轨时，司机需要告知行车调度员地点及车次，行车调度员进行核对
日常运营	组织压道车	2	行车调度员：×× 次凭地面 / 车载信号显示动车，担当压道任务，沿途加强瞭望，注意安全 调试车压道由施工负责人明确驾驶模式
	转换驾驶模式	3	司机：行车调度员，×× 次 ×× 方向在 ×× 站驾驶模式转换为 ×× 模式
	组织列车出段 / 场	4	行车调度员：×× 次凭地面 / 车载信号显示动车，按时刻表发车

续表

<table>
<tr><th colspan="2">类别</th><th>序号</th><th>标准用语</th></tr>
<tr><td>日常运营</td><td>组织列车入段 / 场</td><td>5</td><td>运营结束，列车回段 / 场时，司机不需要联系行车调度员，直接按运营时刻表及执行说明执行，按计划回段 / 场
转峰期间，司机与行车调度员确认联系回段 / 场
特殊应急情况下行车计划变更时，行车调度员应提前通知各岗位</td></tr>
<tr><td rowspan="7">运营调整</td><td>组织列车多停晚发</td><td>6</td><td>行车调度员：（司机）× × 站上 / 下行 × × 次，× × 站（前方各站）多停 × × 秒，始发站晚发 × × 分
行车调度员：（司机因 × × 原因），自发令时起，全线（上 / 下行）各次列车 × × 站（上 / 下行各站）多停 × × 秒，始发站晚发 × × 分</td></tr>
<tr><td>组织故障车下线</td><td>7</td><td>行车调度员：（司机）× × 站（上行 / 下行）× × 次，列车清客完毕，凭地面 / 车载信号显示动车，经入 / 出场 / 段线回段 / 场（进 × × 站存车线 / 折返线 × × 道转备用）
行车调度员：（车站、场调）× × 次清客完毕后经入 / 出场 / 段线回段 / 场（进 × × 站存车线 / 折返线 × × 道转备用）</td></tr>
<tr><td>组织列车越站</td><td>8</td><td>行车调度员：（车站 / 司机）（因 × × 原因），× × 站（上行 / 下行）× × × × 次 × × 站（至 × × 站）上 / 下行不停站通过，（运行至 × × 站投入载客，）凭车载信号 / 地面信号显示运行，做好乘客服务</td></tr>
<tr><td>调整车次（图定）</td><td>9</td><td>行车调度员：（司机）× × 站（上行 / 下行）× × 次列车［在 × × 站折返运行至 × × 站（上行 / 下行）］改开 × × 次，按时刻表动车
行车调度员：（车站）× × 站（上行 / 下行）× × 次改开 × × 次</td></tr>
<tr><td>改开图外列车</td><td>10</td><td>行车调度员：（司机）× × 站（上行 / 下行）× × 次列车［在 × × 站折返运行至 × × 站（上行 / 下行）］改开 × × 次，凭车载信号 / 地面信号显示动车，折返完毕后，车次号不变
行车调度员：（车站）× × 站（上行 / 下行）× × 次改开 × × 次</td></tr>
<tr><td>站前折返</td><td>11</td><td>行车调度员：（对司机 / 需站前折返车站）× × 站现采用站前折返</td></tr>
<tr><td>小交路运行</td><td>12</td><td>行车调度员：（车站）行车调度员现组织 × × 站至 × × 站小交路运行，× × 次（各次列车）在 × × 站上 / 下行清客，清客完毕后经 × × 线折返至 × × 站上 / 下行站台投入载客服务
行车调度员：（司机）行车调度员现组织 × × 站至 × × 站小交路运行，× × 次（各次列车）在 × × 站上 / 下行清客，清客完毕后经 × × 线折返至 × × 站上 / 下行站台投入载客服务，凭车载信号 / 地面信号显示动车（未通知改变驾驶模式按原驾驶模式执行，未通知更改车次执行原车次）</td></tr>
<tr><td>应急处理</td><td>越红灯信号机</td><td>13</td><td>行车调度员：（司机）× × 上行 / 下行（× × 至 × × 上行 / 下行）× × 次车，以 RM/NRM 模式（如有限速低于 25 km/h，则要求执行相应限速）越过 × × 上行 / 下行 × × 信号机红灯，恢复 × ×（驾驶模式）后报行车调度员</td></tr>
</table>

续表

类别		序号	标准用语
应急处理	屏蔽门故障	14	行车调度员：（司机）因 ×× 站（上行 / 下行）屏蔽门故障，现场为开启 / 关闭状态，各次列车司机进出站时加强瞭望，控制好速度，做好乘客广播（有限速要求时，及时通知司机）
	启动电话闭塞	15	行车调度员：（司机）因 ××（区间 / 信号设备）故障，×× 站至 ×× 站（上行 / 下行）采用电话闭塞法组织行车。各次列车司机进入电话闭塞法区域自行转换驾驶模式，驶出电话闭塞法区域恢复正常行车
	列车救援	16	（1）发布救援命令 行车调度员：（故障车）×× 站（上行 / 下行）×× 次现在救援，来车方向 ×× 站（上行 / 下行） 行车调度员：（救援车）因 ×× 站上 / 下行线（××km + ××m）列车故障救援，×× 站（上行 / 下行）线 ×× 次改开 ×××× 次连挂故障车，（凭车载信号显示运行至目标点为零后）RM 模式运行，连挂完毕后报行车调度员 （2）组织救援列车动车回段 / 场 1）不转线。行车调度员：（救援列车 / 车站）×× 站上行 / 下行 ×××× 次，凭地面信号显示，经 ×× 上行 / 下行线，经 ××，至出 / 入段 / 场线回段 / 场 2）需转线（先转线再回段）。行车调度员：（救援列车）×× 站上行 / 下行 ×××× 次，凭地面信号显示，经 ×× 渡线运行至 ×× 上行 / 下行线 / 站台，故障车 / 救援车对标换端，换端完毕报行车调度员 行车调度员：（车站）×× 站上行 / 下行 ×××× 次，凭地面信号显示，经 ×× 渡线运行至 ×× 上 / 下行线 / 站台 行车调度员：（救援列车 / 车站）×× 站上行 / 下行线 ×××× 次，凭地面信号显示，经 ×× 上行 / 下行线，经 ××，至出 / 入段 / 场线回段 / 场，沿途各站不停站不开门
信息通报	应急或故障信息	17	行车调度员：（司机 / 车站）因 ×× 站（区间）×× 次列车故障 / 应急突发事故……
	通知晚点信息	18	行车调度员：（司机）×× 站上行 / 下行 ×× 次，列车延误（晚点）×× 秒（分）

三、应急广播

运营列车非正常停车或停站时间超过 2 min、列车运行中发生设备故障、突发事件、临时运营调整等特殊情况时，司机应及时播放应急广播，并做好乘客服务工作。运营列车应急广播用语见表 5–2。

表 5–2　　运营列车应急广播用语

序号	按钮名称	广播内容	播放频率及要求
1	临时停车	尊敬的各位乘客，现在是临时停车，请您稍候，不要触动车上的设备，不要靠近车门，不便之处，敬请原谅	站内临时停车每 2 min 播放一次，区间临时停车每 1 min 播放一次
		尊敬的各位乘客，车门即将关闭，请不要扶靠车门，谨防夹伤	站内临时停车期间应打开客室车门，关门前播放两次
2	列车 / 设备故障持续停车	尊敬的各位乘客，由于列车 / 设备故障，现正在加紧抢修，请您耐心等候。不便之处，敬请原谅	每 2 min 播放一次
3	再次启动	各位乘客请注意，列车将再次启动，请站好、扶稳	启动前播放两次
4	部分屏蔽门打不开	各位乘客请注意，因部分屏蔽门不能自动打开，请乘客从开启的屏蔽门处下车，不便之处，敬请原谅	开门前播放两次
5	全部屏蔽门打不开	各位乘客请注意，因屏蔽门不能打开，请乘客自行操作屏蔽门把手，拉开屏蔽门下车，不便之处，敬请原谅	开门前播放两次
6	限速行车	各位乘客请注意，由于设备故障，现在实行限速行车，不便之处，敬请原谅	每 2 min 播放一次
7	停车不开门	各位乘客请注意，由于特殊原因，本次列车在本站不开门，请本站下车的乘客在下一站下车，不便之处，敬请原谅，多谢合作	停车时播放，每 2 min 播放一次
8	车门故障	各位乘客请注意，由于车门故障，为了您的安全，请不要靠近车门，多谢合作	列车在站启动后播放一次
9	列车故障在站清客	各位乘客请注意，由于设备故障，本次列车将退出服务，请全体乘客在本站下车，对给您带来的不便，我们深表歉意	连续播放直至清客完毕
10	退出服务	各位乘客请注意，由于运营需要，本次列车将退出服务，请全体乘客在本站 / 前方站下车，对给您带来的不便，我们深表歉意	区间接到清客通知预报一次；在站连续播放直至清客完毕
11	列车发生火灾	各位乘客请注意，由于列车发生火情，请大家保持冷静，取出座位下的灭火器进行灭火，工作人员马上到现场协助处理	连续播放
12	车站火灾	各位乘客请注意，由于车站发生火灾，请在该站下车的乘客到下一站下车，不便之处，敬请原谅	列车进站前 / 在站停车前播放一次
13	区间疏散	各位乘客请注意，因列车发生险情，请所有乘客不要惊慌，车门打开后按照工作人员指示通过疏散平台步行前往车站，请注意安全并帮助有困难的乘客	连续播放
14	错开车门	各位乘客请注意，因车门非正常打开，请勿靠近车门，如果有人跌落，请使用车厢内紧急报警按钮通知司机	播放两次

案例分析

当地时间2013年1月21日8时45分，奥地利首都维也纳一列轻轨列车与同一线路上的列车迎头相撞，两列轻轨列车相撞后车厢严重损毁，导致36人轻伤、5人重伤。

据初步调查，该线路因信号系统故障，切换为人工办理进路，发生正面冲突的原因存在以下可能：

1. 设备故障，人为操作

（1）人工排列错误进路，但未能及时发现并更改，导致列车进入敌对进路。

（2）司机精神不集中，未能发现错误进路。

（3）司机臆测行车，发现进路更改后未做出预想，没有及时报告，错失更改进路时机。

2. 错误指令，错失时机

人工办理进路后，原待令列车收到动车指令，司机收到错误指令后没有拒绝动车，而是违反安全规定继续运行。运行过程中又错失制动时机，导致未能及时避让，与同一线路的列车迎头相撞。

第二节　区间运行

城市轨道交通正线列车采用双线单方向运行模式，首、末班车必须严格按照列车运行图规定的时间运行，不得跳停，做到首班车不晚发、末班车不早发。

一、列车驾驶模式

城市轨道交通正线信号系统采用基于无线通信技术的移动闭塞制式列车自动控制系统，提供三个列车控制等级：连续控制模式（CBTC）、点式控制模式（ITC）和联锁控制模式（IXLC）。CBTC控制状态下，列车通过无线通信连续更新线路变量信息，可以实现最小为90 s的列车追踪间隔；ITC控制状态下，列车通过有源应答器以点式方式更新线路变量信息，可以实现最小为240 s的列车追踪间隔；IXLC控制状态下，通过信号机和道岔确保列车的行车间隔及行车安全，仅提供区间防护。

CBTC控制状态下可用驾驶模式为ATO、ATPM、DTRO模式，ITC控制状态下可用驾驶模式为ATO、ATPM模式，IXLC控制状态下可用驾驶模式为RM、NRM模式。

1. 正线运行驾驶模式

（1）ATO 模式

ATO 模式即列车自动驾驶模式，驾驶模式开关置于“ATO”位，司控器置于“0”位，按压 ATO 启动按钮大于 2 s 时，启动该模式。

此模式下，列车能够正常接收 ATP/ATO 信息，自动控制列车启动、加速、惰行、制动，控制列车在安全停车点和运营停车点定位停车，自动控制车门的开启与关闭（门控模式选择“A/A”）。列车司机只需要观察线路情况，观察列车 HMI 屏、TOD 屏、门全关闭指示灯显示，发现异常及时处理。

（2）ATPM 模式

ATPM 模式即 ATP 监督下的人工驾驶模式，驾驶模式开关置于“ATPM”位，司控器置于非“0”位时启动。

此模式下，司机在 ATP 的监督下使用司控器，根据 TOD 屏显示目标距离及最大速度平稳操纵列车运行。列车启动、加速、常用制动、开门等都由司机操作。ATP 设备实时监督列车速度：列车接近 ATP 限制速度时发出警告，提醒司机减速行驶；列车速度超过 ATP 限制速度时发出警告，如果司机不能及时减速到限制速度以下，ATP 将自动启动紧急制动，直到停车。

知识窗

IATP 模式

IATP 模式是点式 ATP 控制（轨旁信号设备防护）下的人工驾驶模式，系统通过安装在轨道上的有源应答器采集信号机、道岔位置等变量信息并发送给列车，列车车载 ATP 读取信息并更新列车移动授权，指示列车运行。

IATP 模式是 CBTC 系统的降级后备运营模式，CBTC 设备故障时自动转换。此模式下，车载 ATP 和轨旁联锁控制系统可用，列车由司机人工驾驶，凭开放的地面允许信号运行。

（3）RM 模式

RM 模式即限制人工驾驶模式，驾驶模式开关置于“RM”位时启动，主要作为列车在车辆段 / 停车场内的运行模式，以及联锁设备、轨旁 ATC 设备等信号设备故障情况下的降级运行模式。以 RM 模式运行的列车，根据行车调度员的口头命令运行。

RM 模式又可分为 RMF 模式和 RMR 模式。RMF 模式是在车载 ATP 保护下限速 25 km/h

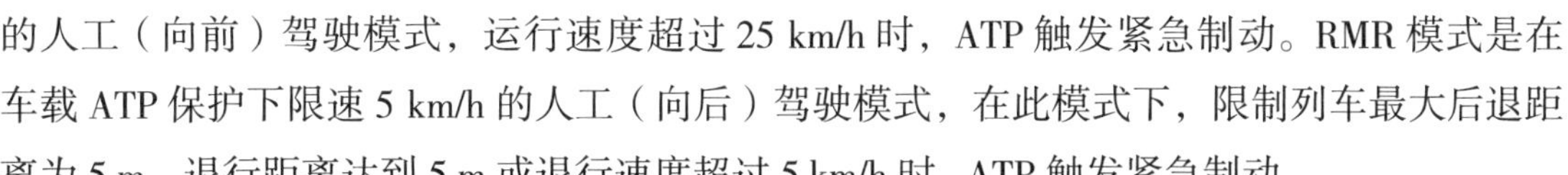

的人工（向前）驾驶模式，运行速度超过 25 km/h 时，ATP 触发紧急制动。RMR 模式是在车载 ATP 保护下限速 5 km/h 的人工（向后）驾驶模式，在此模式下，限制列车最大后退距离为 5 m，退行距离达到 5 m 或退行速度超过 5 km/h 时，ATP 触发紧急制动。

（4）NRM 模式

NRM 模式即非限制人工驾驶模式，列车信号设备故障时，驾驶模式开关置于“NRM”位，列车进入该模式。以 NRM 模式运行的列车，根据行车调度员的口头命令运行。

此模式下，车载 ATP/ATO 设备均失去功能，列车完全由司机控制运行，运行安全由行车调度员、车站值班员和司机人为保证。

（5）DTRO 模式

DTRO 模式即无人驾驶自动折返模式，在特定的折返站，驾驶模式开关置于“OFF”位，列车进入该模式。非 CBTC 模式下，DTRO 模式不可用。

停站时间结束，折返条件具备时，司机按压点亮的 DTRO 按钮选择该模式，出驾驶室按压端墙自动折返按钮，实现列车无人驾驶自动折返。列车自动进入折返线并停车，折返进路建立后，列车自动换端后启动，到发车站台停车并打开车门和屏蔽门。

2. 驾驶模式的建立

各驾驶模式的建立方式见表 5–3。

表 5–3　　各驾驶模式的建立方式

驾驶模式	建立方式			
	主控钥匙	方向手柄	主控手柄	按钮操作
ATO	接通	向前	“0”位	ATO 启动按钮点亮后按下
ATPM	接通	向前	不考虑	无
RMF	接通	向前	不考虑	RM 模式按钮点亮后按下
RMR	接通	向后	不考虑	无
NRM	接通	向前	不考虑	ATP 切除开关置于“切除”位
DTRO	断开	“0”位	“0”位	DTRO 按钮点亮后按下

3. 驾驶模式的转换

正常运营情况下，列车采用 ATO 模式驾驶。需转换驾驶模式时，除在规定位置操作外，从高到低转换时，必须得到行车调度员允许后方可进行操作。从低到高转换时，司机可视情况进行操作后，再及时报告行车调度员。

正线驾驶模式转换见表 5–4。

表 5–4　　正线驾驶模式转换

原驾驶模式	转换后驾驶模式			
	ATO	ATPM	RM	NRM
ATO	—	无论列车处于运行或停车状态，都随时可转换	正线：停车后人工转换 转换轨：速度低于 25 km/h 时可不停车转换	司机确认列车停车后，使用 ATP 切除开关切除 ATP
ATPM	列车运行（满足一定条件）或停车时可转换	—	正线：停车后人工转换 转换轨：速度低于 25 km/h 时可不停车转换	司机确认列车停车后，使用 ATP 切除开关切除 ATP
RM	—	列车获得定位并收到正确的移动授权后，自动转换	—	司机确认列车停车后，使用 ATP 切除开关切除 ATP
NRM	—	—	车载 ATP 可用时，列车停车后，司机将 ATP 切除开关恢复至 ATP 正常位	—

注：ATPM 模式转 ATO 模式的条件为当前轨道区段无停车点，所有车门关闭，主控手柄“0”位，方向开关“向前”。

列车在 ATO、ATPM 驾驶模式下因故实施了紧急制动后，若列车没有失去定位且能立即接收到 ATO、ATPM 可用信息时，列车可以 ATO、ATPM 模式继续运行。如果列车定位丢失，需降级 RM 或 NRM 模式缓解紧急制动，驾驶列车继续运行。车载信号设备恢复正常，且列车通过特定设备（如应答器）并重新定位成功后，方可转回 ATO、ATPM 驾驶模式。

二、正线行车凭证及运行限速

正线列车驾驶模式中，ATO、ATPM 模式为 CBTC 受控模式，IATP、RM、NRM 模式为非受控模式。

正线信号系统支持 CBTC 受控列车和非 CBTC 列车的安全混运。CBTC 受控列车与非 CBTC 列车混跑时，CBTC 受控列车按照车载信号行车，非 CBTC 列车按照地面信号行车。行车调度员应对非 CBTC 列车与前、后列车间的间隔进行严格控制，保证 CBTC 受控列车与非 CBTC 列车的间隔大于一个计轴区段，防止非通信障碍物的延伸影响 CBTC 受控列车的正常运营。

1. 正线行车凭证

信号模式保护情况下（CBTC），司机凭地面信号显示或车载信号显示动车，按运行时刻表和 DTI 显示的时间控制运行及停站时间。无信号模式保护情况下（非 CBTC），司机凭地面信号显示或行车调度员命令动车。

施行站间电话闭塞法行车时，行车凭证为路票，司机凭路票关门和发车手信号动车。开行救援列车、封锁区间开行列车、区间越红灯等其他情况时，行车凭证为行车调度员命令。使用引导信号时，行车凭证为红灯和黄灯，司机必须以 RM 模式限速通过。人工引导时，行车凭证为接车人员的引导手信号。各种情况下的行车凭证见表 5–5。

表 5–5　　各种情况下的行车凭证

行车组织方法	信号系统	门控模式开关	驾驶模式	行车凭证	备注
移动闭塞	CBTC 模式	自动 / 手动	ATO /ATPM	车载信号	信号机灭灯，门控模式可选自动或手动位
点式固定闭塞	ITC 模式	手动	IATP	地面信号和车载信号	需要手动开关门
联锁固定闭塞法	只具备联锁基本功能	手动	NRM/RM	地面信号	需要手动开关车门及屏蔽门
电话闭塞法	信号联锁系统故障	手动	NRM	路票	确认路票、车站人员的发车手信号
区间封锁	以调试 / 施工要求为准			调度命令	封锁区间内按调试 / 施工负责人指示动车

列车运行中遇行车凭证错误时，司机必须及时报行车调度员并按其命令执行。

2. 运行限速

采用 ATO 模式运行时，列车按系统设定速度自动运行。采用 ATPM、RM 或 NRM 模式时，除需要得到行车调度员的授权外，司机还必须严格遵守行车组织规则的相关速度规定，严格遵循线路允许速度及运营速度的限制操纵列车。列车运行速度限制见表 5–6。

表 5–6　　列车运行速度限制

项目	列车运行速度限制（km/h）					说明
	ATO	ATPM	IATP	RM	NRM	
正线运行	设定速度	比照推荐速度降低 5 km/h	比照推荐速度降低 5 km/h	25	40	NRM 模式有监控员时为 60 km/h
通过车站	设定速度	比照推荐速度降低 5 km/h	比照推荐速度降低 5 km/h	25	40	列车头部进入车站至尾部离开车站的速度
进站停车	设定速度	比照推荐速度降低 5 km/h	比照推荐速度降低 5 km/h	25	50	列车头部进入车站尾部端墙的速度
推进运行	—	—	—	25	30	救援列车在前端牵引运行时为 40 km/h

续表

项目	列车运行速度限制（km/h）					说明
	ATO	ATPM	IATP	RM	NRM	
退行	—	—	—	RMR 模式限速 5 km/h	25	因故从区间退回发车站时
引导信号	—	—	—	25	25	
进入终点站	设定速度	30	30	25	25	
辅助线运行	设定速度	25	25	25	25	经过渡线、存车线、折返线、联络线等

区间运行时，应保持实际速度低于推荐速度 5 km/h 运行，在限速牌前按规定要求降速，严禁超速。采用 ATPM、RM 或 NRM 模式驾驶时，必须时刻保持按压警惕按钮。

三、正线运行呼唤应答

正线运行中，司机必须执行呼唤应答制度，正线区间运行呼唤应答标准用语见表 5–7。

表 5–7　　正线区间运行呼唤应答标准用语

呼唤时机	呼唤用语	备注
信号机前	绿灯 / 黄灯好	手指口呼
	红灯停车	
	信号灭灯	
区间道岔前，确认进路正确后	道岔直股 / 侧股	能清晰确认道岔位置时手指口呼
引导信号开放	引导信号好	手指口呼
300 m 标	300 m	口呼
200 m 标	200 m	口呼
站名标	××站到了，进站注意	口呼
接近站台中部	对标停车	口呼
列车在出站约 200 m 后	注意报站	确认无报站或报站错误后，立即人工介入进行报站
列车出站听到广播后	下一站××站	手指口呼
终点站清客完毕	清客好了	确认站台“好了”信号关门
尽头线停车	三车、二车、一车、停车	控制速度 8 km/h、5 km/h、3 km/h、0

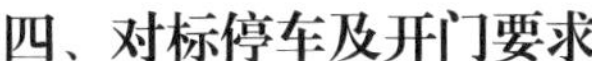

四、对标停车及开门要求

列车进站过程中，司机要注意严格控制速度，人工驾驶制动时采取“早拉少拉”的原则，避免因空转、滑行、超速或松开警惕按钮而产生紧急制动。列车在站台区域发生紧急制动时，司机应确认线路上无物品侵限，站台屏蔽门无开启，确认进路安全后迅速人工对标停车开门上下客。如果因屏蔽门开启或者信号、进路有问题触发紧急制动时，报告行车调度员同意后，司机确认线路安全，降级驾驶模式后对标停车，并询问行车调度员恢复驾驶模式地点。

1. 对标停车

进站对标停车时停车精度要求控制在 ±0.5 m 内。列车对标停稳后，司机确认信号屏有相应侧开门使能图标（门允许信号）时，按规定开屏蔽门、车门。

（1）停车欠标

列车头部已进入站线、存车线、折返线，但 ATO/ATPM 模式停车后未到停车标（不含紧急制动停车）时，司机确认前方进路无异常后，降级改用 ATPM 或 RM（必须得到行车调度员授权）模式，动车对标停车成功后报告行车调度员。

（2）停车冲标

如果列车停车位置在停车标 ±0.5 m 以上，且越出站台一个车门以下时，司机必须首先确认车门处于关闭状态，并做好客室广播告知乘客后，改用 RM 模式二次启动列车退行重新对标。列车停在停车标 ±0.5 m 范围内后，报告行车调度员。

如果列车停车位置越出站台一个车门且不超过一节车时，司机报告行车调度员，获得同意后切除 ATP，以 NRM 模式退行对标。

如果列车停车位置越出站台一节车及以上时，司机报告行车调度员，按其指令执行。如果行车调度员指令不开门继续运行到下一站，司机必须做好人工广播安抚乘客。

2. 开门要求

列车停车对标正确时，若信号屏无相应侧开门使能图标，司机必须确认列车停在停车标 ±0.5 m 以内，方可使用强制开门（门允许）按钮，给出门允许信号后，再按规定执行开门作业。如果按压强制开门按钮仍然没有门允许信号，则应立即切除本端 ATP，再按压强制开门按钮，开启站台侧的车门。

人工开门时，应该执行“先确认、后呼唤、跨半步、再开门”的开门作业程序，防止误操作造成错开车门。

五、人工驾驶作业要求

1. 人工驾驶列车动车前或运行中，应按压主控手柄警惕按钮，严禁松开，松开警惕按钮超过 3 s 则列车产生紧急制动。如果瞬间松开，未产生紧急制动时，司机应迅速按压警惕按钮并将主控手柄拉到制动位，然后再推向牵引区或制动区操纵。

2. 牵引启动时，司机应将主控手柄向“牵引”位由小向大缓慢移动，做到启动平缓，严禁快推，防止因牵引力突然过大而导致空转。当列车接近规定的速度时，应将主控手柄回零，中断继续牵引，列车惰行。一般在列车实际速度低于推荐速度 5 km/h 时，将主控手柄回零。

3. 在大坡道上启动时，司机应将主控手柄推至 70% ~ 90% 的牵引位。列车缓解后，如果出现后溜时，只需保持主控手柄在 70% ~ 90% 牵引位将列车启动。将主控手柄推至 100% 牵引位时易造成空转，并不能有效启动列车。

4. 实施常用制动时，司机应将主控手柄在制动区平滑调节，做到早拉少拉，控制好速度，原则上不得使用快速制动对标停车（特殊情况除外）。

5. 列车在坡度较大的坡道（≥ 30‰）上制动，接近停车时，司机应采用快速制动停车，防止由于制动力不足导致列车后溜。

6. 司机应适当掌握牵引和制动区“0”点位置，牵引或制动时，做到平稳操纵，防止因主控手柄在“0”位改变列车工况时带来的冲动。

7. 采用人工模式驾驶列车停稳后，司机应将主控手柄拉到快速制动位，松开警惕按钮。

案例分析

2014 年 5 月 2 日，当地时间 15 时 30 分左右，韩国首尔 2 号线地铁的一趟列车撞上其前方一趟因机械故障停靠在站内的列车，致使 238 名乘客受伤。

事故原因分析：

调查结果显示，事故的直接原因是信号机故障。事故发生时，车站的 2 台信号机显示了错误的信号，本应亮起指示“停止”的红灯，可是却错误地显示了指示“前进”的绿灯，使得列车自动停止装置没有运行，导致列车追尾。

同时此次事故还暴露出一些其他问题：

1. 司机对进路瞭望不彻底，ATO 模式行车时过分依赖信号设备。

2. 列车进站前应该自动减速，司机在系统未制动的情况下没有立即进行人工干预。

3. 行车调度员未将前方故障列车停留于站内的信息告知后方来车。

4. 司机、车站值班站长及行车调度员对突发事件的应急处置不够迅速妥当，导致乘客强行打开车门进入区间逃生。

第三节　站 台 作 业

列车到站对标停车后，司机应按规定程序执行站台作业，站台作业包括开门操作、立岗监控、关门确认、动车确认等环节。

一、开门操作

1. 车门、屏蔽门联动

车载信号系统投入使用后，列车只有在 CBTC 级别下，才能实现车门与屏蔽门的联动功能。

（1）自动开门

ATO 驾驶模式下，列车的门控模式开关 DMCS 置于 A/M（自动开 / 手动关）位。列车进站对标停稳，停车位置在规定范围之内时，车门、屏蔽门自动打开。

司机通过车辆显示屏确认站台侧车门开启图标点亮，将主控手柄拉至快速制动位置后，开站台侧驾驶室侧门，到站台手指确认车门、屏蔽门正常开启。

车门及屏蔽门不能自动打开时，司机需要按压站台侧强制开门按钮，释放门使能信号（释放门使能信号成功时，站台侧开门灯亮，信号屏显示站台侧门允许图标），再按站台侧的开门按钮，对应的车门及屏蔽门联动打开。

（2）手动开门

人工驾驶模式（ATPM、RM、NRM）下，列车的门控模式开关 DMCS 置于 M/M（手动开 / 手动关）位。列车进站对标停稳，停车位置在规定范围之内时，司机必须严格执行“先确认、后呼唤、跨半步、再开门”的开门作业程序。

1）手指确认门允许指示灯亮、信号屏有相应侧开门信号显示。

2）上站台，确认站台无异常情况，跨半步（一脚在站台、一脚在车上）。

3）口呼“开左 / 右门”，按压开门按钮（开左门时用左手，开右门时用右手），并确认车门动作。

4）进驾驶室，手指确认站台侧车门全部打开。

5）上站台，手指确认屏蔽门、车门已打开。

2. 车门、屏蔽门不能联动

非 CBTC 级别或故障情况下，车门与屏蔽门不能联动，需将屏蔽门就地控制盘（PSL）上的钥匙打到“就地”位开关屏蔽门。屏蔽门开关完毕后，再将 PSL 上的钥匙打回“自动”位。

开门作业时，按照“先开屏蔽门，再开客室门”的原则，并严格执行“先确认、后呼唤、跨半步、再开门”的开门作业程序。

（1）手指确认门允许指示灯亮，信号屏有相应侧开门信号显示。

（2）上站台，确认站台无异常情况，操作 PSL 开门，确认屏蔽门开始动作，再跨半步（一脚在站台，一脚在车上）。

（3）口呼“开左 / 右门”，按压开门按钮（开左门时用左手，开右门时用右手），并确认车门动作。

（4）进驾驶室，手指确认车辆屏站台侧车门全部打开。

（5）上站台，手指确认屏蔽门、车门已打开。

二、立岗监控

确认屏蔽门、车门开启后，司机到站台，站在“立岗作业区”，面向站台方向，监控乘客上下车。

司机在站台立岗时，应保持立正姿势，两手自然下垂，双眼平视前方，监控乘客上下车情况。不得背手、将手插进口袋或放在物品上，不得有打哈欠、伸懒腰等影响司机形象的动作。

三、关门确认

司机在站台确认乘客上下车完毕，并满足时刻表停站时间要求时，可进行关门作业。

1. 车门、屏蔽门联动

（1）DTI 显示 15 s 以下时，口呼“关门”。

（2）跨半步（一脚在站台，一脚在车上）。

（3）根据上下客情况，口呼“关左 / 右门”，按压关门按钮（关左门时用左手，关右门时用右手），并确认车门、屏蔽门动作。

（4）手指 PSL“门关闭且锁紧”指示灯，确认灯亮、屏蔽门关。

（5）手指确认站台安全、车门与屏蔽门之间空隙安全，无夹人夹物。

（6）进驾驶室，手指确认车门全部关闭，关闭驾驶室侧门。

2. 车门、屏蔽门不能联动

（1）DTI 显示 15 s 以下时，口呼“关门”。

（2）跨半步（一脚在站台，一脚在车上）。

（3）根据上下客情况，操作 PSL 关门，并确认屏蔽门开始动作；按压关门按钮，并确认车门动作。

（4）手指 PSL“门关闭且锁紧”指示灯，确认灯亮、屏蔽门关，将 PSL 操作允许转至“OFF”位并拔出钥匙。

（5）手指确认站台安全，车门与屏蔽门之间空隙安全，无夹人夹物。

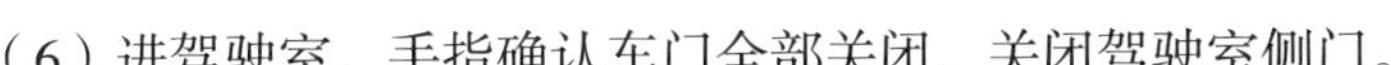

（6）进驾驶室，手指确认车门全部关闭，关闭驾驶室侧门。

关门时，还需确认信号已开放或行车凭证正确后再按压关门按钮。终点站关门前，还需确认车站清客“好了”手信号。如遇扣点，应先关屏蔽门，待扣点结束后，再按压关门按钮。遇大客流时，司机关门前应及时与车站工作人员做好联控。按压关门按钮后，司机应密切监视车门关闭情况，发现异常必须及时重开车门。

四、动车确认

确认车门、屏蔽门关闭，确认站台安全、空隙安全后，司机进入驾驶室凭信号显示动车。

1. CBTC 模式

手指确认车门屏蔽门显示正常，信号机显示正确（信号机灭灯），列车收到推荐速度码，道岔位置正确，前方进路安全，并确认本机班人员均处于安全位置后，启动列车。

2. 非 CBTC 模式

手指确认车门屏蔽门显示正常，信号机显示正确（绿灯、黄灯、引导信号好），列车收到推荐速度码，道岔位置正确，前方进路安全，并确认本机班人员均处于安全位置后，启动列车。

五、站台作业注意事项

1. 站台作业呼唤应答标准

站台作业呼唤应答用语见表 5–8。

表 5–8　站台作业呼唤应答用语

呼唤时机		呼唤用语	备注
列车到站停稳	确认车辆显示屏显示车门打开（黄色）后将主控手柄拉至快速制动位	车门开启、FB 位	车门 / 屏蔽门自动开启，车门 / 屏蔽门联动时
站台作业	面向 PSL 站立，确认“门关闭锁紧指示灯”灭	屏蔽门、车门开启（或双门开启）	确认后站台立岗
关门作业	观察乘客上下车情况，按照运营时刻表开车点、DTI 显示倒数 15 s 以下时，跨半步，眼观空隙，掌握关门时机，按压关门按钮关门	关左 / 右门	按压前需眼观关门按钮，防止误操作
站台确认	确认车体侧墙灯灭，操纵台站台侧“门关好”灯亮，PSL“门关闭锁紧”指示灯亮，车门屏蔽门之间无夹人夹物	车门关好，屏蔽门关好（或双门关闭），空隙安全	手指口呼
	观测 CCTV 屏，确认站台安全后进入驾驶室	站台安全	手指口呼

续表

呼唤时机		呼唤用语	备注
确认动车条件	确认出站信号机显示正常	信号灭灯（CBTC 模式），绿灯好（ITC 模式）	手指口呼
	确认道岔开通正确	道岔直股 / 侧股	手指口呼
	确认信号屏上有推荐速度	推荐速度有	手指口呼
动车	确认 ATO 按钮灯闪烁后按压 ATO 按钮动车	ATO 发车	手指口呼
	动车后确认 ATO 按钮常亮	ATO 灯亮	手指口呼

注：1. 人工开门（车门 / 屏蔽门不能自动开启，但车门 / 屏蔽门联动）时，列车对标停稳后，司机先将主控手柄拉至快速制动位，手指口呼“FB 位”后，再执行“先确认、后呼唤、跨半步、再开门”的作业程序，按压开门按钮，口呼“开左 / 右门”。开门后，到站台面向 PSL 站立，确认“门关闭锁紧指示灯”灭。上车确认车辆屏站台侧车门开启，手指口呼“车门屏蔽门开启”后，到站台立岗。其余步骤与自动开门时相同。

2. 如果列车没有收到推荐速度，应确认车门、屏蔽门是否关好。如果两门均关好，但仍无推荐速度，则按照信号设备故障处理规定执行。

3. 采用 ATPM 驾驶模式时，无须按压、确认 ATO。

2. 开关门作业操作标准

各种模式下的开关门作业操作见表 5-9。

表 5-9　各种模式下的开关门作业操作

联动情况	驾驶模式	门控模式	行车凭证	手指口呼	操作
车门屏蔽门联动	ATO、ATPM	A/M	推荐速度	推荐速度有	自动开门、手动关门
	IATP	A/M	地面信号机显示	绿灯好	
车门屏蔽门不联动	ATO、ATPM	M/M	推荐速度	推荐速度有	先开屏蔽门再开车门，先关屏蔽门再关车门
	IATP、NRM	M/M	地面信号机显示	绿灯好	
	RM	M/M	地面信号机显示	绿灯好	按压门允许按钮后，再进行开关门作业

3. 站台作业注意事项

（1）列车接近车站时，司机应密切观察站台及其轨道区安全情况。当屏蔽门处于隔离或故障状态时，应及早鸣笛示警。列车进站过程中，司机应密切留意站台区域安全情况，按行车调度员指令限速进站，遇危及列车运行或人身安全的情况时，立即采取紧急措施。

（2）列车在站台停稳后，司机应首先确认列车停在规定的范围之内。司机跨出、入站台开关屏蔽门、车门时，应注意列车与站台间的空隙，避免摔伤。司机按压开 / 关门按钮时，必须保持 2 s 以上，按压开 / 关门按钮后要特别留意屏蔽门开闭情况和空隙安全情况，

观察确认时间不能低于 3 s。

（3）列车延误情况下站台作业时，司机须正确掌握关门时机，屏蔽门和车门打开后至少保持 8 s，乘客上下完毕后（终点站必须确认站台清客“好了”信号）再关门，确保站台作业安全，严禁盲目赶点。

（4）某个屏蔽门不能关闭时，再按一次关门按钮，如果屏蔽门仍不能关闭，应及时使用站台 PSL 人工关闭屏蔽门。如果仍然不能关闭或屏蔽门全部关闭但 PSL“门关好”指示灯不亮时，要求站台人员给“好了”信号，由站台工作人员旁路屏蔽门或报告行车调度员申请 RM 模式出站。

屏蔽门不能关闭时，正线作业司机与车站联控用语见表 5–10。

表 5–10　　正线作业司机与车站联控用语

呼叫时机	司机	车站工作人员
屏蔽门关闭后 PSL“门关好”绿灯不亮，有屏蔽门没关好	“×× 站上 / 下行方向，现在屏蔽门故障，请确认站台安全后，给‘好了’信号” 确认“好了”信号后，呼“站台安全”	确认站台安全，车门与屏蔽门间无夹人夹物，具备动车条件后，向司机显示“好了”信号
在车站扣车（车控室通知在本站多停 ××s），距关门 10 s 左右时	“×× 车控室，列车准备关门”	复诵，做好乘客广播，防止乘客抢上抢下
屏蔽门未关、未开	复诵车站呼叫，马上开 / 关屏蔽门并告知车站正在处理，请给予确认开 / 关状态 若屏蔽门故障，按规定处理	“上 / 下行方向司机，屏蔽门没开 / 关”
两端终点站早点关门	听到车站呼叫，确认时刻表，重新开门，正点关门动车	“上 / 下行方向司机，现在没到发车时间，×× 次是 ×× 分 ×× 秒开”
两端终点站超时未关门	听到车站呼叫，确认时刻表，确认信号开放正确，关门动车 如果信号未开放，报行车调度员和车站，按行车调度员指令动车	“上 / 下行方向司机现在已到发车时间，×× 次开车时间为 ×× 分 ×× 秒”
两端起始站关门	“站台，上 / 下行方向列车准备关门”	“上 / 下行方向列车准备关门”

（5）列车采用 NRM 模式驾驶时，向行车调度员落实通知车站派人到站台 PSL 处协助司机开关屏蔽门，如果列车上有监控司机，则由监控司机负责协助司机开关屏蔽门。

（6）若 ATO 灯不亮但有速度码，司机先试灯确认 ATO 灯正常（ATO 灯故障时，向行车调度员申请 ATPM 模式驾驶），再到 PSL 上确认“门关好”指示灯状态。如果 PSL 上“门关好”指示灯亮，则按车载 ATO 故障的有关规定执行。

（7）遇乘客投诉时，司机可用“我们正在处理”或“请咨询车站工作人员”等用语，转交车站处理，同时通过对讲机请求车站协助，避免延误时间。一般问题必须在 15 s 内解决，司机按正常程序开车，并报行车调度员。

（8）站台作业时，应注意列车与站台间的空隙，避免摔伤。两人乘务组值乘时，按监控员 / 学员、司机的顺序走出驾驶室。关闭车门后，按司机、监控员 / 学员的顺序进入驾驶室，最后进入驾驶室的人员负责关闭驾驶室侧门。

（9）动车时，注意监听车载台及手持台，如果有紧急信息，立即停车确认。

案例分析

2015 年 3 月 15 日 15：15，某地铁站上行 318 次（01030）司机报列车出站后产生紧急制动，无法缓解。行车调度员在 ATS 上观察到该站上行屏蔽门报警，尝试确认不成功。

处理经过：

行车调度员通知车站处理上行屏蔽门故障，同时调整前后各次列车多停扣车，发布延误信息。

车站站务员赶到现场，发现车门夹了一把雨伞，且由于列车已经启动一段距离，车门与屏蔽门无法对齐，无法解锁处理。行车调度员询问后确认列车目前动车不安全，通知 318 次司机前往客室处理，同时通知车辆段出备用车。

318 次司机手动打开车门，取出雨伞后，回复行车调度员。15：26，318 次从车站发车，行车调度员逐步恢复前后各次列车正常运行。

事故原因：

1. 当时雨伞是被车门所夹，列车驾驶室 HMI 屏及“门关好”指示灯均显示正常。

2. 列车产生紧急制动原因是被夹伞骨裸露在车体外方，被屏蔽门光带探测器检测到，认为空隙间有夹人夹物，从而对列车施加紧急制动（屏蔽门光带探测器具备在动车后的 7 s 保护时间，在 7 s 内，若探测到空隙间有异物，将对列车施加制动）。

3. 司机站台作业流于形式化，关门后未对空隙状态及 PSL 状态进行二次确认。

第四节　折 返 作 业

司机驾驶列车在终点站 / 中间站对标停稳后，通过折返线 / 渡线将列车从上 / 下行线运行到下 / 上行线的作业，称为折返作业。城市轨道交通列车可采用折返线折返和渡线折返，具有站后折返、站前折返、自动换端三种折返方式。

城市轨道交通运营线路的始、终点都设有专用折返线，可通过道岔位置与进路排列使列车隔开，形成安全进路的态势，即使后续列车或折返列车冒进信号时，也不会产生正面冲突或侧向冲突，可以保证折返作业安全，有利于提高折返时的运行能力。中间站渡线一般只用于临时列车折返，不固定安排列车折返。

一、站后折返

站后折返是列车在中间站或终点站利用站后折返线进行的折返作业，如图 5-1 所示。站后折返时，折返作业与接发车采用平行作业，不存在交叉进路，有利于提高线路通过能力，是城市轨道交通通常采用的折返方式。

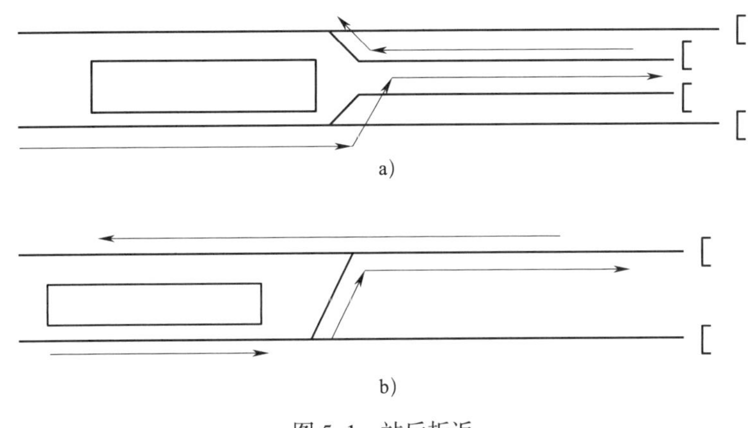

图 5-1 站后折返

列车终点站折返作业一般均采用站后折返方式，可分为终点站 DTRO 无人驾驶折返、终点站 ATO 自动折返作业、终点站 RM/NRM 人工折返作业等模式。

1. 终点站 DTRO 无人驾驶折返作业

CBTC 系统正常情况下，列车在终点站 / 折返站对标停车开门后，显示屏显示折返信息和折返图标，DTRO 折返灯亮，列车可进行 DTRO 无人驾驶折返作业。

（1）接车司机

接车司机应在所接列车到达车站前 1 min，在站台尾端墙屏蔽门端门处立岗接车，并确认发车时间。

列车进站时，接车司机应认真监视列车状态，发现诸如异响、异味、火花、冒烟之类的情况，应立即报告到达司机及行车调度员，并协助处理。当列车头部越过车站端墙后，接车司机应使用对讲机与到达司机做好联控。

列车停稳后，接车司机应经客室门由通道门进入尾端驾驶室（如果为非运营列车，则打开端墙门由尾端驾驶室侧门进入），使用驾驶室对讲与到达司机联控。待到达司机播放清客广播后，接车司机应与其进行交接，共同确认车辆状态。

交接完毕，接车司机确认客室无乘客滞留后，锁好通道门，打开驾驶室照明，检查确认车辆状态：设备是否良好，旁路开关铅封状态是否破封，空气压缩机开关是否置“自动”位，门控模式是否正确，预选驾驶模式是否正确，各开关位置是否正确，ATP是否正常。

交接完毕后至列车进入到折返线期间，接车司机应确认时刻表，填写司机报单，并监控列车运行，若发现异常（信号突变、道岔位置不正确或出现车辆故障），应及时采取紧急停车措施终止自动折返程序。待列车在折返线停稳后，观察列车到位情况，确认信号机显示及道岔位置是否正确。

列车折返至发车站台停稳后，接车司机开主控钥匙，激活操纵台，按规定执行开门作业、站台作业，待乘客上车后按照时刻表发车。

（2）到达司机

到达司机在列车到达终点站前将携带物品放进备品包。列车进站时，确认接车司机到位情况。

列车到达终点站后，到达司机对标停车，确认车门、屏蔽门开启后，播放清客广播并打开操纵端通道门。确认接车司机上车后，到达司机使用驾驶室对讲与接车司机进行交接。交接内容主要包括列车车次、技术状态、行车调度员命令、线路状况及安全事项，如果驾驶室对讲故障，或交接内容较多影响折返时间时，可采用对讲机进行交接。

到达司机到站台立岗，确认站台清客“好了”手信号后关屏蔽门、车门，确认站台安全后返回驾驶室。确认“门关好”灯亮后，按压操纵台自动折返按钮，并确认按钮按下，确认自动折返图标。将主控手柄与方向手柄回“0”位，关闭操纵台主控钥匙并拔出。

到达司机锁闭驾驶室侧门下车，按压站台端墙无人自动折返箱上DTRO按钮，确认自动折返指示灯由“绿闪”变为“常绿”，待列车自动启动进入折返线，出清站台后，进换乘室休息。

终点站DTRO无人驾驶折返作业联控用语见表5-11。

表5-11　终点站DTRO无人驾驶折返作业联控用语

呼唤应答时机	到达司机	接车司机	备注
列车到站台中部	②接车司机已就位收到	①接车司机已就位	接车司机提前1 min到指定位置立岗接车
列车停稳开门后	②接车司机已上车收到	①接车司机已上车	
关门后操作折返按钮	①自动折返，折返图标有	②自动折返收到	手指口呼
确认动车条件，关主控钥匙	①“门关好”灯亮，道岔直股/侧股，推荐速度有，关主控钥匙	②“门关好”灯亮，道岔直股/侧股，推荐速度有，主控钥匙关	手指口呼

续表

呼唤应答时机	到达司机	接车司机	备注
下车操作 DTRO 钥匙	绿灯亮，列车启动	列车启动	确认列车启动折返后，到达司机方可离开
折返完毕	—	头灯开	—

2. 终点站 ATO 自动折返作业

CBTC 系统正常情况下，列车在终点站 / 折返站对标停车开门后，信号显示屏显示折返信息和折返图标，但操作 DTRO 折返模式 10 s 后列车仍未启动，或由于其他原因造成列车不能以 DTRO 模式折返时，司机以 ATO 模式驾驶列车进行折返作业。

（1）接车司机

接车司机在指定时间、指定位置立岗接车。列车进站过程中，接车司机应监视列车状态，与到达司机做好联控，待列车停稳后，进入列车尾端驾驶室，并通知到达司机。

待到达司机播放清客广播后，接车司机与其进行交接，交接完毕后，检查确认车辆状态。交接完毕后至列车进入折返线期间，接车司机应监控列车运行。列车在折返线停稳后，接车司机应观察列车到位情况，确认信号机显示及道岔位置正确后，通知到达司机关主控钥匙。

接车司机接到到达司机关闭主控钥匙的通知后复诵，30 s 后，开主控钥匙，激活操纵台，确认道岔、进路、信号后，以 ATO 模式驾驶列车到发车站台停稳，按规定执行开门作业、站台作业。接到到达司机下车的通知后，接车司机应使用对讲机回复，待乘客上车后按照时刻表发车。

（2）到达司机

列车进站时，到达司机应确认接车司机到位情况。列车到达终点站后，到达司机对标停车，确认车门、屏蔽门开启后，播放清客广播并打开操纵端通道门，确认接车司机上车后，使用驾驶室对讲与接车司机进行交接。

到达司机到站台立岗，确认站台清客“好了”手信号后关屏蔽门、车门，确认站台安全后返回驾驶室，确认道岔位置正确、折返进路安全、信号机开放、停车点取消后，以 ATO 模式驾驶列车进入折返轨停车点停车，与接车司机联控确认停车到位。到达司机将主控手柄与方向手柄回“0”位，得到接车司机通知后，关闭并拔出操纵台主控钥匙，通知接车司机。

待列车驶出折返线在发车站台停稳后，到达司机带齐行车备品，锁闭通道门、驾驶室侧门下车，进换乘室休息。

终点站 ATO 自动折返作业联控用语见表 5-12。

表 5–12　终点站 ATO 自动折返作业联控用语

呼唤应答时机	到达司机	接车司机	备注
列车到站台中部	②接车司机已就位收到	①接车司机已就位	接车司机提前 1 min 到指定位置立岗接车
列车停稳开门后	②接车司机已上车收到	①接车司机已上车	—
折返线确认动车条件	②“门关好”灯亮，道岔直股 / 侧股，推荐速度有	①“门关好”灯亮，道岔直股 / 侧股，推荐速度有	手指口呼
关主控钥匙	②主控钥匙关	①关主控钥匙 ③主控钥匙关	手指口呼
发车站台停车开门	①到达司机已下车，通道门已锁好	②到达司机已下车，通道门已锁好收到	—

3. 终点站 RM/NRM 人工折返作业

列车在终点站 / 折返站对标停车开门后，未显示折返信息和折返图标，操作 ATO 折返模式 10 s 后列车仍未启动，或由于其他原因造成列车不能以 DTRO 模式、ATO 模式完成折返作业时，即视为折返失败，到达司机应立即报告行车调度员申请 RM/NRM 人工折返。

人工折返时，到达司机将折返失败情况与接车司机交接，接车司机应立即解锁就近客室门，中断自动折返程序。到达司机确认站台清客完毕手信号及进路防护信号机开放后，关闭车门、屏蔽门，确认站台作业安全、信号及道岔位置正确、进路安全后进行 RM/NRM 人工折返。

（1）接车司机

接车司机在指定时间、指定位置立岗接车，列车停稳后，进入列车尾端驾驶室，并通知到达司机。

接到到达司机回应后，接车司机确认客室无乘客滞留，锁好通道门，打开驾驶室照明，检查设备是否良好，旁路开关铅封状态是否破封，空气压缩机开关是否置“自动”位，门控模式是否正确，预选驾驶模式是否正确，各开关位置是否正确，ATP 是否正常。

列车进入折返线停稳后，接车司机与到达司机共同确认列车到位情况，进行列车交接。交接完毕，接车司机确认信号机显示及道岔位置正确后，通知到达司机关主控钥匙，接到到达司机“已关钥匙，可以换端”的通知后复诵。30 s 后，接车司机开主控钥匙，激活本端操纵台，确认信号、进路、道岔后，以 RM/NRM 模式动车出折返线。

列车折返至发车站台停稳后，接车司机按规定执行站台作业，接到“到达司机已下车，通道门已锁好”的通知后，使用对讲机回复，待乘客上车后按照时刻表发车。

（2）到达司机

列车到站停稳后，到达司机确认车门、屏蔽门开启，播放广播清客并打开通道门确认。

到达司机接到接车司机上车通知后，确认清客“好了”信号，关闭车门，确认动车条件后，驾驶列车以 RM/NRM 模式运行进入折返线。在折返线停车点对标停稳，确认列车停车到位后，到达司机将主控手柄与方向手柄回“0”位，与接车司机进行交接，交接完毕，收到接车司机通知后关主控钥匙，并告知接车司机。

到达司机关闭列车头灯、驾驶室照明，带齐行车备品，锁好通道门，待列车驶出折返线在发车站台停稳后下车，用手持台告知接车司机后，入换乘室休息。

终点站 RM/NRM 人工折返作业联控用语见表 5–13。

表 5–13　　终点站 RM/NRM 人工折返作业联控用语

呼唤应答时机	到达司机	接车司机	备注
列车到站台中部	②接车司机已就位收到	①接车司机已就位	接车司机提前 1min 到指定位置立岗接车
列车停稳开门后	②接车司机已上车收到	①接车司机已上车	—
折返线交接完毕后	①已关钥匙，可以换端	②已关钥匙，可以换端收到	—
折返到另一站台停稳后	①到达司机已下车，通道门已锁好	②到达司机已下车，通道门已锁好收到	到达司机确认通道门完全锁好

二、站前折返

站前折返是城市轨道交通列车在中间站或终点站利用站前渡线进行的折返作业，如图 5–2 所示。站前折返方式由于渡线设置在站前，可以在一定程度上减少建设投资，缩短列车行走距离，但列车折返占用区间线路，影响后续列车闭塞，降低线路运能并造成站台乘客上下车秩序混乱，城市轨道交通行车组织中较少采用。

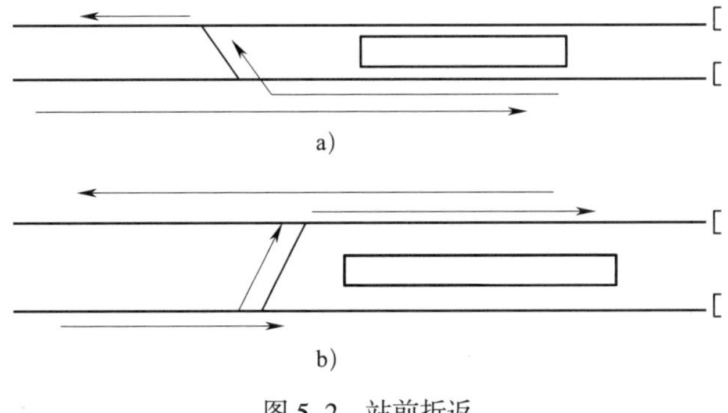

图 5–2　站前折返

1. 到达司机

到达司机接到行车调度员站前折返命令后复诵，终止列车自动广播并进行人工广播，经站前渡线运行至车站另一侧站台对标停车。

到达司机确认屏蔽门开启后，打开车门，若车门、屏蔽门不能联动开启，通知接车司机协助开屏蔽门。

到达司机按压操纵台上的换端按钮，关闭主控钥匙，与接车司机进行交接，交接完毕，通知接车司机“已关钥匙，可以换端”。

换端完毕后，到达司机关闭列车头灯、驾驶室照明，带齐行车备品，锁好通道门，从客室下车，通知接车司机“到达司机已下车，通道门已锁好”。

2. 接车司机

接车司机在收到站前折返的通知后，立即前往站台头端，接到达司机通知协助开启屏蔽门时，操作 PSL，开启站台屏蔽门。

接车司机上车后，打开驾驶室照明，检查设备是否良好，旁路开关铅封状态是否破封，空气压缩机开关是否置“自动”位，门控模式是否正确，预选驾驶模式是否正确，各开关位置是否正确，ATP 是否正常，使用驾驶室对讲与到达司机进行交接。交接完毕，接车司机确认到达司机“已关钥匙，可以换端”的通知，30 s 后激活本端操纵台。

接车司机按规定执行站台作业，接到“到达司机已下车，通道门已锁好”通知，使用对讲机回复，待乘客上车后按照时刻表发车。

三、自动换端

列车自动换端适用于无折返轨的自动折返情景，如图 5-3 所示。

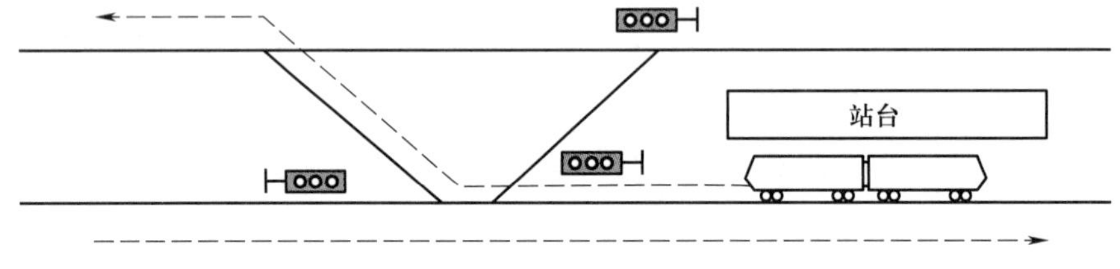

图 5-3　自动换端

列车进入站台对标停车，HMI 屏显示自动换端可用信息（驾驶室换端图标绿色），操纵台自动折返 / 换端按钮灯闪烁，表示换端可以被启用。

列车停稳打开车门、屏蔽门后，司机按下自动折返 / 换端按钮，HMI 屏驾驶室换端图标变为黄色。司机将司控器方向手柄、主控手柄移至“0”位后，锁闭并拔出主控钥匙，到另一端驾驶室。

司机在另一端驾驶室确认自动折返 / 换端按钮灯熄灭，HMI 屏折返图标消失后，即具备

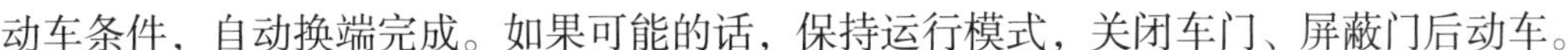

动车条件，自动换端完成。如果可能的话，保持运行模式，关闭车门、屏蔽门后动车。

四、列车折返作业注意事项

1. 接车司机应在所接列车到达车站前，在相应站台指定位置立岗接车，严格遵守交接制度，做到“有车必有人”。

2. 列车到达终点站后，到达司机立即打开客室门，等待站台工作人员清客完毕给出“好了”手势后，及时关闭客室门，在接车司机上车，确认对前方道岔开通位置、防护信号、进路安全后，进行手指呼唤，将列车驶入折返线。

3. 折返作业过程中，司机必须思想集中，不间断瞭望，禁止在列车折返等待过程中离开工作岗位。手动驾驶列车时，严禁超速行驶，必须按规定位置停车。

4. 列车在规定地点换端，司机必须确认后端已经关闭主控钥匙，方可激活本端。转换驾驶室控制权后，接车司机应与到达司机交接，接车司机在确认前方信号机、道岔、进路安全并手指呼唤后，进行折返。

5. 如果需要临时变更进路，操作人员必须在折返作业开始前通知有关列车司机，得到司机复诵确认后，方可办理变更进路的操作。变更进路完成后，操作人员应通知列车司机，准许列车恢复或开始进行折返作业。若列车已启动，不得擅自变更该列车的运行进路。

6. 列车折返动车前，必须确认所有人员均在安全区域。司机应按操作规程与安全规定驾驶列车，按运行图要求及时折返列车。

7. 列车停稳后，方能上下车。折返至发车站台后，接班司机必须确认到达司机下车后，才能关车门、屏蔽门。

案例分析

2013 年 8 月 10 日 13 点 50 分，某地地铁 1 号线 307 次列车在 ×××× 站下行站台开关门作业完毕后，司机未确认出站信号机状态，便盲目按压发车按钮并擅自动车，导致列车越过 X1306 信号机（红灯）后产生紧急制动。

经调查确认：

1. 肇事列车 307 次列车抵达 ×××× 站下行站台时，出站信号机 X1306 为红灯且一直未开放。

2. 监控员 B 一直在接听个人电话，未进行站台作业，未监控确认出站信号。

3. 司机 A 单人在多个车站进行站台作业，于 ×××× 站下行台站单人进行站台作业开关门后，精神不集中，作业标准流于形式，未确认信号状态便盲目动车，结果导致列车冒进 X1306 信号机（红灯）。

第五节 其他正线作业

一、压道车的开行

目前，城市轨道交通运输一般夜间（0：00 至 6：00）停止运营，而且线路、信号等设备日常维护保养作业也多在夜间进行。在较长时间没有列车经过时，隧道结构、区间设备、区间作业遗留物等条件是否发生了变化，是否满足列车运行的条件要求都成了未知数。

压道车或称轧道车，是指经过超过 2 h 没有列车经过的轨道区域的第一列车。城市轨道交通开行压道车的目的是在每天正式投入运营服务前，检验区间轨道、站台区域、设备设施等是否满足运营条件及安全行车的要求，减少因设备、异物侵限等问题对列车运行产生影响，确保全天正常运营，实现安全、准点、快捷、舒适的服务承诺。

压道车一般采用信号保护模式 ATPM 限速运行（也有一些线路采用 ATO 模式高速压道），如遇信号故障，无法执行信号保护模式时，降级以 NRM 模式压道。压道车降级后不再升级，后续线路以 NRM 模式限速 40 km/h 完成压道。

压道车司机在车辆段或停车场库内整备作业完毕，具备动车条件后，压道车凭发车股道出库地面信号机显示出车辆段 / 停车场，按车辆段 / 停车场信号楼值班员联控发车，鸣笛动车后，库内限速 5 km/h 运行。列车车头出库后，在库门外平交道口前必须一度停车，确认无人无障碍物后，鸣笛动车限速 15 km/h 运行，列车尾部出清库门后，以 RM 模式限制速度（限速 25 km/h）运行。

压道及限速要求：压道车各站不停站通过，限速 40 km/h 运行，如有规定限速在 40 km/h 以下的，按规定执行。在站台区域，当推荐速度降为零时，司机不按推荐速度停车，需将速度控制在紧急制动速度以下继续推进运行。

二、NRM 模式驾驶列车

1. NRM 模式驾驶列车的条件

必须满足以下两个条件时，司机方可采用 NRM 模式驾驶列车：

（1）车载 ATP 故障或调试需要。

（2）得到行车调度员的命令。

2. 行车凭证及运行速度要求

司机接到 NRM 模式驾驶命令后，应及时向行车调度员咨询线路限速情况并记录于司机日志上，确认核实后，按照速度要求驾驶列车。

采用 NRM 模式驾驶列车运行时，列车按地面信号机的信号显示或行车调度员命令行

车。司机在车站凭运营时刻表、发车计时器 DTI 显示和出站信号机显示关屏蔽门、车门动车。

列车在区间发生车载 ATP 故障，经行车调度员同意，司机采用 NRM 模式驾驶时，必须严格按照规定速度运行（列车运行速度限制见表 5–6），各区间限速牌前按规定要求降速，严禁超速。列车运行至车站，司机确认监控员上车后按规定行车。

3. NRM 模式驾驶注意事项

司机要熟练掌握线路纵断面情况、线路标志、限速要求和信号的显示要求，严格按照有关规定驾驶列车，做好人工广播报站，严格执行呼唤应答制度，严禁监控员或学员操纵列车，严禁盲目赶点，严禁超速驾驶。

采用 NRM 模式驾驶列车时，必须有一名监控员协助司机瞭望，并执行呼唤应答制度，与司机共同确认进路、信号、道岔，并协助开关屏蔽门。监控员要认真履行岗位职责，及时提醒司机控制运行速度，发现违章操作时必须及时制止。如果司机未改正且危及行车安全时，监控员要及时采取紧急停车措施，并将情况报告行车调度员。

司机动车前，必须明确有关行车组织，认真确认并严格按照行车凭证或行车调度员命令的要求行车，严格确认“动车五要素”（即进路、信号、道岔、车门、制动），发现异常时及时采取紧急措施。

列车运行中要集中精力，加强瞭望，注意列车状态，确认线路状况。发现异常或遇到危及人身安全或行车安全的情况时，要立即采取紧急停车措施，并报告行车调度员。遇设备故障或其他非正常情况时，要沉着冷静、果断处理，尽快恢复列车的运行。

列车通过道岔、信号机时，必须适当降低速度，认真确认后再按规定速度运行。在信号较难确认的车站、区间、小曲线半径，应提前降低速度，确保采取紧急措施后可以使列车在瞭望距离内停稳，直至能清楚确认信号显示状态后，按规定的速度运行。

列车在站对标停稳，司机确认操纵台上的制动不缓解指示红灯亮后，才能按规定作业程序打开站台侧的车门，严格执行“先确认、后呼唤、跨半步、再开门”的开、关门作业程序，严禁简化作业程序。在开、关车门期间，严禁触摸操纵台上的按钮开关，防止误动按钮造成错开车门。开门后，司机应立岗站在站台与列车之间处（一脚站在车上，另一脚站在站台上，面向列车尾部），发生列车前溜、后溜情况时，应及时按压操纵台上的停放制动按钮停车。司机应确认出站信号机开放正确后再关车门，按规定掌握停站时分及乘客上下车情况。

列车在车站扣车待令时，司机应将车门打开，在得到取消待令的通知、确认进路信号显示正确后按规定关门，并执行“谁扣停谁放行”的原则（即行车调度员扣车由行车调度员同意取消，车站扣车由车站同意取消）。

知识窗

监 控 员

监控员是指具备屏蔽门操作资格，协助司机开关屏蔽门和瞭望进路，负有监控列车运行速度及安全责任的人员。列车发生故障需要司机在列车尾部驾驶室推进驾驶，或以 NRM 模式推进运行时，监控员负责在列车前端瞭望，监控列车运行速度及运行安全，与司机随时保持联系，控制列车的运行及停车。

监控员添乘程序：

1. 行车调度员向有关车站、司机发布命令。
2. 监控员向司机报命令号，经司机核对无误后，监控员添乘驾驶室。

三、中间站小交路折返作业

中间站小交路折返作业是指因发生特殊情况致使线路不能满足列车正常运作条件，或行车调度员根据客流情况调整列车运行方式而使用的在中间车站站台完成折返的一种行车方式。中间站小交路折返作业分为站前折返和站后折返两种方式。

司机接到行车调度员指示，操纵列车在中间站小交路折返时，应认真复诵行车调度员命令，并在司机日志上记录相关调度命令内容。同时，司机应要求行车调度员通知车站，协助开屏蔽门，从接到折返命令起终止自动广播，每站对标停车开门后，做好人工广播，告知乘客本次列车的终点站。

1. 站后折返作业

列车到达暂定终点站对标停稳，确认屏蔽门开启后，司机打开车门，做好清客广播。确认所有乘客下车完毕后，司机凭车站工作人员清客完毕“好了”手信号并确认出站信号机显示正确后，关闭屏蔽门、车门。

司机驾驶列车以 RM 模式进入折返线，并注意控制好列车速度，在折返线信号机前停车，与行车调度员共同确认列车是否停车够位，够位后关闭主控钥匙换端。换端后，经行车调度员授权，并确认信号、道岔、进路后，司机开主控钥匙，以当前模式驾驶列车到车站另一侧站台对标停车。

司机打开屏蔽门和车门，到站台立岗，监视乘客上下车。司机必须严格按照行车调度员指示的发车时间或改开车次的时刻表发车，确认信号机显示正确，确认乘客上车完毕后，关屏蔽门和车门。

2. 站前折返作业

列车经由渡线，到达暂定终点站另一侧站台对标停稳后，司机通知车站打开屏蔽门。确认屏蔽门开启后，司机打开车门，做好清客广播，确认所有乘客下车完毕后，凭车站工作人员清客完毕“好了”手信号，并确认出站信号机显示正确后，关闭屏蔽门、车门。

司机按压自动折返按钮（采用RM驾驶模式或信号切除时，按压驾驶室换端按钮），关闭主控钥匙，门选择开关回“0”位，关列车头灯、驾驶室照明，带齐行车备品，锁好通道门换端。换端后，司机进入驾驶室，开驾驶室照明，检查驾驶室设备、各开关位置，打开头灯，开主控钥匙，设置好广播（如果到达端按压了换端按钮，关门时要将门选择开关打至相应侧），按站台正常情况下的作业程序操作，按时刻表发车或执行行车调度员命令。

3. 小交路折返注意事项

（1）执行小交路折返需要在车站清客时，司机按规定开门后做好清客广播，凭车站工作人员清客完毕“好了”手信号关门，确认客室无乘客遗留后，按行车调度员指示动车，防止误带乘客进入非运营线路。

（2）在进入折返线、存车线、渡线时，司机必须认真确认信号、道岔位置是否正确，严格控制好速度，发现异常时，及时停车。

（3）在折返线、存车线需要对标停车时，司机应严格按三、二、一车距进行对标，防止超速冒进信号。

（4）列车在折返线、存车线停稳后，司机与行车调度员共同确认列车是否够位，够位后关钥匙并换端，同时根据行车调度员指示执行，在动车前确认信号、道岔开放后，再开主控钥匙，防止列车冒进信号。

四、列车推进运行

列车推进运行是指单列车运行时，司机在列车尾部驾驶室操纵列车向前运行，或多列车连挂后运行时，动力列车（推进列车）向非动力列车（被推进列车）方向推送的运行方式。

1. 列车推进运行的时机及行车凭证

推进运行一般用于运营列车故障时，将故障列车移动至指定位置，保证其余列车的正常运行作业。

推进运行需要切除ATP并采用NRM模式运行，列车将失去信号保护。列车推进运行必须得到行车调度员的命令，根据行车调度员命令确定适用的行车凭证。

2. 列车推进运行注意事项

列车推进运行时，应由胜任人员（引导员）在列车前端驾驶室引导。无人引导时，原则上不得推进运行。难以辨认信号时或引导员与司机无法随时联系时，禁止列车推进运行。

单列车后端推进时，引导员在前进方向头端驾驶室负责确认前方进路并指挥动车，司机必须与引导员不间断联系，并听从其指挥。多列车连挂推进时，推进列车（动力列车）司机在后列车前端驾驶室（运行方向）驾驶，被推进列车（非动力列车）司机负责进行引导，确认前方进路、指挥动车，并应保持与动力列车司机的不间断联系，确保行车安全。

被推进列车的驾驶台激活后，运行中如果不按下主控手柄的警惕按钮，则会有报警声，但不会产生制动。

在坡度不小于 30 ‰的下坡道推进运行时，司机应注意列车的运行安全，禁止在该坡道上停车（被迫停车除外）。

救援车推进故障车回车辆段 / 停车场时，故障车司机应提前联系信号楼值班员并确认进路，原则上，在出入段 / 场线不得停车。

五、列车反向运行、退行

1. 列车反方向运行

列车运行进路分为上、下行方向运行，如果违反常规运行方向（在上行线开行下行方向列车，或在下行线开行上行方向列车），且在前进方向的头端驾驶的称为反方向运行。

反向运行要求信号系统设有反向运行的速度码，并在部分线路设有“换上至下”和“换下至上”的轨道电路。

（1）运行模式

凡在具有反向 ATP 的计轴区段，正常运行的列车均可以反向运行，列车反向运行前必须得到行车调度员的命令。

CBTC 模式下，行车凭证为车载信号的指示，地面信号机为灭灯状态，可采用 ATO/ATPM 模式驾驶列车。ITC 模式下，行车凭证为地面信号机的显示，可采用 ATO/ATPM 模式驾驶列车。联锁控制模式时，行车凭证为地面信号机的显示，只能采用 RM 模式驾驶列车。

（2）注意事项

司机接到反方向运行的命令时，要复诵并记录在司机日志上。司机应与行车调度员共同确认运行区间及方向，共同确认前方车站是否有车站工作人员协助打开屏蔽门，并要求安排监控员上车。

列车反向运行时在各站自动停车，不能通过，且没有跳停功能，停站时分由司机掌握。遇 ATP 轨旁设备故障时，行车调度员应通知司机以 RM 模式运行。

在反向 ATP 故障或未投入使用的情况下，除降级运营时组织单线双方向运行或开行救援列车外，载客列车原则上不能反方向运行。除救援列车外，严禁对向列车进入同一区间。

2. 列车退行

在非正常情况下，当列车因故越过车站停车位置必须退回停车窗内，或列车从区间返回发车站时的运行方式为退行，可以后退或牵引运行。

列车因故在站间停车，需要退行回车站时，司机必须报告行车调度员，听从行车调度员的指挥，确保行车安全。得到命令并换端后，司机应与行车调度员认真确认、核对退行方向、停车线路及其他安全注意事项，然后动车退行。

ATS 正常使用时，由行车调度员确认列车后方区间（相对原运行方向）无其他列车占用，将原正向信号机关闭，并人工开放后退进路方向的信号机，通知车站和司机退行的安排。当 ATS 不能正常使用时，无法判断进路是否存在，行车调度员应确认列车后方区间（相对原运行方向）无其他列车占用，并通知车站和司机退行的安排。

如果退行列车已全部出清站台区，原则上行车调度员通知司机换端退行；如果退行列车仍有部分车厢停在站台区，行车调度员通知车站后，可指令司机不换端退行。

列车退行时，司机原则上采用 ATPM 模式驾驶（如果需要采用 RM 或 NRM 模式驾驶，必须经行车调度员同意），车站需引导接车，原车次不变。退行进入车站前，车站接车人员应于进站站台端墙处显示人工引导信号（停车手信号），列车在讲站站台端墙外必须一度停车，确认引导信号正确方可进站。

退行列车到达车站后，司机通知车站开启屏蔽门后，再开车门。司机应及时向行车调度员报告，并根据行车调度员的命令处理。

六、列车越站

行车工作中，因车辆、设备故障，以及发生事故、客流突变等原因造成运行晚点或特殊原因需要时，准许列车到站时不停车通过。

列车越站要得到行车调度员的口头命令，司机及车站人员接到行车调度员关于列车越站的指令后，应马上向乘客发布列车不停站信息。列车进站时，司机应注意显示屏上是否有跳停图标，防止因为系统故障或疏忽发生越站事故。

图定首、末班车及乘客无返程条件的列车，不得越站通过。载客列车在换乘站不得越站通过。列车与后续列车间隔超过 5 min 时，原则上不组织越站。原则上不准两列及以上同方向的列车在同一车站连续越站通过。同一载客列车不得连续在两个及以上车站越站通过。人工语音广播故障的列车原则上不办理载客越站。采取越站的行车调整方式时，优先采用空车越站，组织空车越站时，不允许三列及以上列车在同一车站连续越站通过。

1. 始发站空载列车越站

到达司机向接车司机交接越站调度命令、折返驾驶模式、越站驾驶模式。折返作业时，列车在折返线停车后，接车司机将门选择开关置于“0”位，将门控模式开关置于“M/M（手

动开 / 手动关）”位，将驾驶模式转换至行车调度员指定的模式。司机确认动车条件满足后，动车越站。

2. 载客列车越站

载客列车采用驾驶模式越站时，司机在被越车站的前一站关门后、开车前，将门控模式开关置于“M/M（手动开 / 手动关）”位，切换到人工广播模式，人工广播完毕，再将广播模式切换到自动模式。

载客列车采用 ATPM 驾驶模式越站时，司机在被越车站的前一站关门后开车前，将门选择开关置于“0”位，将门控模式开关置于“M/M（手动开 / 手动关）”位，切换到人工广播模式，进行人工广播，人工广播完毕，再将广播模式切换到自动模式。越站时，列车限速 40 km/h 通过车站。

载客列车采用 ATPM 以下的低级别驾驶模式越站时，司机在被越车站的前一站关门后、开车前，将门选择开关置于“0”位，将门控模式开关置于“M/M（手动开 / 手动关）”位，将驾驶模式转到行车调度员指定的模式开车，同时进行人工广播。

越站结束后，司机按照行车调度员要求设置驾驶模式，并按照驾驶模式设置对应的门选择位置、门控模式。

越站作业时，如在站台驾驶模式不可用，司机应及时开车进入区间，确认模式可用再转模式，越站结束，即可根据行车调度员要求，并确认模式可用后转换或恢复驾驶模式。

如果行车调度员在 ATS 上设置越站，操纵台显示屏将显示越站图标，且下一站站名变更为越站后的下一站站名。此时，司机如果未接到行车调度员越站命令，应及时向行车调度员询问，确认越站图标显示。

越站列车人工广播的频次、时机、内容按表 5–2 要求执行。空载列车在中间站越站时，不进行人工广播，其他作业按照载客列车越站进行操作。

七、备用列车

1. 列车非正常退出服务转备用

列车因故必须在中间站退出服务后进入就近车站存车线，或到终点站入车辆段 / 停车场转备用时，司机应按行车调度员的指示做好退出服务相关工作：列车进站对标停稳，按规定开门后做好清客广播，确认站台清客完毕，收到“好了”手信号后按规定关门。

退出服务列车到终点站入车辆段 / 停车场转备用时，司机向行车调度员明确运行目的地、车站站名后，凭行车调度员命令及进路信号、车载信号驾驶列车进入存车线或入段 / 场线。在进入存车线或入段 / 场线前，司机必须检查客室情况，防止将乘客带到存车线或车辆段 / 停车场。

退出服务列车折返前，必须将门控模式开关打到“M/M（手动开 / 手动关）”位，防止

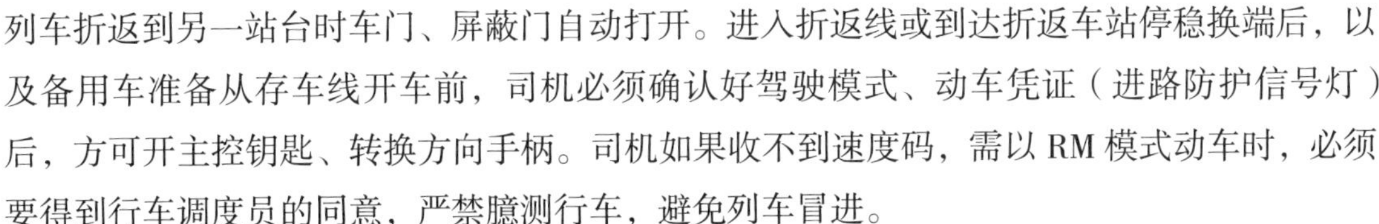

列车折返到另一站台时车门、屏蔽门自动打开。进入折返线或到达折返车站停稳换端后，以及备用车准备从存车线开车前，司机必须确认好驾驶模式、动车凭证（进路防护信号灯）后，方可开主控钥匙、转换方向手柄。司机如果收不到速度码，需以 RM 模式动车时，必须要得到行车调度员的同意，严禁臆测行车，避免列车冒进。

退出服务列车进入正线存车线 / 折返线转备用或临时停放时，司机必须关闭头灯、本端驾驶室照明等负载后换端，然后到达另一端驾驶室施加停放制动，关闭照明设施、关空调，将方向手柄、主控手柄回“0”位，锁好驾驶室侧门。司机在进出存车线或折返线前，必须和车站及行车调度员联系，并按规定穿荧光服，做好个人防护，人员从线路出清后，及时报行车调度员。

2. 备用列车投入运营服务

司机得到行车调度员通知后，按规定进入折返线 / 存车线上车。进入驾驶室后及时报告行车调度员，前往后端确认通道门锁闭良好后，再与行车调度员核对开车车次和发车时间，按行车调度员的指令将列车驾驶至车站，开门投入正常运营服务。

在 CBTC 模式下动车前，司机应先打开主控钥匙，闭合高速断路器，缓解停放制动，待列车收到速度码后，确认驾驶室内各指示灯和显示屏显示正常。在非 CBTC 模式下动车前，司机需要确认信号开放、进路正确后，打开主控钥匙，闭合高速断路器，缓解停放制动，确认驾驶室内各指示灯和显示屏显示正常。

司机在进出存车线或折返线轨行区前，必须与车站及行车调度员联系，得到允许后，按规定穿好荧光服，做好个人防护，确保人身安全。人员从线路出清后，司机应及时报行车调度员。

案例分析

2014 年 5 月 3 日，某车辆段试车线上执行新型闸瓦装车后的磨合任务。9 时 59 分，当司机 A 在列车后端 Tc2 车司机室驾驶列车由北向南推进运行时（司机 B 负责在 Tc1 车司机室瞭望进路），列车以 31 km/h 的速度撞上试车线南端车挡，Tc1 车及 M1 车 1 位转向架脱轨，冲出车辆段围栏。

事故原因分析：

司机 A 驾驶列车时，违章采用后端推进的方式，违章超速（限速 5 km/h，实际时速达到 31 km/h），在列车撞上车挡时才采取制动措施，是造成本次事故的主要原因。

司机 B 事发时负责前端瞭望，未尽到瞭望线路情况及采取制动措施的责任，在列车撞上车挡前未采取制动措施，是造成本次事故的次要原因。

事故也反映出该车辆段试车线内停车标识设置不规范，没有设置速度控制标识。试车线内车挡安装位置过于接近限制区围栏，车挡设计不符合相关标准的要求。

思考与练习

1. 简述城市轨道交通列车正线作业的基本规则。
2. 城市轨道交通列车正线应急广播包括哪些内容？
3. 城市轨道交通列车驾驶模式有哪些？
4. 城市轨道交通列车正线运行的行车凭证有哪些？
5. 简述城市轨道交通列车正线运行限速要求。
6. 简述城市轨道交通列车正线运行呼唤应答用语标准及要求。
7. 简述城市轨道交通列车对标停车的要求。
8. 列车在站对标不准如何处理？
9. 简述门控模式开关 DCMS 置于 M/M 位时的开门作业流程。
10. 人工驾驶列车有哪些基本要求？
11. 简述动车前必须确认的基本内容及要求。
12. 什么是压道车？开行压道车的目的是什么？
13. 列车推进运行时，应注意哪些事项？
14. 载客列车越站时，司机应如何操作？
15. 列车非正常退出服务时，司机应如何操作？

第六章　非正常情况行车组织与突发事件应急处理

学习目标：

- 掌握城市轨道交通列车非正常情况行车组织流程及标准。
- 掌握城市轨道交通列车突发事件应急处理流程及标准。
- 掌握城市轨道交通列车救援流程及标准。
- 掌握城市轨道交通列车电话闭塞行车组织流程及标准。

城市轨道交通系统是一个复杂庞大的系统，其部门众多、工种庞杂，各种设备要求紧密衔接、高效配合、合理组织，具有站间距离小、车次密度高、运营不间断、运行间隔小、停站时间短、乘车人流密度大等一系列特点。当列车运行条件和自然条件良好、设备正常时，列车运行控制系统能够保证列车安全、准时、高效地完成运输任务。当上述条件不能满足，出现各种原因导致的列车晚点与突发事件等问题时，都会对列车正点和安全运行造成严重影响，甚至发生严重的安全事故。

列车司机必须掌握非正常行车及突发事件的处理原则及方法，能够快速、冷静、规范、准确地应对各种问题，最大限度保证任何情况下的行车安全。

第一节　非正常情况行车组织

一、非正常情况行车组织基本概念

非正常情况行车组织是相对于正常情况行车组织而言的。由于设备故障、火灾、接触网停电或恶劣天气等原因，不能继续采用正常情况行车组织方法组织轨道交通行车时，就要进行非正常情况行车组织。常见的非正常情况包括列车晚点、正线接触网停电、车辆故障、信号设备故障、恶劣天气、自动广播系统故障、应急升弓等。

城市轨道交通由于采用较先进的设备，自动化程度较高，正常情况行车组织作业主要是利用先进设备监控列车运行。然而，由于先进的设备平时很少遇到故障情况，一旦出现故障，则考验各级行车人员的事故处理能力及应变能力。因此，为加强员工对非正常情况的处理能力，城市轨道交通系统非常重视非正常情况行车组织。

非正常情况行车的处理原则如下：

1. 车辆设备故障时，司机应在第一时间了解判明故障，及时处理并报行车调度员。如需到客室处理故障时，司机离开驾驶室前应报行车调度员，得到同意后再到客室处理。

2. 其他设备情况影响列车运行时，司机应立即报告行车调度员，听从行车调度员指挥，列车在区间应尽量维持进站，在车站应及时打开屏蔽门、车门。必要时，司机可要求车站协助。在非正常情况下，司机要保持沉着冷静，按照操作流程处理，防止事态进一步扩大。

二、列车晚点

列车在运用过程中，由于车辆故障、运缓、作业延误或客运组织问题等造成列车出现大幅度晚点，不能确保列车按照运行计划正点始发和正点到达时，相关人员应牢固树立“以乘客为本”的思想，加强运输组织和客运组织，积极恢复正点。

晚点时行车组织的重点是放弃原有的列车运行计划，通过调整沿线列车的运行时间、运行速度和停站时间等，逐步恢复列车运行的正常秩序，尽快将在线运行列车的间隔调整均匀。为了尽量使列车恢复和接近运行图规定的要求，一般可采取加速运行、压缩停站时间、加快列车折返速度、越站运行、组织反方向运行等方法。

行车调度员应正确判断列车晚点的原因、程度、发生地点，以及堆积列车数量，确定前行和后续列车的站间运行时间和停站时间，随时调整运行参数，编制临时运行图。此时，车站乘客信息系统应向乘客通告车站所处状态和列车运行情况。同时，工作人员可通过执行相关的票务模式，利用闸机限制乘客进入站台，甚至利用关闭扶梯控制站台乘客人数。不论什么原因造成列车晚点时，司机都应在安全的前提下积极恢复正点。

三、正线接触网停电

列车在运行过程中会遇到接触网停断电的非正常情况，一般包括列车在站内接触网停电、列车在区间发生接触网停电、列车在区间发生接触网停电被迫停车三种情况。

1. 列车在站内接触网停电

列车在站内接触网停电时，司机作业内容如下：

（1）列车停稳后，立即打开屏蔽门、车门。

（2）立即报告行车调度员、车站。

（3）降弓，施加停车制动，做好乘客广播。

（4）按行车调度员的指示执行。

（5）若停电时间超过 30 min，向行车调度员建议清客并关闭蓄电池，在驾驶室待令。

（6）如需清客，按车站清客程序执行。

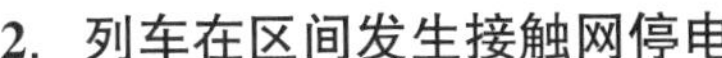

2. 列车在区间发生接触网停电

列车在区间发生接触网停电时，司机作业内容如下：

（1）维持列车惰行，并立即报告行车调度员。

（2）广播安抚乘客，并尽量驾驶列车进站对标停车。

（3）列车在站内对标停车后，立即打开屏蔽门、车门，并按照列车在站内接触网停电进行处理。

3. 列车在区间发生接触网停电被迫停车

列车在区间发生接触网停电被迫停车时，司机作业内容如下：

（1）立即报告行车调度员。

（2）降弓，施加停车制动，广播安抚乘客。

（3）按行车调度员的指示执行。

（4）若需疏散，打开疏散端的逃生门，等待车站人员到达现场，配合车站人员进行疏散，严格按照行车调度员指示执行，疏散完毕后，分断蓄电池，留在驾驶室待令。

四、车辆故障

城市轨道交通车辆在运行过程中不可避免会出现车辆故障，出现车辆故障时，可根据故障导致的不同后果进行不同的处理。

1. 故障车辆能进行牵引运行

如果故障车辆能进行牵引运行，则组织空车返回车辆段，动用备用车辆或车辆段出车替换故障车辆。

2. 故障车辆不能运行

如果故障车辆不能运行，则必须组织救援。使用运行中的列车组织救援时，必须先清客，然后用空车进行救援。

组织救援时，行车调度员应发布开行救援列车的调度命令，故障车辆在区间时还需封锁区间，救援列车必须凭调度命令进入封锁区间。在开通封锁线路前，不得将救援列车以外的其他列车开往该线路。已申请救援的列车不准动车，司机应打开被救援列车两端的标志灯作为防护信号，并注意与救援列车的连接。

必须注意的是，若组织事故救援过程中防护不当，会使救援列车与被救援列车相撞，再次发生事故。因此，城市轨道交通系统在组织事故救援时应特别注意安全防护。救援时，救援列车应在距被救援列车规定距离处停车，听候救援负责人的指挥进行连挂作业。被救援列车在连挂之前还可以继续排除故障，但不能启动列车，如果故障排除，司机可以报告行车调度员解除救援。

3. 自动广播系统故障

自动广播系统在日常行车中具有极大的作用，它代表城市轨道交通相关部门及人员向乘客通告列车运行及安全、向导等服务信息。

如果自动广播系统出现故障，必须及时采取其他方法向乘客进行广播告知：

（1）司机以人工手动广播方式向乘客报站，并报告行车调度员。

（2）如果人工手动广播也发生故障，可使用驾驶室对客室广播进行报站。如果驾驶室对客室广播也发生故障，报告行车调度员，按其指示执行。

4. 应急升弓程序

当蓄电池电源电压为 DC84 V 且主风缸风压低于 450 kPa（4.5 bar）时，应使用初次升弓按钮进行应急升弓，使用初次升弓按钮升弓前需报信号楼值班员。

应急升弓作业程序如下：

（1）合蓄电池，合主控钥匙，激活列车。

（2）按压初次升弓按钮。

（3）当风压打到一定压力时，按压升弓按钮。

（4）受电弓升起，恢复初次升弓按钮，确认网压表网压正常，确认车辆屏总体栏空压机动作，当风压打到一定压力时，受电弓自动升起。

五、信号设备故障

先进的城市轨道交通系统正线使用 ATC 列车自动控制系统信号设备，由控制中心和车站两级控制。正线有道岔并配有联锁设备的车站称为联锁站，一般使用计算机联锁。正线不设进 / 出站防护信号机；计算机联锁设备具有追踪进路功能，列车每出清一段轨道电路，进路自动逐段解锁。

信号设备故障主要包括 ATS 设备故障、ATP 设备故障、车载 ATO 设备故障等。对于信号设备故障，由于轨道交通系统采用的信号设备不同，处理的具体规定也不同，但基本原理是相同的。下面以国内采用计算机联锁系统及列车自动控制 ATC 系统的城市轨道交通系统为例，介绍信号设备故障时的行车组织方法。

1. ATS 设备发生故障

ATS 系统的主要功能是控制和监督列车运行。ATS 系统按列车运行图指挥列车运行，办理列车进路，控制列车发车时刻，及时收集和记录列车运行信息，跟踪列车位置、车次，绘制列车运行图，并在控制中心的模拟盘上显示列车信息及线路情况。

当 ATS 系统发生故障时，其功能不能实现，需要行车调度员人工控制所管辖线路上的信号机和道岔，办理列车进路，组织和指挥列车运行。如果出现中央 ATS 系统无显示等故障，则行车调度员应与联锁站办理监控权切换，实现站控。

联锁站值班员首先应确认联锁工作站上的RTU（指ATS的远程终端控制单元）降级模式是否激活。当RTU降级模式被激活时，联锁站不用操作，列车可自动排列进路及自动取消运营停车点。当RTU降级模式未被激活且行车调度员没有特殊指示时，车站必须在工作站上按正常情况人工排列进路及人工取消运营停车点。

由于ATS系统故障会影响列车位置、车次等列车运行信息的记录，并进一步影响列车运行图的自动绘制。故ATS设备故障时，司机应人工输入车次号，换向运行时，输入新的车次。各规定报点站向行车调度员报告各次列车的到开点，行车调度员以报点站为单位，人工铺画列车运行图。

如果车站在工作站上取消不了运营停车点时，应立即报告行车调度员，由行车调度员转告司机，用RM模式驾驶列车出站，直至转换为ATO模式。当车站取消运营停车点而客车目标速度仍为零，且超过规定时间时，车站值班员应报告行车调度员，由行车调度员指示司机开车。当ATO驾驶恢复正常时，司机应向行车调度员报告。

2. ATP设备发生故障

ATP子系统是确保列车安全的关键设备，由轨旁地面设备和车载设备组成。列车通过地面ATP设备接收运行于该区段的目标速度，保证列车在不超过此目标速度情况下运行，从而保证后续列车与先行列车之间的安全距离。对联锁车站，ATP系统确保只有一条进路有效。ATP系统同时还监督列车车门和车站站台屏蔽门的开启和关闭，保证操作安全。

（1）ATP地面设备发生故障

当ATP地面设备发生故障时，ATO车载设备接收不到限速命令，无法按自动闭塞法行车。如果是小范围的设备故障，可由行车调度员确认故障区间空闲后，命令司机在故障区间以RM模式限速运行，经过规定数量的轨道电路还未恢复ATO模式时，以RM模式驾驶至前方车站或终点站。如果是大范围的设备故障，必须停止使用自动闭塞法，改为车站控制，按电话闭塞法组织行车。

（2）ATP车载设备故障

ATP车载设备发生故障时，因故障列车无法接收ATP限速命令，此时主要解决列车的驾驶模式问题。一般ATP车载设备发生故障时，司机根据行车调度员命令人工驾驶列车限速运行，即以NRM模式（有限速规定）驾驶列车至前方站；列车到达前方站（或在车站发生故障）仍不能修复时，由车站派行车人员进驾驶室添乘，沿途协助司机瞭望，监控速度表，超速时，立即按压紧急停车按钮。司机以NRM模式按规定的限速继续驾驶列车至前方终点站退出服务。此时，行车调度员应随时注意ATP车载设备发生故障列车的运行情况，严格控制速度，确保列车与列车之间的最小间隔在一个区间以上。

列车运行中，因道岔显示故障造成紧急停车（停在岔区）时，车站应报行车调度员，并通知信号检修人员，车站人员到现场将道岔锁定后，司机根据行车调度员命令限速离开岔区。

如果列车在站台发车前收不到 ATP 速度码，司机应报行车调度员，在得到行车调度员同意后方可使用 RM 模式动车。

3. ATO 子系统发生故障

ATO 子系统的主要功能是列车站间运行控制、列车按时刻表的时间和最大可能的节能原则自动调整实际运行时分和在站内的停留时间、列车在车站的定位停车控制、车门控制及站台屏蔽门的开启等。

当 ATO 子系统发生故障时，列车自动运行功能不能实现，此时列车改为 SM 模式人工驾驶，在 ATP 车载设备的监护下，按车内速度信号显示运行。

六、恶劣天气（如雨天、雾天）列车在地面线路运行规定

城市轨道交通车辆日常虽然大部分时间在地下隧道、站台内运行，但也会存在在地面及高架运行等情况。此时，雨、雪、大雾等恶劣天气状况就会对列车的正常运行造成极大的影响，甚至产生安全危害。

恶劣天气（如雨天、雾天）列车在地面线路运行规定如下：

1. 列车出隧道口后，司机必须立即人工介入，以 SM 模式驾驶，适当降低运行速度，加强瞭望，必要时进行鸣笛，具体要求按行车组织办法及行车调度员命令执行。

2. 列车制动时，要做到“早拉少拉”，控制好速度，防止列车出现滑行。

3. 列车下大坡道时，必须低于规定速度 15 km/h 运行。

4. 列车进站时，要加强瞭望，注意站台乘客情况，遇危及人身、行车安全的情况时，应立即采取鸣笛减速或停车等措施。

5. 列车在雨天转换轨进入隧道前或在出车辆段 / 停车场时，必须限速 15 km/h 运行。线路积水距离轨面小于 150 mm 时，应减速运行并报告行车调度员。积水超过轨面时，应立即停车并报告行车调度员，听从行车调度员指挥。

6. 因雷击造成车辆、供电设备、行车设备等损坏，影响正常运行时，立即停车并报告行车调度员，听从行车调度员指挥。

7. 遇大雾天气，能见度低、瞭望条件不理想时，应按行车调度员命令谨慎驾驶。

8. 高架线、地面线积雪或严重结冰时，应减速运行并报告行车调度员。

案例分析

2013 年 9 月 8 日 19：57，某地地铁 1 号线 202 次 014 车区间运行过程中，司机听到车体有异响，并伴随有冲感，立即采取快速制动，同时查看 HMI 屏，HMI 屏显示辅助逆变器显黄（中级故障），网压在 DC1 600 V 以上，受电弓显示正常。

19：58，列车停稳后，监控员广播安抚乘客，司机再次查看 HMI 屏，HMI 屏显示辅助逆变器全部显黄（中级故障），同时报行车调度员，行车调度员告知接触网跳闸现已恢复，无其他异常，司机询问是否可以恢复运行（此时辅助逆变器已显绿"正常"，并告知行车调度员）行车调度员命令 202 次凭命令动车，恢复运行。

20：03，202 次 ×× 站上行进站，辅助逆变器再次全部显黄，司机报告行车调度员。

20：04，202 次辅助逆变器恢复正常，司机告知行车调度员，正常运行。

事故原因分析：

1. 设备原因

后经供电中心确认故障原因：接触网可断开装置前方汇流排存在腐蚀现象，列车高速通过时，可断开装置接触线被打断、掉落，导致此次事故发生。

2. 人员应对

（1）司机心理素质严重不合格，未履行其岗位职责。

（2）行车调度员经验不足。

第二节　突发事件应急处理

一、突发事件应急处理基本概念

根据《中华人民共和国突发事件应对法》的规定，突发事件是指突然发生，造成或者可能造成严重社会危害，需要采取应急处置措施予以应对的自然灾害、事故灾难、公共卫生事件和社会安全事件。

1. 突发事件的类型

突发事件按照影响范围不同，可分为自然灾害、事故灾难、公共卫生事件、社会安全事件四类；按照社会危害程度不同，由高到低可分为特别重大、重大、较大、一般四个级别，分别采用红色、橙色、黄色和蓝色表示突发事件的预警级别。

城市轨道交通车辆驾驶中所讲的突发事件通常包括隧道或车站内发生火灾和爆炸、车门故障、积水等。这些突发事件一旦发生，就会对人民的生命及相关的财产安全造成威胁。

因此，应及时、合理地处理城市轨道交通系统中的突发事件。

只有充分研究和了解可能发生的突发事件，才能做好应急管理和人员安全疏散保障工作，城市轨道交通车辆运行过程中的突发事件一般有以下几种情况：

（1）地震、洪水、雪灾等城市自然灾害。这些突发事件往往是灾难性的，洪水和地质灾害对客运站内的危害较大，雪灾对路面的交通影响较大。

（2）火灾、爆炸等突发事故。这些事故一旦发生，往往造成严重的后果，甚至造成人员伤亡和财产损失。

（3）突发公共卫生事故。大型客运站内人员复杂、密集且流动性强，容易出现传染病疫情、食品安全事件或其他的对公众生命安全有威胁的事件。

（4）恐怖袭击。车站往往是恐怖分子实施恐怖袭击所选择的地点，因此城市轨道交通线路及车站的防恐、反恐应急能力和措施要不断加强。

（5）枢纽内设备、设施故障。车站内的电力系统、通信系统、售检票系统等如果发生故障，可能会进一步引起其他的突发事件。

2. 突发事件的特点

发生在城市轨道交通车辆正常运行过程中的突发事件具有以下几个特点：

（1）突发性

突发性是突发事件最基本的特点。突发事件一般没有发生前的征兆或者征兆极不明显，因此，突发事件发生的具体时间和地点、规模大小、具体态势和波及范围都是难以预测的。

（2）非常规性

突发事件超出了一般危机或者事故的发展规律，而且通常呈现出易变性的特征，使人们难寻其规律，让人们在处理时感觉无以应对、措手不及。突发事件打乱了人们一直以来遵循的处理问题的规律和惯性思维，迫使人们以非常规的思维方式应对此类事件的发生。

（3）群体性

城市轨道交通车辆内一般人员众多，人群密集，客流复杂，一旦有突发事件发生，危害的不仅仅是个人，而是一个构成非常复杂且人数众多的群体。这样一个群体在面对突发事件时，不免会导致恐慌。另外，大量乘客滞留会造成车辆或站内秩序混乱，甚至造成踩踏事件等严重后果。

（4）复杂性

城市轨道交通车辆及线路隧道内空间有限，车站的空间结构和客流复杂，再加上突发事件类型多样，致使危害形式多种多样。突发事件发生时如果处理不当，不仅会影响车辆正常运营、乘客正常出行，而且会在社会上产生非常不好的负面影响。有时同一结果是由多个原因造成的，又或者多个原因之间相互联系，最终导致不止一个结果。

（5）危害性

突发事件的危害性是指其牵涉面广，波及范围大，影响力大。有些性质的突发事件（如火灾、爆炸）一旦发生，造成的后果非常严重，这些不是人力可控制的，只能平时对这方面多加预防，尽量减少危害。

3. 突发事件的报告

（1）突发事件报告原则

突发事件报告执行快捷、准确、逐级上报（紧急情况时可直报）、续报的原则，执行企业内部、上级领导及协作单位并举的原则。

控制中心是城市轨道交通运营单位的信息收发中心和通信联络中心，负责对信息进行收集、整理、分析和处理。发生人员伤亡、火灾、爆炸、毒气袭击等重大事故，由现场负责人或目击者在第一时间内直接报告。

（2）突发事件报告流程

突发事件报告流程如图 6-1 所示。

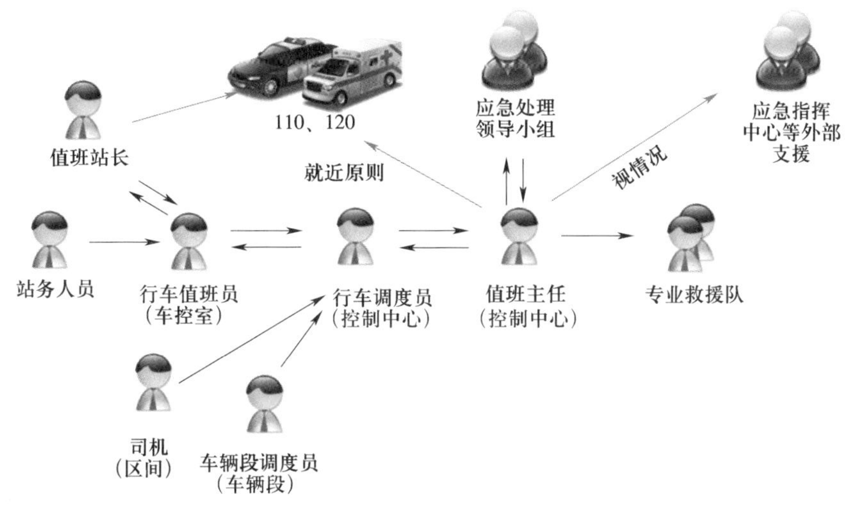

图 6-1　突发事件报告流程

发生特别重大事故、重大事故、较大事故、一般事故以及重大治安事件、火灾事故时，城市轨道交通运营单位应当于 1 h 内向事故发生地人民政府安全生产监督管理部门和负有安全生产监督管理职责的有关部门报告。

4. 突发事件应急处理

（1）突发事件处理原则

1）安全第一、以人为本。

2）信息上报及时、准确。

3）先通后复。

4）妥善公关，降低影响。

（2）突发事件应急处理总体要求

在驾驶列车的过程中，司机应加强瞭望，发现线路界限内有行人时应及时鸣笛警告；发现有可能危及运营安全与行人生命安全的情况时，必须立即采取紧急停车措施；列车在区间发生突发事件时，应尽量维持进站，在车站应及时打开屏蔽门、车门，必要时要求车站协助；在非正常情况下，司机要保持沉着冷静，按照操作流程处理，防止事态进一步扩大。

火灾、爆炸、投毒等突发事件的处理要坚持“初期补救、及时施救、快速疏散”的原则，将损失降到最低。发生各种突发事件时，司机要及时报告行车调度员，听从行车调度员的指挥，并严格做好记录，根据命令疏散乘客、施救伤员、尽快恢复通车，并配合公安机关对事发现场进行勘查、取证。

二、火灾事件的处理

1. 火灾应急处理原则

（1）贯彻“救人第一，救人与灭火同步进行”的原则，积极施救。

（2）把握起火初期 5 min 内的关键时间，尽快利用灭火器材扑救并报警。

（3）做好个人防护，及时穿戴防毒面具、荧光服等防护用品。

（4）火灾发生后，现场责任人应立即报告行车调度员（或车辆段调度员）和车站，报告内容主要包括列车车次、火灾位置、火势、乘客人数等火灾现场情况，报告语言必须精练、明确。

2. 列车火灾的处理

（1）列车在区间运行中发生火灾

司机应认真判明火情，并迅速向行车调度员和就近车站报告，广播安抚乘客并维持运行至前方车站，引导乘客使用车上灭火器进行灭火。如果列车在区间不能运行，司机应听从行车调度员指挥，组织乘客疏散，火灾扑灭后检查损坏情况。若列车在区间停车（非车门被乘客紧急解锁导致），司机应立即转换模式动车，维持列车进站处理。

（2）列车在车站发生火灾

司机应立即打开车门、屏蔽门，施加停放制动，降下受电弓并广播通知乘客疏散，报告行车调度员、车站。

车门正常打开后，司机应迅速进入车内疏散乘客，并前往着火处所确认火灾情况，协助灭火。司机按压开门按钮但无法打开车门时，应通知车站协助并广播引导乘客拉车门紧急解锁手柄打开车门，并且进入车内协助引导乘客打开车门。若仍无法打开车门，应立即使用铁锤砸开车窗或车门疏散乘客。

（3）列车在区间发生火灾被迫停车

司机应迅速判明火情（乘客拉车门紧急解锁手柄造成的停车，司机无须复位），立即报告行车调度员并降下受电弓，同时广播安抚乘客，引导乘客使用灭火器自救。

确认火势较大无法扑灭时，司机立即组织乘客疏散，乘客疏散后，随即按规定做好个人防护前往客室灭火。若无法与行车调度员联系，司机应立即通知车站扣停后续列车，并要求车站派人前来协助处理和接应疏散乘客。

列车在区间发生火灾需要疏散乘客的作业程序如下：

1）在确认火势较大无法扑灭时，司机应立即打开前端疏散梯，使用语音广播引导乘客，并打开前端通道门组织乘客从前端疏散。

2）经行车调度员同意后，司机应尝试到后端打开疏散门，引导后端的乘客从后端疏散。若司机无法到后端驾驶室进行疏散，应及时做好后端疏散的广播并引导后端乘客打开后端驾驶室门进行后端疏散。

3）如果司机无法与行车调度员取得联系，则立即通知车站扣停后续列车，并要求车站派人前来协助处理和接应疏散乘客。

（4）列车发生火灾，列车部分进入站台被迫停车

报告行车调度员和车站后，司机应立即打开在站台侧的车门、屏蔽门，若车门未能对好屏蔽门时，则打开相应的应急门，降下受电弓并广播通知乘客疏散后，迅速进入运行前端车厢疏散乘客。司机按规定做好个人防护后，前往着火处所确认火灾情况，协助灭火。

案例分析

2014 年 1 月 5 日 10 时许，某企业员工刘某某准备到某单位进行中央空调水质处理。当他从仓库内拿取工作用的化学制剂时，未认真检查，将氨基磺酸误当成硼砂，装取了约 3.5 kg，并将其与之前拿取的 4 kg 亚硝酸钠混合，用塑料袋包裹后放置在背包内。随后，刘某某进地铁站乘坐地铁。

11：15 左右，当列车即将行驶至 ×× 站时，刘某某携带的背包开始冒烟、产生明火，并散发出大量刺激性烟雾，导致地铁列车车厢内乘客四散躲避，出现较为严重的慌乱情况。列车迅速停靠 ×× 站，车厢及站台乘客被疏散，工作人员及部分乘客使用灭火器将车厢内正在燃烧的火焰扑灭。

1. 事件处理

由于事发时地铁列车刚好准备靠站，事故并未引燃车厢内的其他物品，没有对乘客和车辆造成伤害和损失，也未影响整条线路的正常运营。

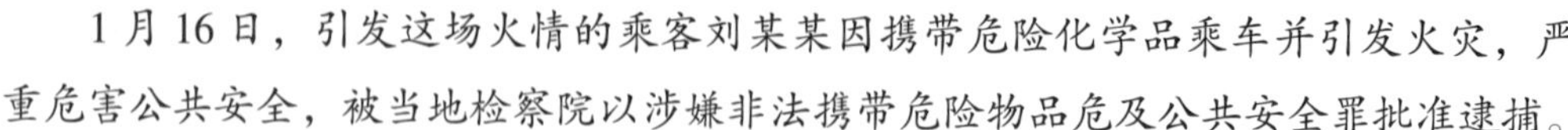

1 月 16 日，引发这场火情的乘客刘某某因携带危险化学品乘车并引发火灾，严重危害公共安全，被当地检察院以涉嫌非法携带危险物品危及公共安全罪批准逮捕。

2. 原因分析

经过地铁警方的调查，起火原因是空调维修工刘某某携带的两种化学物质发生反应引起自燃。

同时，刘某某乘坐地铁进站上车的车站工作人员未认真对其携带的行李进行安全检查，也是造成此次事件的因素。

3. 车站火灾的处理

（1）站厅发生火灾

司机接到列车运行前方站厅发生火灾的通知后，如果列车在车站，则立即按行车调度员指示扣车，接运被困乘客或动车离站（注意确认进路、信号、道岔正确），并做好乘客广播；如果列车在区间，则立即将自动开门开关置于手动位置，按行车调度员指示不停车通过该站或停车接运被困乘客（如果行车调度员未明确，则需要询问清楚）。

若进站时发现车站火灾，司机应立即将自动开门开关置于手动位置并报告行车调度员，确认不需要接运乘客时以及确认进路、道岔正确后不停车以 ATO 模式（如果未取消停车点，则按 RM 模式）通过火灾车站。如果行车调度员指示需要接运乘客，则司机立即广播告知乘客不能下车，对标停车后立即开门上客，确认上客完毕后立即关门动车。

（2）站台发生火灾

司机接到列车运行前方车台发生火灾的通知后，如果列车在车站，则立即按行车调度员指示扣车，并做好乘客广播；如果列车在区间，则立即将自动开门开关置于手动位置，按行车调度员指示不停车通过该车站。

若进站时发现车站火灾，司机应立即将自动开门开关置于手动位置，立即报行车调度员并确认进路、道岔正确后不停车以 ATO 模式（如未取消停车点，则人工介入）通过火灾车站。

4. 隧道火灾

发生隧道火灾时，司机必须立即报告行车调度员，并尽量在列车到达火源之前紧急停车，如果不能及时停车，则应开车通过火灾地点，运行到前方站停车。

三、大客流事件的处理

大客流事件是指城市轨道交通车站在运营过程中的某一时间段内候车、停留的乘客超过了该站设计允许的最大客流容量，并有继续增加的趋势，如果不采取紧急措施，将极有可

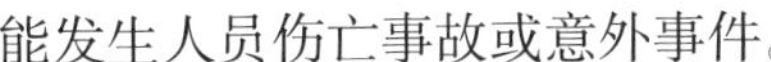

能发生人员伤亡事故或意外事件。

1. 大客流处置级别定义

根据路网线路的相应运输能力，依据大客流可能造成的危害程度、影响范围、行车中断时间、人员伤亡及财产损失等情况，可对大客流处置定义相应的级别（级别划分应与当地轨道交通应急处置的总体级别相对应，可与颜色定义相对应，根据需求划分）。

（1）非常严重的级别

突发大客流发生在多线的换乘站并影响到了多条线路，预计持续时间非常长，运营秩序受到严重影响，可能会造成人员伤亡、财产损失等后果，并需要外部资源（如公交配套、公安、医疗等）进行支援疏导。

（2）较严重的级别

突发大客流发生在单一线路，站台、站厅都较为拥挤，运营秩序受到一定影响，但城市轨道交通运营企业能够自主处置，不需要外部资源支援。

（3）不严重的级别

突发大客流发生在某一车站，站台较拥挤，运营秩序未受到较严重影响，通过车站及邻站支援能够处置。

2. 大客流处置原则

大客流处置应遵循“安全第一、统一协调、高效处置、合理疏导、及时疏散”的原则，做到“一化解、二疏导、三封堵”。

对经常性的或可预见的大客流采用增加运输能力的办法解决；对突发的或超出预见的大客流要加强客流组织工作，做到有序进站，有序上车；对突发暴涨的大客流，如果在短时间内难以疏导，可采取必要的封站或限流措施。

四、车门紧急解锁处理程序

1. 当列车在车站停车，车门关闭后出现车门紧急解锁的处理程序

（1）报告行车调度员和车站，司机再次打开车门和屏蔽门。

（2）通过显示屏确认紧急解锁的车门编号，并记录。

（3）播放临时停车广播，经行车调度员同意后，司机带上钥匙（行车备品）到现场处理。

（4）到达解锁车门后，司机了解现场情况并恢复解锁车门。

（5）司机回驾驶室确认显示屏显示车门正常，关屏蔽门、车门后，确认“门关好”灯亮，车站人员显示“好了”信号，动车后将情况报告行车调度员。

2. 当列车在区间出现车门紧急解锁的处理程序

在信号保护模式下，车门紧急解锁将触发列车紧急制动。司机应做好临时停车广播，并将情况报行车调度员，待列车停稳后，通过车辆屏确认紧急解锁的车门编号，并记录。得到行车调度员同意后，司机带上行车备品，锁好通道门，到现场了解情况，并确认无乘客进入区间后，将解锁车门复位。司机返回驾驶室，确认车辆屏显示车门正常，确认“门关好”灯亮，按规定动车，动车后报告行车调度员。

五、与乘客相关的突发事件处理

1. 乘客报警的处理

（1）列车在区间运行中，乘客按压报警按钮

1）司机通过显示屏得知乘客报警信息，立即通过对讲与报警乘客进行通话，初步了解信息，广播安抚乘客。

2）维持列车运行并报告行车调度员，列车进站时立即通知车站派人处理。

3）列车进站停车后，立即打开车门、屏蔽门。

4）确认车站处理完毕后，确认站台“好了”信号关门，按信号显示动车。

（2）列车在停站时，乘客按压报警按钮

1）保持车门打开，初步了解信息，广播安抚乘客。

2）通知车站派人前往进行处理，并报告行车调度员。

3）确认车站处理完毕，确认站台“好了”信号关门，按信号显示动车。

（3）列车在站内启动后，乘客按压报警按钮

1）马上人工介入，快速停车，广播安抚乘客。

2）二次启动列车对标，开屏蔽门、车门，做好临时停车的广播。

3）通知车站派人前往处理，并报告行车调度员。

4）确认车站处理完毕，确认站台“好了”信号关门，动车并报告行车调度员。

2. 乘客手被夹（手被带进车门间隙）的处理

司机行车停靠站台，在车门、屏蔽门打开后，发现或接到乘客手被夹通知，应按以下方法处理：

（1）马上报告行车调度员、车站，做好广播安抚乘客的工作。

（2）带好备品到夹手车门处，手动缓慢移动车门页，小心将手拉出。

（3）处理完毕后，凭车站“好了”信号，关闭车门。

（4）动车后向行车调度员报告处理情况。

3. 乘客强行开门的处理

强行开门是指没有按正常开门程序操作，使用客室手动紧急解锁开关强行打开车门。发生乘客强行开门的事件时，司机应及时向行车调度员汇报，汇报内容包括车次、车号、地点、时间、发生强行开门的位置及车门编号。

司机处理方法：

（1）从列车 MMI 显示确认手动紧急解锁车门、“门关好”指示灯不亮，列车产生紧急制动，同时监控摄像头对准解锁车门。

（2）向行车调度员报告列车的编号、位置和故障状态。

（3）根据行车调度员安排，用方孔钥匙将被启动的手动紧急解锁装置复位。

（4）进行客室广播，安抚乘客。

注意事项：如果列车在运行中发生强行开门，紧急制动停车后，司机应通过监控观察有无乘客下车，若监控无法确认，应迅速到该门处询问其他乘客，了解有无乘客下车。

4. 乘客逃生疏散操作程序

（1）打开及关闭逃生门操作程序

遇突发安全紧急事件，需打开逃生门进行乘客疏散时，应按以下规程操作：

1）打开逃生门操作程序。

①当发生紧急情况时，可按照操作指示打开紧急逃生门，向下按压插销按钮，弹出保险销，向上扳动解锁扳手柄，握住拉手向外推出，前门将自动打开。

②向下扳动解锁手柄，坡道解锁后会自动展开并搭在钢轨上。

2）关闭逃生门操作程序。

①疏散完毕后，将逃生门取出，将梯子折叠好后放回梯子存放处，扣紧梯子，并确认梯子锁闭状态。

②用力拉驾驶室传动带，关闭逃生门，将驾驶室前窗左侧的红色把手调整至关位，锁闭逃生门。

（2）列车在区间内疏散乘客的作业程序

疏散原则：区间疏散乘客时，必须确认车站人员到达才能进行。当出现紧急情况（如火灾、爆炸等）时，司机立即做好广播并打开逃生门，组织乘客疏散。

疏散程序：

1）司机接到行车调度员在区间疏散乘客的命令后，向行车调度员确认疏散的方向。

2）广播安抚乘客，同时维持车厢内的秩序。

3）施加停放制动，降弓。

4）打开驾驶室逃生门（两端疏散时，司机负责打开驾驶端驾驶室逃生门，交车站人员引导疏散后及时赶到后端，打开逃生门组织疏散；火灾时或乘客较多时，广播引导乘客打开逃生门），放下疏散梯。

5）待车站工作人员到达后，打开通道门，广播引导乘客进行疏散，并协助车站工作人员维持疏散秩序。

6）确认人员全部离开客室后收回梯子，并报告行车调度员，听从行车调度员的指挥。

5. 运营中发现隧道内有人的处理

运营中发现隧道内有人滞留的情况时，需按下列程序处理：

（1）立即按压紧急制动按钮，施加紧急制动。

（2）广播安抚乘客，初步判断情况，并向行车调度员报告。

（3）若列车没有撞人，则按行车调度员指示执行；若已撞人，听从事故处理主任的指挥。

6. 列车在区间或站内造成人身伤亡的处理

当列车出现严重安全事故，在区间或站内造成人身伤亡时，需按照下列程序进行操作：

（1）立即按压紧急制动按钮，施加紧急停车。

（2）广播安抚乘客，并报告行车调度员，按行车调度员指示执行。

（3）事故处理主任到达后，关闭驾驶台主控钥匙，并将钥匙交给事故处理主任，听从事故处理主任的指挥。

（4）需移动列车时，听从事故处理主任的指示，确认所有工作人员在安全区域后，升弓，以限速 3 km/h 移动列车，并做好随时停车的准备。

（5）线路出清后，听从事故处理主任的指示，确认所有人员处于安全位置后，限速 15 km/h 到前方站退出服务。

案例分析

2013 年 9 月 8 日 18：09，某地地铁 1 号线 0911 次（128 车）运行至 ××× 段下行区间时，由于车厢内乘客出现打架现象，1284 车 18/20 车门，1281 车 1/3、2/4 车门先后被乘客紧急缓解打开，列车发生紧急制动，有三名乘客误进入轨行区。0911 次动车离开事发点，后续 2709 次列车司机发现 ××× 段下行区间有三名遗留乘客。

事故原因分析：

乘客恐慌拉门是造成此次事件的主要原因，司机未到达现场进行确认是造成此次事件的次要原因。当值司机在 ××× 段下行区间紧急制动后以 RM 模式动车未报行车调度员，违反了“RM/NRM 模式动车必须报行车调度员”的规定。当值司机误报列车信息，将“车门紧急解锁手柄”误报成“按了紧急停车按钮”。事件发生后，0911 次当值司机未能冷静判断、处理，在与行车调度员沟通、汇报时，多次出现语言不清、专业用词错误的现象。

上述问题直接导致行车调度员不清楚现场情况，当值司机自行以 RM 模式动车，存在严重的潜在危险。

事件处理：

18：16，行车调度员扣停该列车，安排 ×× 站工作人员进入轨行区寻找遗留乘客。18：22，3 名乘客被车站人员安全引导回站台，并出清线路。

六、车站、区间内设施、设备故障处理

1. 屏蔽门故障处理

（1）两道及以下或者三道及以上屏蔽门不能正常开启

1）发现两道及以下屏蔽门不能正常开启时，司机马上进行客室广播“本站有个别屏蔽门故障，请乘客从其他开启的屏蔽门下车”，同时通知站务人员，报告行车调度员。

2）发现三道及以上屏蔽门不能正常开启时，司机马上进行客室广播“本站有部分屏蔽门故障，请乘客从其他开启的屏蔽门下车”，同时通知站务人员，报告行车调度员。

3）凭车站“好了”信号，以正常模式驾驶列车出站。

4）若无法动车，则由站务人员操作互锁解除后，以正常模式驾驶列车出站。

5）若站务人员未能及时操作“互锁解除”或“互锁解除”操作无效时，由司机向行车调度员申请，凭车站“好了”信号，以 RM 模式动车。

6）动车时注意确认车门与屏蔽门之间的空隙安全。

（2）两道及以下或者三道及以上屏蔽门不能正常关闭

1）发现单道或多道屏蔽门不能关闭时，立即通知车站派员前往协助。

2）凭车站“好了”信号，以正常模式驾驶列车出站。

3）若无法动车，则由站务人员操作互锁解除后，以正常模式驾驶列车出站。

4）若站务人员未能及时操作“互锁解除”或“互锁解除”操作无效时，由司机向行车调度员申请，凭车站“好了”信号，以 RM 模式动车。

5）动车时注意确认车门与屏蔽门之间的空隙安全。

2. 供电系统故障的处理办法

（1）列车在站内发生接触网停电时

列车停稳后，司机立即打开屏蔽门、车门，同时报告行车调度员、车站，并降弓，施加停车制动，广播安抚乘客，按行车调度员的指示执行。若停电时间超过 30 min，司机向行车调度员建议清客并关闭蓄电池，在驾驶室待令。

（2）列车在区间发生接触网停电时

司机应维持列车惰行，尽量驾驶列车进站对标停车，立即报告行车调度员并广播安抚乘客。列车在站内对标停车后，司机立即打开屏蔽门、车门，按照列车在站内发生接触网停电进行处理。

（3）列车在区间发生接触网停电被迫停车时

司机立即报告行车调度员，降弓，施加停车制动，广播安抚乘客并按行车调度员的指示执行。若需疏散，司机应打开疏散端的逃生门，等待车站人员到达现场，配合车站人员进行疏散，严格按照行车调度员指示执行。疏散完毕后，司机关闭蓄电池，留在驾驶室待令。

七、恶劣天气、隧道积水引发的事件处理

1. 恶劣天气引发事件的处理

（1）因暴雨造成运行线路积水距离轨面距离小于 150 mm，司机应控制列车减速运行并报告行车调度员。若积水已超过轨面，司机应立即停车，报告行车调度员，听从行车调度员指挥。

（2）因台风造成高架线、地面线的接触网刮断或线路区间护栏、挡板、隔音屏等设施坠落至运行线路上，司机应立即停车报告行车调度员。风力在 10 级（含 10 级）以上时，正在运营中的列车限速 20 km/h 运行至就近车站，听从行车调度员指挥。

（3）因雷击造成车辆供电设备、行车设备等损坏，影响正常行车时，司机应立即停车报告行车调度员，听从行车调度员指挥。

（4）高架线、地面线积雪或严重结冰时，司机应控制列车减速运行并报告行车调度员。

（5）遇大雾天气，能见度低、瞭望条件不理想时，司机应按行车调度员命令谨慎驾驶。

2. 隧道内线路积水时的处理

巡道人员、巡检人员、司机在作业中发现隧道线路积水时，应立即报行车调度员。行车调度员接到隧道线路积水报告后，应及时通知维修调度员组织处理，并通知司机在区段按规定速度运行。

（1）当积水浸到道床时，该区段限速 25 km/h。

（2）当积水浸到轨腰时，该区段限速 15 km/h。

（3）当积水漫过轨面时，该区段不得通过。

（4）积水造成轨道电路短路时，司机应尽量以惰行方式通过积水区。

八、冲突、脱轨、物体侵限时的处理

1. 列车冲突、脱轨的处理

当列车运营中出现冲突、脱轨等严重事故时，需按照以下程序操作：

（1）立即按压紧急制动按钮，施加紧急制动。

（2）报告行车调度员及车站（车辆段内报告车辆段调度员）。

（3）确认有无人员伤亡。

（4）确认事故现场是否影响其他线路，做好线路及列车的防护。

（5）保护现场，坚守岗位，等候事故处理主任来现场，并协助其处理。

2. 物体侵限时的处理

司机发现隧道内有物品侵限时，应立即紧急停车，通过广播安抚乘客，并将情况报告行车调度员。

如果列车能在侵限物品前停车，司机报告行车调度员，按行车调度员的指示执行。若行车调度员要求司机下车清除侵限物品时，司机马上施加停车制动，确认安全后方可下车。由于自身能力无法处理时，司机报行车调度员，按行车调度员的指示执行。

如果列车不能在侵限物品前停车，司机在停车后严禁动车，将情况报告行车调度员，按行车调度员的指示执行。在站台区发现有物品侵限时，司机应马上紧急停车，报告行车调度员并通知车站派人处理，按行车调度员的指示执行。

第三节　列车救援

正线列车车辆设备发生故障时，司机要积极应对，避免等、靠的思想，按照行车组织规则、车辆故障应急处理规定，在第一时间了解并判明故障，及时处理。同时，司机应遵循“先处理后汇报”的原则，正确掌握向行车调度员请示和汇报的时机。

列车发生故障后，司机应立即向行车调度员汇报，并按故障处理规范处理，如需换端处理故障，必须得到行车调度员同意。司机处理故障 4 min 后仍无法动车时，应通过行车调度员向维修调度员请求技术支援。正线故障处理时间原则上控制在 6 min 之内，故障处理 6 min 后仍不能动车时，司机应报告行车调度员，由行车调度员确定是否采取救援措施。当行车调度员决定救援时，司机应做好救援防护和连挂前的准备工作。

为了减少列车故障救援对正常运营的影响，应尽量缩短救援时间。司机必须熟练掌握救援作业程序，提高列车救援作业技能，沉着冷静，严守作业标准，规范作业，确保救援时的行车安全，防止事态进一步扩大。

一、列车故障救援的基本方式和基本原则

1. 列车故障救援的基本方式

列车故障救援是城市轨道交通运输中的特殊运行方式，它是为了迅速、及时地将在正线运行中出现故障且故障不能在规定时间内处理恢复或排除的列车移动到指定地点而开通运行线路的运行方式。

故障救援运行一般可采用工程车或参加正线运行的运营列车进行牵引或推进作业完成。相比而言，运营列车进行故障救援更加快捷、迅速，更有利于线路恢复开通。

2. 列车故障救援的基本原则

在线列车发生故障需要救援时，应遵循“安全第一、尽快恢复正线运营”的基本原则，具体实施时执行以下规则：

（1）故障救援运行方式由行车调度员根据当时的运行状态决定，各车站、停车场，以及运行列车司机等有关人员必须根据行车调度员的命令，遵循相关行车规则，积极、认真、负责地配合故障救援。

（2）一般情况下，正向救援运行对其他正线运行列车影响较小，阻塞后续列车运行的概率小于反向救援运行。正线运行列车发生故障需要救援时，尽量遵循“正向救援”原则，确保其他正线列车运行秩序正常。

（3）正向救援作业在实施中不排斥或禁止其他救援方式、方法，实际运用中必须由行车调度员根据当时的实际情况应变处置，以便达到更好的救援效果。

二、救援列车的开行

1. 请求救援

（1）请求救援的要求和内容

列车在运行过程中如果出现故障，无法继续运行，需要救援时，故障列车司机应及时向行车调度员报告，申请救援。

司机应汇报的内容包括列车车次和车号、请求救援事由、被迫停车时间和地点（以百米标为准）、是否妨碍邻线，以及其他必须说明的事项。

（2）请求救援后的基本处置

列车故障临时停车时，司机需播放临时停车广播安抚乘客。本端处理无效需申请换端处理时，离开驾驶室前播放一次列车故障持续停车广播，处理故障期间可暂不执行每 2 min 播放一次广播的规定。

已申请救援的列车严禁动车，故障列车司机应打开救援列车开来方向的标志灯作为防护信号，并做好救援准备工作（切除 B05、切断 B11、手动缓解停放制动、关闭连挂端 W01

等），隧道照明由环控调度员负责打开。在与救援列车连挂前，故障列车司机可以继续排除故障，如果故障排除，则报告行车调度员解除救援。

列车在区间故障需要救援时，故障列车司机要广播安抚乘客。载客列车因故障降弓后，司机应及时开启紧急照明模式，当列车蓄电池电压低于 85 V 时，应关闭列车客室的 LCD 屏和动态地图的电源开关。

列车在车站需要清客时，行车调度员发出口头命令通知司机和有关车站，要求做好清客及救援准备工作，故障列车司机应按规定播放应急广播安抚乘客，并做好引导乘客下车工作。

司机在与行车调度员使用车载台通话时，应摘下送话器讲话，避免反复确认，提高通话效率。清客完毕后，司机确认站台清客“好了”信号，关闭车门、屏蔽门，并报行车调度员。

列车清客完毕关门后，司机应立即关闭客室照明，关闭前照灯。

（3）清客时机

为防止线路堵塞，列车遇下列情况之一时应及时清客：

1）列车故障，无法安全运行或需要救援时。

2）由于车辆故障（主回路一级故障、列车中 1/2 车辆失去牵引力、制动一级故障、失去两辆以上制动力），列车最高速度为 40 km/h 及以下时。

3）列车内发生火灾、发现不明爆炸物，危及乘客安全时。

4）列车中有一辆及以上整辆车门打不开，或全列中 1/2 车门打不开时。

5）关门后，车辆外侧墙门灯不亮或外侧墙门灯显示正常，驾驶室关门灯不亮，制动无法缓解，司机处理后需切除关门旁路及 ATP 才能恢复行车时。

6）担当救援列车时。

7）由于 ATP 故障，不能保证切除 ATP 能安全运行至终点站时。

8）公安请求临时安排时。

2. 救援列车的开行

（1）行车组织

行车调度员决定救援后，向有关车站、司机发布开行救援列车的命令，派出救援列车，并向车辆段控制中心有关人员通报救援信息。故障列车在区间时，原则上不需要封锁区间线路，行车调度员组织就近的运营列车担任救援任务，但有下列任一情况时，必须封锁区间线路：

1）使用工程车救援时。

2）救援列车车载 ATP 故障时。

3）故障列车所在区间轨旁 ATP 故障时。

4）使用前方或邻向列车反向至故障列车地点且不能排列反向进路时。

向封锁区间发出救援列车时，不办理行车闭塞手续，以行车调度员的救援列车开行命令作为进入该封锁区间的许可，凭手信号发车，但救援列车司机仍需确认前方进路与道岔状况。在未接到开通封锁线路的调度命令前，救援列车以外的其他列车不得进入该线路。

救援列车与故障列车连挂好后，救援列车运行中与行车调度员的联控由救援列车司机负责，故障列车司机及时将故障列车运行情况汇报给救援列车司机。

救援列车与故障列车连挂后，原则上安排到前方适当存车位置停放，不超过一站一区间时，允许安排到后方适当存车位置停放。

（2）执行信号与命令的要求

1）救援列车作业必须按照行车调度员的救援命令和有关道岔的防护信号机或手信号显示的要求进行。

2）进行手信号调车时，调车指挥人是故障列车司机。作业时，调车指挥人必须正确、及时地显示信号，救援司机应确认信号并鸣笛回示。

3）故障列车司机和救援列车司机在接受救援命令时，都必须复诵核对并记录，确认无误后执行。

4）故障列车司机与救援列车司机应完整记录救援中发生的各事件的时间，以便运行程序进行处理、分析。

（3）开行救援列车

运营列车担任救援列车时，原则上空车前往救援。救援列车司机接到救援命令后，在被救援列车后方站（相对于运行方向）清客，清客完毕后，关闭客室照明，前往救援。运行时优先采用推荐速度，当推荐速度为零时，司机应根据行车调度员命令限速 25 km/h 运行。如果在区间不能清客，则救援连挂动车后必须组织故障列车和救援列车至就近车站清客。

救援列车司机听候救援负责人（故障列车司机）指挥连挂，连挂时不能使用车载信号系统。救援司机在连挂后要进行试拉，检查车钩连挂状态，确认列车连挂可靠后，方可通知故障列车司机缓解停放制动。

救援列车推进故障列车运行时，司机需在救援列车前端驾驶室（运行方向）驾驶，故障列车前端驾驶室需有司机或列车引导员进行引导，运行限速 25 km/h。救援列车牵引故障列车运行时，司机需在救援列车前端驾驶室（运行方向）驾驶，运行限速 40 km/h。

救援列车与故障列车摘钩后，受存车线路长度所限，需要退行才能开通后方区间，行车调度员确认相应区间无其他列车占用时，应先对退行路径上的相关道岔进行“单独锁定”，再通知救援列车司机，允许不换端以 NRM 模式退行至前方进路防护信号机外（运行方向）。

（4）救援连挂作业要求

1）救援列车开往故障地点时应使用SM人工驾驶方式，并且加强瞭望，限制行车速度。当接近故障列车地点时，列车收到零速度码停车，然后司机改用RM模式驾驶列车进行连挂作业。

2）以工程车作为救援列车时，必须在运行中高度警惕，不得超过规定速度。应加强瞭望，防止失去制动时机而发生撞车。

3）救援列车在距被连挂故障列车三车距离（约75 m）时一度停车，慢行至一车距离（约25 m）时再停车，作连挂准备。连挂作业时，救援列车应在距离被救援列车25 m外停车，以5 km/h速度接近故障列车，在3 m处一度停车，听候救援负责人（故障列车司机）指挥连挂。

4）故障列车司机在完成等待救援的准备工作后，应在与救援列车连挂端前方设置防护。发现救援列车到达，必须按规定显示手信号或用无线电对讲机与救援列车司机联络，待救援列车司机回复后才能允许挂车。

5）故障列车应按信号显示规定引导连挂作业，连挂作业时的时速不得超过3 km/h。

6）连挂后的列车必须进行试拉，试拉距离不小于2 m，确认连挂妥当。

7）救援列车司机与故障列车司机必须进行无线电对讲设备测试校对，确定连挂良好后才能按规定动车。

（5）救援解钩操作

1）在进尽头线停车时，要提前制动（此时制动力较弱），控制好速度，防止冲撞车挡。

2）列车运行至规定地点，故障列车司机与救援列车司机联系，待故障列车恢复制动（故障列车司机就近恢复3节车B05）后，方可进行解钩作业。

3）救援列车司机可使用自动解钩按钮进行解钩，如果该功能故障，也可手动解钩。

三、救援作业程序及标准

1. 应急广播标准用语

（1）临时停车广播：尊敬的各位乘客，现在是临时停车，请您稍候，不要触动车上的设备，不要靠近车门，不便之处，敬请原谅。

（2）列车故障持续停车广播：尊敬的各位乘客，由于列车故障，现正在抢修，请您耐心等候。不便之处，敬请原谅。

（3）列车故障在站清客广播：各位乘客请注意，由于设备故障，本次列车将退出服务，请全体乘客下车，对给您带来的不便，我们深表歉意。

2. 救援作业联控用语标准

救援作业联控用语标准见表 6–1。

表 6–1　　救援作业联控用语标准

<table>
<tr><th colspan="2">呼唤时机</th><th>故障列车司机</th><th>救援列车司机</th><th>备注</th></tr>
<tr><td colspan="2">救援列车清客</td><td>—</td><td>接行车调度员命令，××次列车在××站清客</td><td>救援列车需清客时，通知车站清客</td></tr>
<tr><td colspan="2" rowspan="2">救援列车距离故障列车 25 m 处停车时</td><td>—</td><td>故障列车防溜是否做好，请求连挂</td><td>—</td></tr>
<tr><td>故障列车防溜措施已施加，可以连挂</td><td>故障列车防溜措施已施加，可以连挂</td><td>故障列车满足列车连挂条件时</td></tr>
<tr><td colspan="2">连挂后试拉</td><td>连挂成功，可以试拉</td><td>连挂成功，可以试拉</td><td>—</td></tr>
<tr><td colspan="2">试拉后故障列车缓解停放制动</td><td>故障列车所有制动缓解</td><td>故障列车所有制动缓解</td><td>—</td></tr>
<tr><td colspan="2">连挂后满足动车条件时</td><td>故障列车准备完毕，具备动车条件，可以动车</td><td>故障列车准备完毕，具备动车条件，可以动车</td><td>—</td></tr>
<tr><td colspan="2">申请动车</td><td>—</td><td>××次列车具备动车条件，申请动车</td><td>为提高救援效率，连挂好后不再向行车调度员汇报
具备动车条件后救援列车司机向行车调度员申请动车</td></tr>
<tr><td colspan="2" rowspan="3">接近信号机时</td><td>绿灯 / 黄灯 / 蓝灯（灭灯）</td><td>绿灯 / 黄灯 / 蓝灯（灭灯）</td><td rowspan="3">故障列车司机每 5 s 确认进路安全，救援列车司机复诵
牵引救援时由救援列车司机确认前方进路</td></tr>
<tr><td>引导信号好</td><td>引导信号好</td></tr>
<tr><td>红灯停车</td><td>红灯停车</td></tr>
<tr><td colspan="2" rowspan="2">接近道岔时</td><td>尖轨开通</td><td>尖轨开通</td><td rowspan="2">道岔位置异常时，立即停车</td></tr>
<tr><td>停车</td><td>停车</td></tr>
<tr><td rowspan="10">推进运行</td><td rowspan="2">接近车站</td><td>300 m/200 m/100 m</td><td>300 m/200 m/100 m</td><td rowspan="2">—</td></tr>
<tr><td>××站进站</td><td>××站到了</td></tr>
<tr><td rowspan="8">对标停车</td><td>进站注意</td><td>进站注意</td><td>—</td></tr>
<tr><td>三车</td><td>8 km/h</td><td>—</td></tr>
<tr><td>二车</td><td>5 km/h</td><td>—</td></tr>
<tr><td>一车</td><td>3 km/h</td><td>—</td></tr>
<tr><td>停车</td><td>—</td><td>—</td></tr>
<tr><td>对标准确，严禁动车</td><td>制动施加，严禁动车</td><td>对标准确时，救援列车主控手柄置快速制动（FB）位</td></tr>
<tr><td>救援列车推进××m</td><td>—</td><td>对标不准（欠标）时</td></tr>
<tr><td>救援列车后退××m</td><td>—</td><td>对标不准（冲标）时</td></tr>
</table>

续表

呼唤时机		故障列车司机	救援列车司机	备注
牵引运行	接近车站	×× 站到了	×× 站到了	救援列车司机联控，故障列车司机回复
	对标停车	×× 站到了，对标停车	×× 站到了，指挥对标停车	
不停站列车接近车站尾端墙		不停站通过	不停站通过	—
清客后动车		故障列车清客完毕，制动全部已缓解，可以动车	故障列车清客完毕，制动全部已缓解，可以动车	—
解钩	故障列车已做好防溜	故障列车已做好防溜，可以解钩	故障列车已做好防溜，可以解钩	—
	完成	解钩完成	解钩完成	—

3. 救援作业程序

救援作业程序见表 6–2。

表 6–2　　救援作业程序

故障列车司机		救援列车司机		备注
步骤	作业内容	步骤	作业内容	
1. 申请救援	①在区间时，报告行车调度员故障列车的位置，联控用语：×× 站上行 / 下行（×× 站至 ×× 站区间）×× 次司机呼叫行车调度员，×× 车 ×× 故障。与行车调度员确认救援方向、救援方式（推进或牵引）、救援目的地和其他内容，做好乘客广播，并按行车调度员命令执行 ②在车站时，按照行车调度员命令协助车站清客	1. 确认命令	①接到救援命令后复诵并记录，确认故障列车停车位置（上下行区间、公里标、百米标、站名）及其他注意事项 ②如需清客，按行车调度员命令在指定地点协助车站清客，清客完毕后关闭客室照明，运行至故障列车停车地点	连挂前，故障列车司机可继续排除故障，但不能动车，故障排除后报告行车调度员解除救援
2. 调频、转模式	①接到行车调度员发布的救援命令后，将手持电台调到指定通话频道 ②切除故障端 ATP，主控手柄置于快速制动位，门控模式开关打至“手动开 / 手动关”位，门选择开关置“0”位	2. 调频、转模式	①按照行车调度员指令，将手持电台调到指定通话频道 ②清客完毕报告行车调度员，以最高可用模式运行至故障列车停车地点，推荐速度为 0 时转 NRM 模式限速 25 km/h 运行至故障列车前 25 m 一度停车	—

续表

故障列车司机		救援列车司机		备注
步骤	作业内容	步骤	作业内容	
3. 防溜防护	①施加停放制动，做好防溜措施 ②切除连挂端 3 节车 B05，打开连挂端头灯，做好连挂准备 ③到连挂端驾驶室等候救援列车，打开标志灯进行防护	3. 停车	联系故障列车司机，得到允许连挂回复后，以 RM 模式限速 5 km/h 运行至距故障列车前 3 m 一度停车	故障列车若为无电状态，司机做好防溜措施后降下受电弓，在连挂端放置红闪灯作为防护，连挂前撤除
4. 指挥连挂	救援列车在 3 m 处一度停车后，在连挂端驾驶室用手持电台或对讲机指挥救援列车司机进行连挂	4. 限速连挂	①若故障列车司机未到达，用手持电台通知故障列车司机准备连挂 ②确认故障列车司机的连挂指令并复诵后，限速 3 km/h 进行连挂	①连挂前撤除防护信号 ②手持电台、对讲机故障时，在连挂端驾驶室向救援列车司机显示连挂手信号
5. 撤除防溜	①与救援司机确认连挂成功，配合救援司机进行试拉 ②试拉成功后，切除剩余 B05，缓解停放制动。报告行车调度员并确认所有制动已缓解。通知救援列车司机故障列车所有制动缓解	5. 试拉试验	①连挂成功后，确认可以进行试拉的命令，进行复诵并试拉，试拉完毕确认两列车连挂良好 ②接到故障列车所有制动缓解指令并复诵	①试拉后确认两车钩密贴，对中线成一直线 ②如需下车手动缓解停放制动，必须先降下受电弓
6. 动车条件	确认进路、道岔正确，信号已开放，所有制动缓解，满足动车条件，指挥救援列车司机动车	6. 动车条件	得到故障列车司机动车条件汇报后，向行车调度员申请动车。得到允许后，通知故障列车司机运行方向等注意事项，得到故障列车司机允许后动车	行车调度员可以向救援和故障列车司机同时下达救援命令，指定由救援列车司机复诵，故障车司机做好记录
7. 救援运行	运行中不间断地瞭望，加强与救援列车司机联系，发现异常立即通知救援列车司机并采取停车措施	7. 救援运行	①牵引运行时，负责确认进路，加强与故障列车司机联系，发现异常立即采取紧急停车措施 ②推进运行时，救援列车司机听从故障列车司机指挥 ③回段 / 场时，与信号楼值班员联系开放入段 / 场信号后，在转换轨可不停车直接回段 / 场	牵引运行速度 40 km/h，推进运行速度 25 km/h

续表

故障列车司机		救援列车司机		备注
步骤	作业内容	步骤	作业内容	
8. 清客	列车在区间故障需要在车站清客时： ①指挥救援列车司机控制速度、准确对标，确认救援列车已施加停放制动，开启屏蔽门、车门清客 ②清客完毕后，确认站台清客完毕信号，关闭屏蔽门、车门，通知救援列车司机缓解停放制动，关闭客室照明，指挥救援列车司机动车	8. 对标停车、按令动车	①区间救援故障列车需要在车站清客时，按故障列车司机指令准确对标停车，主控手柄置于快速制动位，施加停放制动后，通知故障列车司机开门清客 ②清客完毕后，确认站台清客“好了”手信号，关屏蔽门、车门，复通故障列车司机允许动车的指令后继续运行	①接近停车位置时执行三、二、一车距离，按限速 8 km/h、5 km/h、3 km/h运行 ②距停车位置距离小于“一车”时，引导司机及时通知操纵司机 15 m、10 m、5 m、3 m、准备停车、停车等指示
9. 解钩	①到救援目的地对标停车后，将操纵端主控手柄置于快速制动位，恢复就近 3 节车 B05，按压本端的解钩按钮解钩，通知救援列车司机离钩 ②确认离钩完毕后，恢复剩余 B05 及盖板（“谁打开谁关闭”原则），报告行车调度员	9. 离钩	①到达指定位置停稳，故障列车司机解钩后，确认两列车解钩成功 ②通知故障列车司机解钩成功，准备离钩 ③离钩退行约 5 m 后停车，通知故障列车司机已离钩 ④报行车调度员，按其指示执行	①故障列车到达目的地，做好防溜并立即恢复就近三节车的 B05 后，再联系救援立车司机解钩 ②按压解钩按钮不能解钩时，压钩或拉钩后重新解钩，仍不行时，通知故障列车司机，同时做好必要防护，下车进行人工解钩 ③离钩后，确认两车钩对中线不在同一直线

四、救援作业注意事项

1. 当列车发生故障需救援时，故障列车需切除 B05。故障列车切除 B05 连挂好后，司机应将方向手柄调整至“0”位，主控手柄调整至“N”位后，方可向救援列车司机汇报具备动车条件。救援列车连挂故障列车运行至指定地点，故障列车司机恢复就近三节 B05 后，方可进行摘钩作业。

2. 列车连挂救援时，如果故障列车已经施加了停放制动且无法缓解，则连挂后，司机需要下车缓解停放制动或由现场指挥指定胜任人员缓解停放制动。如果连挂后紧急制动无法缓解，需要断开两车驾驶室低压设备柜内的 CTCB 自动开关，切断自动车钩的电气连接。

3. 如果故障列车主风管泄漏严重，可能引起救援列车主风管压力迅速下降，应该关闭救援列车连接端自动车钩下的主风管隔离阀。

4. 推进运行救援时，故障列车司机在前端引导，负责确认前方进路，指挥全列车的运行，并且不间断与后方救援司机联系，给予其相应速度指引。列车运行安全由故障列车司机负责，遇紧急情况，故障列车司机立即通知救援列车司机紧急停车，必要时采取相应紧急措施。救援列车司机服从故障列车司机指挥，密切与其联系，掌握运行前方信息，严格准确控制运行速度，在接近目的地或前方停车信号前，及早降低速度，注意无动力列车的冲动。

5. 故障列车在区间申请救援时，列车连挂好后需要在前方站清客，故障列车司机要指挥救援列车司机控制好速度，按要求对标停车。待列车对标停稳后，故障列车司机通知救援司机施加停放制动。列车停妥后，故障列车司机按压强制开门按钮，确认开门使能信号给出后再按压开门按钮（车载 ATP 故障时切除 ATP），打开屏蔽门、车门，并广播通知乘客全部在此站下车，列车退出服务。确认站台清客完毕手信号后关门（有信号的确认进路防护信号的显示），按行车调度员的指示继续指挥救援司机推进运行到目的地。开门作业要严格执行“先确认、再呼唤，跨半步、再开门”的开门程序，防止错开车门。

6. 两列车连挂运行时，随时保持联系，防止中断，对讲机无法联控时，救援列车司机应及时通知故障列车司机使用手持台进行联系。

7. 在救援过程中，故障列车司机应根据救援方式及进程，掌握列车紧急电源（蓄电池）供电的期限，列车蓄电池可维持 45 min 的紧急照明及紧急通风，必要时报告行车调度员，然后可关断蓄电池。

8. 救援列车需推送故障列车至车辆段 / 停车场时，信号楼值班员应积极配合告知司机列车运行位置，在车辆段联锁设备上确认列车过标后应及时通知司机列车已过标。信号楼值班员接到行车调度员救援列车入段 / 场安排，将手持台转至相应频道，提前准备好救援接车进路并开放入段 / 场信号后，主动联控司机，正常情况下必须保证列车不停车入段。

9. 禁止使用工程车救援载客列车。使用工程车救援空载列车时，原则上救援列车连挂故障列车后限速 25 km/h 运行，工程车和空载列车的连挂指挥由列车司机担当，救援地点空间足够时，在地面进行指挥连挂，救援地点空间受限制时，在被救援列车上指挥连挂。

10. 司机离开驾驶室必须取得行车调度员同意并随身携带手持台、对讲机，下轨行区前必须穿好荧光衣、佩戴安全帽。故障列车司机离开故障端驾驶室时，不用关闭主控钥匙。

第四节　电话闭塞行车组织

城市轨道交通信号联锁系统发生故障时，一般应采用电话闭塞法组织行车。电话闭塞法是人工办理闭塞的一种方法，是车站和车辆段之间以电话记录号作为确认闭塞区间空闲的凭证，车站填写路票交付司机，利用路票作为列车占用区间的凭证，以车站值班站长或指定胜任人员的发车手信号作为发车凭证的一种行车组织方法。

一、电话闭塞的特点

站间电话闭塞法是在信号系统故障，不能使用ATP组织正常行车时，由两车站值班员利用站间行车电话，以电话记录的方式办理闭塞的行车组织方法，是代用闭塞法。

电话闭塞均按站间区间办理。由于电话闭塞没有机械、电气设备的控制，都靠制度加以约束，办理闭塞手续时必须严格。为保证同一区间、同一线路在同一时间内不误用两种闭塞法，在停用基本闭塞改用电话闭塞或恢复基本闭塞时，均必须根据行车调度员的调度命令办理。

二、电话闭塞使用时机与基本规定

1. 使用时机

遇以下情况时采用电话闭塞法组织行车：

（1）一个或多个联锁区联锁设备故障时。

（2）中央及车站工作站上一个或多个联锁区均无法对线路运行车辆进行监控时。

（3）根据现场情况，需要采用电话闭塞法组织行车时（单个设备故障原则上不采用电话闭塞法组织行车）。

2. 基本规定

（1）电话闭塞的闭塞区间为相同运行方向两架相邻出站信号机间的区域。

（2）使用电话闭塞法行车时，列车占用闭塞区间的行车凭证为路票，司机在闭塞车站必须拿到路票后凭发车手信号动车，一个闭塞区间只允许一趟列车占用。行车调度员发布电话闭塞法组织行车的调度命令后，闭塞区间内列车采用NRM模式驾驶，执行电话闭塞法行车的车站单方向发出的首列车限速25 km/h，同方向后续列车限速40 km/h。非固定股道接车、折返应在路票上注明接车、折返股道。使用电话闭塞法行车时，司机要加强瞭望，遇弯道时，司机需控制行车速度，遇突发事件时能够随时停车。

（3）执行电话闭塞法区段进路上的道岔必须锁定，优先使用ATS站级工作站锁定，当ATS站级工作站电子锁定无法使用时，由车站人员现场确认进路正确后使用钩锁器锁定（折返道岔钩锁器只挂不锁）。

（4）列车进出折返线或存车线（利用存车线进行站前折返作业除外）时，比照调车方式办理，限速15 km/h。车站准备好进路后，先用无线设备通知司机（如果设备故障，由现场人员口头通知），然后由值班站长或指定人员在指定地点显示道岔开通信号，司机凭显示信号进出折返线或存车线。

（5）启动电话闭塞法行车的时机。电话闭塞法区域内全部列车已在站停稳，所有区间空闲后，行车调度员及时向有关车站及司机发布命令。

（6）错误发出行车凭证的处理。

列车已安全到达前方站，则汇报行车调度员，该凭证收回，继续按规定办理接发列车作业。

列车尚未动车，则车站收回错误凭证，并打“×”注销，司机凭正确的行车凭证行车。

列车已动车且未到达前方站，车站发现后第一时间联控司机立即停车，同时报告行车调度员，行车调度员立即呼叫司机停车；若司机运行中发现凭证错误，必须立即停车，并报告行车调度员，由行车调度员、车站、司机共同确认前方进路是否安全。如果前方进路安全，则行车调度员通知司机（限速 25 km/h）运行到前方站，该凭证收回；如果前方进路未准备妥当，则待前方进路准备妥当后，车站报行车调度员，行车调度员再通知司机运行到前方站，该凭证收回。

（7）取消电话闭塞法行车命令发布后的处理。

取消电话闭塞法行车命令发布后，如果车站继续交路票给司机，司机应报告行车调度员，确认后视为路票无效。列车尚未发车时，车站应收回路票，打“×”注销。

如果列车在区间，行车调度员发布取消电话闭塞法行车的命令，司机凭路票运行至前方站台后，车站收回路票打“×”注销，司机按行车调度员命令动车。

当行车调度员通知取消电话闭塞法时，联锁功能又出现故障，行车调度员再次通知继续使用电话闭塞法组织行车时，车站应回收已交给司机的路票，取消本次闭塞，重新再办理闭塞手续。

（8）取消闭塞的规定。

已办妥闭塞因故不能接车或发车，需要取消闭塞时，若车站尚未将路票递交与司机，立即将路票打“×”注销，重新办理闭塞手续。若路票已递交与司机且司机尚未动车时，车站立即联控司机不要动车，收回路票并打“×”注销，通知该列车取消闭塞，列车原地待令，确认无误后，提出的一方发出的电话记录号作为取消闭塞的依据，并及时报行车调度员。正常情况下，若列车已经启动，原则上不能取消闭塞。

特殊情况下，列车出发后途中退回发车站时，发车站及时收回所发路票，并打“×”注销，由发车站向接车站发出电话记录号码作为取消闭塞的依据，并及时向行车调度员报告。再次发车时，车站必须重新办理闭塞，填发路票。

（9）电话闭塞法行车时司机的职责：

1）负责驾驶列车。

2）负责核对路票。

3）负责打开端墙门与车站交接路票。

4）负责确认道岔位置正确。

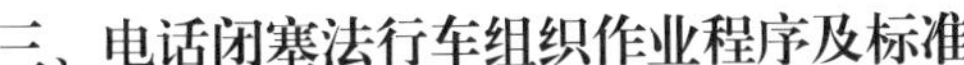

三、电话闭塞法行车组织作业程序及标准

1. 核对列车位置

启动电话闭塞法行车组织前行车调度员、司机、车站应核对列车位置。

（1）故障区域内各次列车司机按照行车调度员命令停车待令。

（2）故障及影响区域内的车站接行车调度员准备启用电话闭塞法的命令时，按规定复诵命令内容、做好记录并及时通知值班站长及相关人员，值班站长立即准备路票、电话记录号及行车备品等。

（3）行车调度员逐一与各次列车司机共同确认区域内的列车位置（列车在区间时包括确认前方进路是否有道岔、列车头部是否刚刚越过道岔等信息），故障区域内各次列车接行车调度员核对列车位置的命令时，应认真与行车调度员确认列车位置，准确汇报。

（4）准备启用电话闭塞法的各站接行车调度员核对列车位置的命令时，应与行车调度员认真核对列车位置，并根据行车调度员命令准确复诵相关内容。

（5）在行车调度员与车站核对列车位置时，车站应在线路图上记录本站及相邻站的列车位置及车次情况。

（6）车站如果发现列车占用情况与实际不符，必须报告行车调度员。行车调度员与故障区域内车站核对完列车位置后，车站在请求闭塞时不需要再与行车调度员核对列车位置。

2. 将停在区间的列车组织至车站站台

（1）当列车运行前方进路无道岔且前方站台无车占用时，司机凭行车调度员命令以NRM 模式，限速 25 km/h 运行至前方站站台。

（2）当列车运行前方进路有道岔（列车头部未越过道岔）且前方站台无车占用时，行车调度员命令相关车站在 LOW/LCW 界面上进行道岔单解、单锁操作。若能实现该功能，车站根据行车调度员命令将道岔单操至正确位置并电子锁闭；若无法实现该功能，车站应及时向行车调度员汇报，相关有岔站向行车调度员申请下轨行区，并根据行车调度员命令现场确认道岔位置正确后加锁道岔，人员出清，然后向行车调度员汇报“×× 站至 ×× 站上行 / 下行进路正确”，最后由行车调度员指令司机以 NRM 模式、限速 25 km/h 运行至前方站站台。

（3）当列车头部已越过道岔或列车压在道岔上且前方无车占用时，司机凭行车调度员命令以 5 km/h 速度移动，列车出清岔区后以 NRM 模式限速 25 km/h 运行至前方站站台。列车到站停稳后，司机及时向行车调度员汇报，接司机汇报后，行车调度员命令车站在 LOW/LCW 界面上进行道岔单解、单锁操作。若能实现该功能，车站根据行车调度员命令将道岔单操至正确位置并电子锁闭；若无法实现该功能，车站及时向行车调度员汇报，申请下轨行区，并根据行车调度员命令现场确认道岔位置正确后加锁道岔，人员出清，然后向行车调度员汇报“××站至××站上行/下行进路正确”。

（4）停在区间的列车动车时，司机需将调度命令登记在记录簿上，未收到命令时，严禁动车。区间停车2 min，司机未收到行车调度员任何命令时，必须主动与行车调度员联系。

3. 接收执行电话闭塞法组织行车的命令

（1）故障区域及相关受影响的区域内全部列车已运行至车站，所有区间空闲后，行车调度员发布执行电话闭塞法组织行车的命令，车站、司机均应按电话闭塞法组织行车。

（2）故障区域内各次列车、车站接行车调度员执行电话闭塞法组织行车的调度命令时，应认真记录，按照规定复诵。车站接完命令后将内容及时汇报至值班站长。

（3）车站接到电话闭塞法命令后，行车值班员需与站台岗再次确认站台是否有车，并将核对时间点及有无列车填写在行车日志上。

4. 进路准备

（1）无岔站

查看站台是否有车占用，若空闲，由站台岗检查线路是否具备接车条件，并及时汇报行车值班员。

（2）有岔站（非折返站）

首趟列车进路的办理按照以下步骤执行，后续列车的办理参照非联锁站执行。

相关联锁站优先在LOW/LCW界面上将道岔单操至正确位置并电子锁闭，若无法实现该功能，相关有岔站行车值班员告知行车调度员“××站下轨行区人工排列进路”，通知值班站长准备列车进路。值班站长办理完所有进路，所有人员、工器具出清后，报行车值班员，行车值班员及时报行车调度员。

（3）折返站

若站台有车且列车运行前方区间无道岔时，行车值班员与前方站联系，及时请求闭塞。

若为其他情况时，优先在LOW/LCW界面上将道岔单操至正确位置并电子锁闭，若无法实现该功能，折返站行车值班员报告行车调度员“××站下轨行区人工排列进路”，行车值班员通知值班站长需要准备的进路名称，值班站长办理好进路，与所有人员（携带工器具）进入安全避让区域后，报行车值班员。

5. 办理闭塞

（1）车站请求闭塞的条件

本站首趟发车时，发车进路准备妥当、人员工器具出清线路，在获得发车的车次后就

可向前方站请求闭塞。首趟车过后，在同意后方站闭塞请求，前方站已报出清点后即可向前方站请求闭塞。如果前方站没有及时报出清点，车站要主动询问前次列车是否出清。

（2）车站同意闭塞的条件

1）非折返站同意闭塞的条件为接车进路准备完毕，接车线路空闲。

2）折返站（站后折返）同意闭塞的条件为本次列车的接车进路准备完毕，前次列车驶入折返线停稳。

3）折返站（站前折返）同意闭塞的条件为本次列车的接车进路准备完毕，前次列车到达折返站的下一个车站站台停稳。

（3）填写行车日志、路票

1）行车日志填写。办理列车闭塞手续的过程中，应依次将相关信息如车次、同意闭塞的电话记录号码、同意闭塞时间完整记录至行车日志。

2）路票填写。车站必须办理完闭塞后才能填写路票。车站签发路票时，必须由行车值班员在车控室按照行车日志内容认真填写。所有路票的填发必须得到值班站长的同意。车辆段或停车场签发路票时，路票应由信号楼值班员亲自填写，信号楼值班员必须根据 ATS 系统 MMI 工作站、信号计算机操作台或行车日志查明转换轨空闲，得到相关车站承认闭塞号码后，方可填写路票，并对路票的六要素进行确认。路票式样如图 6–2 所示。

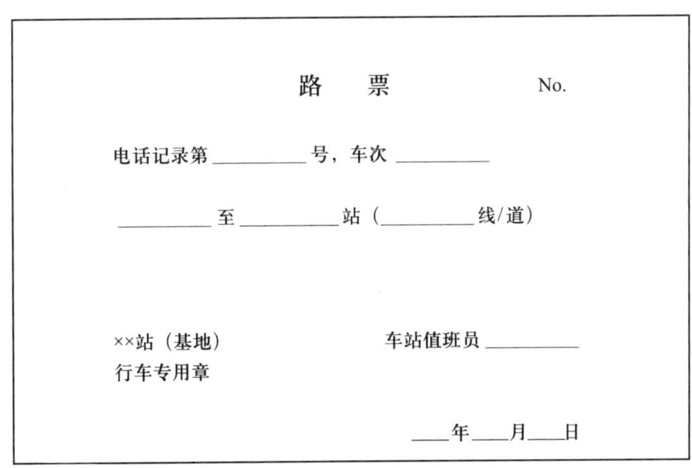
路　　票　　No.

电话记录第 ________ 号，车次 ________

________ 至 ________ 站（________ 线/道）

××站（基地）
行车专用章

车站值班员 ________

____年____月____日

图 6–2　路票式样

3）路票六要素。路票六要素包括电话记录号码、列车车次、运行区间、值班员签名、日期、行车专用章。

（4）路票填写的其他要求

1）首列车发车时（首列车以车站单方向发出第一张路票为准），行车值班员在路票左上角加“首”字样，并填写限速 25 km/h，首列车前方进路有道岔时，车站需在路票上注明

“已加锁”（非办理进路车站需要询问办理车站），司机交接路票时做好确认。

2）路票作为行车凭证，在填写六要素时，不得简写或增添字句，不得随意涂写、撕毁，如有增添字句及涂改均应作废，必须重新填写。车站名必须写全、车次号后不需再增添“次”。

3）路票填写的日期以接车站承认闭塞时间为准，零时以前办理的闭塞，司机如果在零时后收到路票，仍视为有效。

（5）核对路票

1）核对第一环节，行车值班员与值班站长或另一名行车值班员（折返站）之间的核对。行车值班员填写完路票后，值班站长确认路票无误后在路票背面签字确认。

2）核对第二环节，行车值班员与递送人之间的核对。行车值班员将路票交与递送人员，递送人员询问行车值班员路票要素，行车值班员必须根据行车日志内容回答，递送人员确认行车值班员所答与路票填写一致后方可将路票带出车控室。

3）核对第三环节，递送人员与司机之间的核对。路票交接地点为司机所在驾驶室的端墙门内，递送人员将路票交给司机，司机接到路票后必须与递送人员认真核对路票六要素，核对无误后方可收取路票。司机接到车站递送的路票后，与车站再次确认前方闭塞区间空闲。

若在核对路票时，发现路票有涂改、增添字句或字迹不清等异常情况，路票接收者可拒绝接收路票。

4）收回路票的处理。列车到站后，由行车值班员指定人员收回路票，并在路票正面斜对角打“×”注销。折返站在列车到站后立即收回路票，严禁将路票带入折返线。不需要发路票的车站可由站台岗收回路票，并在路票正面斜对角打“×”注销。收回的路票必须及时交车控室按上、下行分开整理保存。

6. 发车规定

（1）递送人员向司机递交完路票后及时退出并关闭端墙门，司机根据乘客上下车情况关闭屏蔽门及车门。

（2）递送人员确认屏蔽门、车门安全后，在列车前进方向第二个车门处向司机显示发车手信号，待司机动车后方可收回。

（3）列车出清站台后，递送人员必须立即向车控室报告。

（4）车控室接到列车出清的报告后，立即查看时间并填写行车日志。

7. 办理闭塞及接发列车的互控要求

行车值班员办理闭塞时，应与值班站长或另一名行车值班员（折返站）做好互控，并在占线板上做好记录。

8. 报点

（1）报点规定

电话闭塞法组织行车时，受故障影响的车站均为闭塞车站，闭塞车站必须向前方站、后方站报出清点。由报点站及闭塞区间两端站向行车调度员报点。电话闭塞法区段包括信号楼管辖区域时，车辆段/停车场信号楼向行车调度员报点。列车进入折返线停稳后，由到达司机向车站报点。

（2）报点的顺序

到达点：列车到站时报点站及两端站及时向行车调度员报到达点。站前折返时，折返站前方站需向折返站报列车到达点。

出清点：列车出清站台时，需向行车调度员报点的车站报点顺序依次为前方站、后方站、行车调度员，不需向行车调度员报点的车站在列车出清后报点顺序依次为前方站、后方站。列车尾部越过XR/XC信号机时，车辆段/停车场信号楼应及时向相关站报点。

（3）记点要求

列车到达、出清时行车值班员及时将时间填入行车日志相应表格内。列车折返作业或者进出存车线时，车站应记录列车到站停稳的点、进折返线/存车线出发的点、到存车线停稳的点、到另一侧站台停稳的点、出清另一侧站台的点。

四、其他注意事项

1. 采用电话闭塞法时，折返站行车值班员需与司机核实列车车次。

2. 折返站终到列车到站清客完毕后关闭屏蔽门，保持车门开启，停车待令。

3. 当线路的联锁站设备可以对道岔电子锁闭时，操作站操作完毕后通知有岔站，相关有岔站必须通过监控设备对道岔位置进行确认，确认正确无误后报告相关联锁站。

4. 当电话闭塞法命令已解除，但个别道岔仍未恢复正常使用时，如需进行道岔扳动试验，通号人员可直接与行车调度员联系，由行车调度员单操道岔进行试验。道岔未恢复前，行车调度员需要组织列车经过该道岔时，由车站人员准备好进路，并向行车调度员汇报。

5. 正线使用钩锁器钩锁的道岔原则上等运营结束后再组织解除。车站人员撤除钩锁器时，需与通号人员共同下线路，撤除钩锁器后，通号人员恢复道岔安全节点。

6. 当采用电话闭塞法时，列车需折返或进入存车线，车站人员准备完进路进入安全区域内，方可办理接发列车作业。无须折返或进入存车线及无安全区域的车站，车站人员必须出清线路后，方可办理接发列车作业。

五、电话闭塞法联控用语

电话闭塞法联控用语见表 6–3。

表 6–3　　电话闭塞法联控用语

序号	联控项目	联控用语
1	请求闭塞	××站上/下行××次请求闭塞
2	同意闭塞请求	××站×点×分×秒同意上/下行××次闭塞，电话记录号码××
3	列车即将进站时，车控室通知站台岗接车	上/下行列车准备进站，注意接车
4	列车停稳后站台岗向车控室汇报	上/下行列车停稳
5	列车出清后站台岗向车控室汇报	上/下行列车出清
6	车站办理好进出折返线或存车线的进路后，联控司机	（1）××次司机，折Ⅰ（Ⅱ）道/存车线至上行/下行站台进路准备妥当，凭现场人员“道岔开通”信号动车 （2）××次司机，上行/下行站台至折Ⅰ（Ⅱ）道/存车线进路准备妥当，凭现场人员“道岔开通”信号动车
7	车站向临站报点	××次×点×分×秒××站出清
8	车站/信号楼向行车调度员报点	××站/信号楼报点，××次×点×分×秒××站/信号楼出发/到达
9	已办妥的闭塞需取消时	××站取消上/下行××次闭塞，电话记录号码××

思考与练习

1. 简述突发事件的定义及其特点。
2. 简述突发事件的处理原则。
3. 列车在站内接触网停电，司机应怎样处理?
4. 信号设备故障主要有哪几种?
5. 恶劣天气列车制动原则是什么?
6. 列车在站内启动后，乘客按压报警按钮该如何处置?
7. 简述列车在区间内疏散乘客作业的流程。
8. 列车冲突、脱轨该如何处置?
9. 简述列车故障救援原则。
10. 简述电话闭塞行车组织适用范围。
11. 简述电话闭塞法行车组织作业程序。
12. 简述电话闭塞法作业发车规定。

第七章　段 / 场运作与施工作业

学习目标：

- ◆ 熟悉城市轨道交通车辆段设备概况。
- ◆ 掌握城市轨道交通车辆调车作业步骤和作业要求。
- ◆ 掌握城市轨道交通车辆调试作业。
- ◆ 熟悉城市轨道交通施工作业流程。
- ◆ 掌握城市轨道交通列车洗车作业。
- ◆ 掌握城市轨道交通工程车开行作业。

车辆段是城市轨道交通车辆停放、检修的基地。按照国家标准《地铁设计规范》（GB 50157—2013）的规定，车辆段根据功能不同，可分为检修车辆段（简称车辆段）和运用停车场（简称停车场）。车辆段根据检修作业范围不同，可分为架 / 厂修段和定修段，独立设置的停车场应隶属于相关车辆段。

车辆段的日常作业范围包括以下内容：列车停放、编组和日常检查，一般故障处理、清扫洗刷及定期消毒等日常维护保养；沿线存车线上在线列车的日常检查和一般故障处理；车辆的定修、架 / 厂修等定期修理；车辆的临时性故障检修；段内设备、机具的维修和调车机车、工程车等设备的整备及维修；根据运营管理模式要求，必要时负责配属列车的乘务作业。

第一节　调 车 作 业

一、调车作业基本知识

城市轨道交通列车除在正线上运行以外，凡因列车折返、转线、解体、编组和车辆摘挂、取送等作业需要，列车或车辆在线路上进行有目的的调动，都属于调车。

1. 调车作业分类

按调车目的不同，城市轨道交通车辆调车主要有折返调车、转线调车、解体调车、编组调车、摘挂调车和取送调车等。其中，折返调车是列车在折返站的正线、折返线和渡线等线路上进行的调车作业，其他种类的调车是列车或车辆在车辆段的牵出线、调车线、检修线和洗车线等线路上进行的调车作业。

调车作业主要在车辆段和折返站内进行，动力源是内燃机车或动车。车辆段调车作业的特点是作业量大且复杂，除列车折返调车外，其他各种类型的调车都有。

2. 调车作业方法

调车作业方法有推送调车法和溜放调车法两种。

推送调车法是指将车辆由一股道调移到另一股道，在调动过程中不摘车的作业方法。溜放调车法是指推送车辆达到一定速度后摘钩制动，使摘解的车组借助获得的动能溜放到指定地点的作业方法。

与溜放调车法比较，推送调车法需要的时间较长，但却是一种比较安全的调车方法，因此城市轨道交通调车大多采用推送调车法，图 7–1 所示为推送调车作业过程。

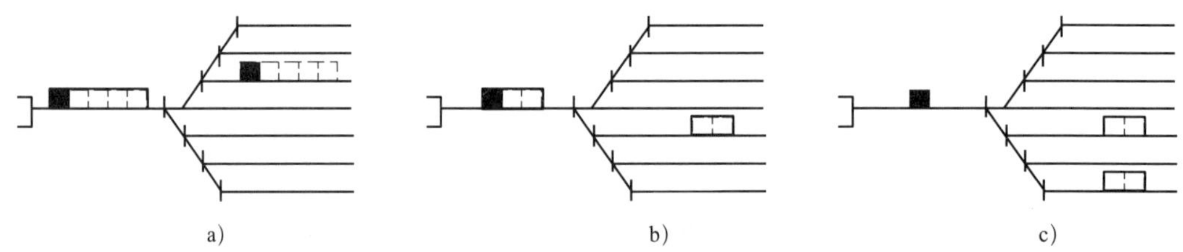

图 7–1　推送调车作业过程

a）牵出待解车列　b）摘解第一车组并返回　c）摘解第二车组并返回

3. 调车作业的任务

调车作业是城市轨道交通车辆运行的重要组成部分，也是车辆基地内的一项重要工作。在行车安全方面，调车作业安全同样是重点，因为调车作业是确保城市轨道交通车辆运行的重要环节之一，它对提高运行效率，做好列车后勤保障，使电动列车的维修、检查、保养等工作顺利完成有着十分突出的作用。

调车作业的任务主要包括：

（1）及时、正确地进行调车作业，保证电动列车按运行图规定时刻发车，按运行图的要求安排使用列车。

（2）及时取送需检修的车辆，保证检修车辆按时到位。

（3）保证基地设备及调车作业运行安全和人身安全。

（4）确保其他物资运输正常进行。

二、调车作业基本规则

1. 调车工作的指挥原则

调车作业是一项多工种联合进行的复杂作业，为了安全、协调、迅速地进行工作，按

时完成调车任务，必须实行统一领导、单一指挥。

（1）统一领导

统一领导是指在同一时间内，调车工作由车站行车值班员（值班班长）或车辆段调度员统一领导本站 / 段的调车工作。所有与调车工作有关的人员必须认真执行命令、指示和作业计划，按调车作业计划进行车调度作业。

（2）单一指挥

单一指挥是指在同一时间内，调车作业计划的执行、作业方法的拟定和布置，以及调车机车的行动，只能由调车指挥人一人负责指挥，中途不能轮流指挥。调车组的调车长是调车作业的指挥人，在无调车长且采用手信号调车时，可由运转值班员指定在业务知识和指挥技能方面能够胜任的人员负责调车作业指挥。信号楼值班员负责办理调车作业进路并监控调车作业的安全进行。

2. 调车作业制度

（1）交接班制度

交接班时，调车组在规定地点对号交接线路存车数、停留车位置、安全事项及有关注意事项等内容。

（2）作业前准备制度

在调车作业前，调车长应将调车作业计划、作业方法向调车司机及其他调车人员传达清楚。调车员应对线路、车辆进行检查，在解体调车作业前，必须确认连接车辆的机械、电路与气路装置已处于拆开状态。

（3）要道还道制度

要道还道是指调车长或调车司机向信号楼值班员要道，信号楼值班员在进路准备妥当后向调车长或调车司机还道。在非集中联锁设备或集中联锁设备因故不能使用时，调车作业必须执行要道还道制度。

要道还道制度是一项确保安全的互控制度，目的是防止车辆进错股道或发生挤岔事故。

（4）班后总结制度

每班工作结束后，由调车长负责召集调车组人员，总结本班生产任务完成、安全等情况，遇非正常情况及时向运转值班员报告。

3. 调车作业计划

调车作业通过调车作业计划实现，调车作业计划是调车作业的凭证与依据。

调车作业计划是指调车工作的有关领导人员（运转值班员或行车值班员）向调车作业人以书面形式下达或口头布置的调车作业通知，内容包括起止时间、担当列车（或机车）司机、作业顺序、股道号、摘挂辆数（编组车号或车位）、安全注意事项等。

（1）调车作业计划的编制、传递

1）计划编制。由于调车作业地点比较分散，涉及作业部门较多，钩数不易记忆，环境因素对作业影响较大，所以一般规定调车作业钩数在三钩以上时，应由行车管理有关部门制订调车作业计划。

调车作业计划应由运转值班室值班员或行车值班员根据生产部门提出的要求和运行实际状况，正确、合理、及时地制订。

制订调车作业计划时，应充分考虑各方面的因素与条件，力求在确保行车安全的前提下，提高调车作业效率，以最少的作业钩数、最短的调车行程，完成相应的调车作业任务。

2）计划传递。调车领导人员（运转值班员或行车值班员）在编完调车作业计划后，应向信号楼值班员、调车长等参加作业的人员传达清楚，参加调车作业的有关人员在接受调车计划时，必须复诵，核对正确无误后执行。

为了正确、及时地完成调车作业任务和要求，调车指挥人或调车长在向参加作业的其他人员传达调车计划时，应预想作业安全事项，进行具体作业方法、注意事项等情况的部署，并核对复诵计划，使参加调车作业的人员都做到心中有数，避免误听、误传引起作业重复，以及其他不良后果。

（2）调车作业计划的变更

变更调车作业计划主要是指变更作业股道、摘挂辆数与车辆号、作业方法及取送作业或转线的区域或线路。

1）调车作业必须严格按照调车作业计划规定的内容与要求进行，不准擅自改变作业内容与计划。

2）如因运行状况及生产实际需要，必须变更调车作业计划时，应该停止进行中的作业。

3）运转值班员或行车值班员将变更后的计划向调车人员及信号员重新布置，传达清楚，并且进行核对和复诵，确认无误后，方可继续作业。

4）变更作业计划不超过三钩时，可以以口头方式传达；超过三钩时，应重新编制书面调车作业计划，取消执行原计划。

5）为了贯彻集中统一指挥的原则，调车作业中，调车长在作业过程中决定必须变更原计划时，应及时向有关行车、运转调车领导人员反映，由调车领导人员重新编制书面计划后执行。

6）所谓调车作业中的“一钩”作业，一般是指列车（或机车）或所挂车辆的运行由线路的某一股道到另一股道并且改变运行的方向。

三、调车作业组织

1. 调车作业运行

（1）调车进路准备

在办理调车进路前，信号楼值班员应做到三确认：确认不存在与调车作业有干扰的接发列车和检修施工作业，确认调车线路空闲，确认调车组做好作业准备。在调车作业过程中，信号楼值班员应掌握列车运行图规定的列车出入段时刻，防止因调车作业影响出入段列车的运行。如果调车作业影响列车出入段运行，必须得到行车调度员的批准。

（2）调车进路确认

调车组由调车长、调车司机和调车员组成。在调车作业前，调车长除布置调车作业计划和有关注意事项外，还应督促和带领调车人员做好作业前准备工作。调车组人员应穿戴好防护用品，准备好信号旗或信号灯，确认对讲机等无线通信设备性能良好。

在调车作业中，调车长应正确及时地显示信号，指挥调车作业进行，组织调车人员按计划安全地完成调车任务。为了明确调车长和调车司机的职责，根据作业中所处的位置和所具备的瞭望条件，规定在牵引车辆运行时，前方进路的确认由调车司机负责，在推进车辆运行时，前方进路的确认由调车长负责。调车长所处位置确认前方进路有困难时，可指派参加调车作业的其他人员确认。

（3）调车进路取消

办理调车进路力求正确、及时，不能随意取消，否则可能会造成脱轨等事故，危及行车安全。排列好的进路一旦因故取消时（如错误操作导致调车进路排错或调车进路按计划排列好后需停车作业而取消调车进路），应在调车及车辆未启动前，并在通知调车长和调车司机后，关闭调车信号，取消调车进路。

（4）调车速度

调车作业要做到安全、迅速、准确，掌握调车速度是关键。

调车司机必须严格按照行车组织规则及有关规章制度规定的限制速度和调车指挥人的信号要求操纵机车，在任何情况下，不准超速作业。

调车指挥人除注意观速、观距，正确及时地显示信号外，还要准确掌握速度，不准超过规定，若发现司机超速危及安全时，必须立即显示停车信号。

调车作业时，应根据不同种类调车作业的特点，准确掌握调车速度。在瞭望条件困难或气候条件不良时，应适当降低调车速度。在尽头线上调车时，距车挡应有一定的安全距离。特殊情况下必须进入安全距离内进行调车作业时，要严格控制速度，确保安全。不同调车作业项目的速度限制有所不同，调车允许速度见表 7–1。

表 7–1　调车允许速度

调车作业项目	速度（km/h）
车辆段空线上牵引调车	20
载客车辆调车	15
车库内及检修线上调车	5
接近连挂车辆调车	3
尽头线调车	3

调车作业结束后，调车组应使列车或车辆停于线路警冲标以内，对暂不移动的列车或车辆应按规定采取防溜措施。

（5）信号显示制度

调车作业必须按照防护信号机或调车手信号的显示要求进行。没有信号，调车司机不准动车进行调车作业。在调车作业中，调车司机要时刻注意确认信号，不间断地进行瞭望，认真执行呼唤应答制，按信号显示要求进行作业。如遇信号显示不清，调车司机应立即停止调车，严禁臆测作业。

调车手信号显示种类包括停车信号，减速信号，指挥列车或车辆向显示人方向来信号，指挥列车或车辆向显示人反方向去信号，三、二、一车距离信号，连挂作业信号等。调车手信号的显示，昼间使用信号旗，夜间使用信号灯。地下站按夜间办理，使用信号灯。调车手信号在对方做出回示后就可停止显示，但停车信号在列车或车辆停车后方可收回。

调车手信号的种类及显示方式见表 7–2。

表 7–2　调车手信号的种类及显示方式

序号	调车手信号类别	显示方式	
		昼间	夜间
1	停车信号	展开的红色信号旗；无红色信号旗时，两臂高举头上，向两侧急剧摇动	红色灯光；无红色灯光时，用白色灯光上下急剧摇动
2	减速信号	展开的绿色信号旗下压数次	绿色灯光下压数次
3	指挥列车或车辆向显示人方向来的信号	展开的绿色信号旗在下方左右摇动	绿色灯光在下方左右摇动
4	指挥列车或车辆向显示人反方向去的信号	展开的绿色信号旗上下摇动	绿色灯光上下摇动
5	指挥列车或车辆向显示人方向稍行移动的信号（包括连挂）	左手拢起红色信号旗直立平举，右手展开绿色信号旗在下方左右小动	绿色灯光下压数次后，再左右小动

续表

序号	调车手信号类别	显示方式	
		昼间	夜间
6	指挥列车或车辆向显示人反方向稍行移动的信号（包括连挂）	左手拢起红色信号旗直立平举，右手展开绿色信号旗在下方上下小动	绿色灯光平举并上下小动
7	三、二、一车距离信号	右手展开的绿色信号旗下压三、二、一次	绿色灯光平举下压三、二、一次
8	连挂作业	两臂高举头上，拢起的手信号旗杆成水平，末端相接	红、绿色灯光（无绿色灯光时用白色灯光代替）交互显示数次
9	试拉信号	按本表第 6 项的信号显示，当列车启动后立即显示停车信号	
10	取消信号：通知前发信号取消	拢起的手信号旗，两臂于前下方交叉后，左右摇动数次	红色灯光做圆形转动后，上下摇动

在进行车辆连挂时，应根据停留车位置的距离，向调车司机显示三、二、一车距离信号。调车司机应注意确认三、二、一车距离信号，并鸣笛回示，然后按信号显示要求进行挂车作业。没有三、二、一车距离信号，调车司机不准挂车。调车司机没有鸣笛回示，调车长应立即显示停车信号。当因天气不良、照明不足或地形地物影响，调车长确认停留车位置有困难时，应派胜任人员在停留车的连挂一端显示停留车位置信号。车辆连挂前要一度停车，车辆连挂后应先试拉，确认连挂妥当后方可启动。

2. 尽头线调车

（1）尽头线调车规定

1）在尽头线上进行调车作业时，距离线路终端应有不小于 10 m 的安全距离，包括被摘挂车辆的停留。

2）在特殊情况下，距离线路终端距离必须小于 10 m 时，要严格控制列车运行速度，以随时能停车的速度（3 km/h 以下）运行。

3）如果需摘挂车辆，应报告有关行车管理人员。

4）天气或环境情况恶劣，导致瞭望距离较短时，通常不允许在尽头线末端小于 10 m 处摘转车辆或作业。

（2）手推调车规定

所谓手推调车是指以人力推动列车走行至目的地的方法。一般情况下，手推调车只在基地内列车检修作业中短距离移动列车时使用。我国部分城市轨道交通运营企业中，原则上禁止手推调车作业。手推调车操作时必须遵守以下安全规定：

1）与被移动列车相关的作业要停止，防止发生人身伤亡事故。

2）要严格掌握调车速度，必须有相应的安全措施确保制动良好，并指定专门人员负责。

3）手推调车速度不得超过 3 km/h，每批手推调车不得超过一辆重车或两辆空车，防止失控造成不良后果。

4）车辆走行时，必须有专人进行指挥，并得到有关行车管理人员的同意。

5）手推调车指挥人应与运转值班室及信号控制部门联系，安排作业计划，开通调车进路，开放调车信号。

6）下列情况时禁止手推调车：暴风、雨、雪天气影响线路及周围瞭望时，线路夜间无照明设备时，线路坡度大于 2.5‰时，制动措施不能保证能随时停车时，能进入接发列车进路的线路上无脱轨器或无隔开设备时，车辆装载有易燃、易爆物品时，同一线路上两组车同时手推调车时。

7）手推调车时，必须有操作熟练的人员把关，在采取好各项安全措施后才能进行，确保手推调车过程安全。

3. 其他安全规定

（1）调车作业时，无论什么原因导致调车的列车越过显示红灯的信号机，造成“挤岔”时，调车司机都应该停车，严禁擅自移动列车、机车，列车司机应立即报告行车管理人员（行车调度员、行车值班员、运转值班员），等待来人确认情况后，根据现场处理指挥人员的命令和允许移动的信号，将列车、机车行驶至规定位置。

（2）调车作业时，需停留的列车不得超越警冲标与压占道岔位置，以免造成走行线路堵塞，影响其他相邻进路的开放。确实要越出警冲标或压占道岔位置时，应得到有关行车管理人员的批准，并根据要求及时开通线路。

（3）通常情况下，城市轨道交通各车站、基地（车辆段 / 停车场）内禁止调车过程中进行溜放作业。

（4）调车作业中遇到同一线路上需连挂多节车辆时，禁止采用连续连挂的方式运行。

（5）基地线路上调车作业时，空车四辆以上（含四辆）、重车两辆以上（含两辆）必须连接制动风管。正线进行调车及施工作业连挂列车时，必须全部连接制动风管。

（6）调车作业中，在线路上停留的列车如果不能以自动制动机、手制动机进行制动防溜时，应采用止轮器对列车进行制动。

四、调车作业程序及要求

1. 调车作业计划

（1）调车领导人员应正确及时地编制、布置调车作业计划，并将作业计划向信号楼值班员和调车长下达。

（2）车辆段当值调度人员根据工作任务编制好调车作业计划后，以书面形式向信号楼值班员及调车长下达。

（3）信号楼值班员根据调车作业通知单及段 / 场接发车时间，与调车指挥人联系确认具备调车作业条件后，方可开始作业。

2. 调车作业程序及要求

（1）调车作业必须按照调车信号机或调车手信号的显示要求进行。没有信号，调车司机不准动车进行调车作业。在调车作业中，调车司机要时刻注意确认信号，不间断地进行瞭望，认真执行呼唤应答制，按信号显示要求进行作业。遇信号显示不清时，调车司机应立即停止调车，严禁臆测作业。

（2）调车作业中遇原路返回时，调车司机必须与信号楼值班员联系确认，并取得信号楼值班员的同意，方可原路返回。信号楼值班员要密切注意信号楼控制台光带的变化，遇列车位置不清、动态不明，严禁操纵控制台按钮。

（3）向库内有车占用的线路取送车时，控制台无法排列入库的调车进路，信号楼值班员应将调车进路的道岔单操到规定位置并单锁，接通光带加以确认，无误后方可进行取车作业。

（4）以调车机为动力取送电客车时，要求一名调车作业司机在电客车上配合对电客车进行打风、制动、缓解及连挂作业，并在推进运行中负责前方线路的确认。动车前由电客车上的调车作业司机确认受电弓已落下、轨旁及车下无人员作业后，方可联系调车司机动车。

（5）取消调车进路时，信号楼值班员必须通知调车作业司机，在得到调车作业确已停止的回答后方可关闭调车信号，严禁擅自关闭信号。

（6）调车作业必须占用转换轨时，信号楼值班员使用调度直通电话向行车调度员请求授权使用转换轨进行调车作业。行车调度员授权后，信号楼值班员与邻站值班员联系，通报作业内容，经邻站值班员同意后方可占用转换轨作业。

（7）调车作业时，要严格执行调车速度有关规定。经平交道口及进库前一度停车，连挂车辆按要求显示三、二、一车距离信号，接近被挂车辆车钩不小于 10 m 处一度停车，再以规定的速度连挂车辆。

（8）在连挂车辆前，调车作业人员要先检查防溜措施是否良好，确认连挂妥当后方可撤除防溜措施。停溜的列车或车辆必须停于线路警冲标内方，对暂不移动的列车或车辆要做好防溜措施。

（9）一批调车作业（一张“调车作业通知单”上载明的作业）结束后，要及时报告基地当值调度人员本次调车作业完毕，反馈作业中的异常情况，并将调车作业通知单回传给当值调度人员。

3. 调车作业标准用语

（1）段/场作业联控用语标准

段/场作业联控用语标准见表7–3。

表7–3　**段/场作业联控用语标准**

序号	呼唤时机	调车司机	信号楼值班员	备注
1	列车/调车整备作业前	（1）信号楼，××次××车×道×端整备作业	（2）××次××车×道×端整备作业，信号楼明白	司机在到达指定列车停放地点时呼叫信号楼
2	调车作业准备完毕后	（1）信号楼，××车××道×段整备作业完毕，具备动车条件 （3）信号楼，请开放××道×段往××道×段（牵出线）调车信号 （5）××道×段往××道×段（牵出线）调车信号白灯好，可以动车，司机明白	（2）××车××道×段整备作业完毕，具备动车条件，信号楼明白 （4）××道×段往××道×段（牵出线）调车信号白灯好，司机可以动车	调车作业前与信号楼值班员核对调车计划 按照信号显示进行转线作业，执行“红、蓝停，白灯行”的原则
3	调车作业需越过红/蓝灯时	（2）允许××车越过××信号机红/蓝灯进入××道×段，司机明白	（1）××车越过××信号机红/蓝灯进入××道×段	信号机故障开放不了时，信号楼值班员准备好进路后再通知司机
4	解（挂）车未越过信号机，需要原路折返时	（1）信号楼，××道×段司机请求原路折返回××道 （3）同意××车原路折返至××道×段，司机明白	（2）信号楼同意××车原路折返至××道×段	信号楼确认折返进路正确并加锁后，方可通知司机原路折返
5	调车作业完毕后	（1）信号楼，××车已在×道×段停稳，做好防溜	（2）信号楼，××车已在×道×段停稳，做好防溜，信号楼明白	—
6	需操纵台换端时	（1）信号楼，××车在×道×段已停稳 （3）（换端后）信号楼，××车在×道×段已换端完毕，请开放××道×段（牵出线）往××道×段调车信号 （5）××车××道×段（牵出线）往××道×段调车信号白灯好，可以动车，司机明白	（2）××车在×道×段已停稳，信号楼明白 （4）××车××道×段（牵出线）往××道×段调车信号白灯好，司机可以动车	若列车未够位，信号楼值班员必须提醒司机继续往前移

续表

序号	呼唤时机	调车司机	信号楼值班员	备注
7	某道待令	（2）× × 次 × × 车司机 × 道 × 段待令，司机明白	（1）× × 次 × × 车司机 × 道 × 段待令	—
8	车辆在封锁线路作业完毕请求动车时	（1）信号楼，× × 车 × 道 × 段作业完毕 （3）信号楼，请开放 × × 道 × 段往 × × 道 × 段调车信号 （5）× × 道 × 段往 × × 道 × 段调车信号白灯好，可以动车，司机明白	（2）× × 车 × 道 × 段作业完毕，信号楼明白 （4）× × 道 × 段往 × × 道 × 段调车信号白灯好，司机可以动车	封锁作业完毕后，车辆必须停在防护信号机内方，如果不能停在信号机内方，则按越过关闭信号机处理 作业完毕后，信号楼及时向司机传达作业计划
9	尽头线停车	三车、二车、一车、停车	—	—

（2）段 / 场作业呼唤应答标准

段 / 场作业呼唤应答标准见表 7–4。

表 7–4　段 / 场作业呼唤应答标准

呼唤时机	单司机	双司机		备注
		操纵司机	监控司机 / 监控人员	
出库、入库动车前	库门好、道口好	复诵	库门好、道口好	—
库门前平交道口	一度停车	复诵	一度停车	—
调车信号机开放后	调车信号白灯好 / 红（蓝）灯停车	复诵	调车信号白灯好 / 红（蓝）灯停车	进路信号已开放，并与信号楼联控完毕，动车前确认信号呼唤
调车作业三、二、一车距离	限速 8 km/h、5 km/h、3 km/h	限速 8 km/h、5 km/h、3 km/h	三车、二车、一车	—
一度停车标前	一度停车	复诵	一度停车	—
进入尽头线运行	限速 8km/h、5 km/h、3 km/h，尽头线注意停车	限速 8km/h、5 km/h、3 km/h，尽头线注意停车	三车、二车、一车，尽头线注意停车	—
遇接触网终端标	严禁越过	严禁越过	终端标注意	—

第二节 调试作业

城市轨道交通列车在正式投入运营之前，都要进行调试和验收。调试首先要制定调试大纲，大纲是以技术规格书、操作手册和相关的技术资料为基础进行制定的。根据调试阶段不同，调试分为静态调试、动态调试和 200 km 试运行，如图 7–2 所示。

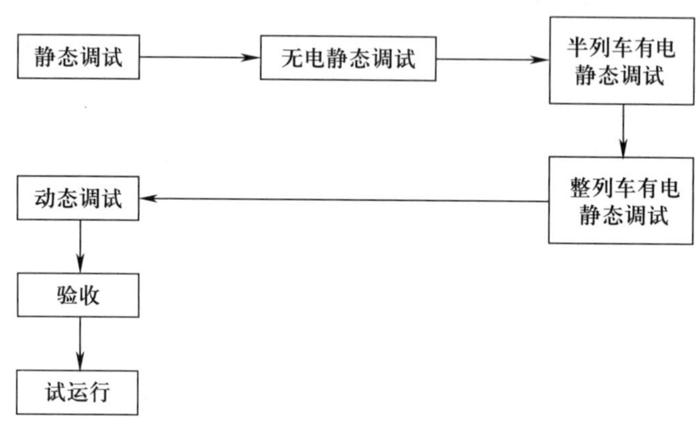

图 7–2 列车调试流程

一、调试作业基本知识

1. 调试准备

车辆段内进行任何调试作业（包括信号、机车、车辆的任何调试、试验及投入运营服务前所做的准备工作）时，调试工作负责部门必须派出技术人员跟车负责监控车辆状态。

进行调试作业前，相关调试主管部门应制定相应的调试、试验作业任务书（工程车进行调试时，相关调试主管部门应制定相应的调试、试验方案），并组织所有参加调试成员学习，所有调试成员熟悉方案后签名确认。

车辆段内调试作业开始前，调试负责人确认所有参加调试人员到位后，方可开始调试，否则司机有权拒绝进行调试，立即汇报车辆段调度员并听其指示执行。电客车正线调试时，调试负责人应在电客车正线调试前组织司机学习调试、试验作业任务书，做好调试准备。调试列车由车辆段出车时，信号楼值班员按列车办理出入车辆段作业。

车辆段试车线驾驶培训时比照调试、试验作业进行，作业前由培训负责人填写调试、试验作业任务书，明确驾驶模式、最高运行速度等，车辆检修调度员确认车辆状态符合培训要求，确认驾驶培训内容符合电客车 / 工程车基本性能后，在调试、试验作业任务书上签名，随后交车辆段调度员审核并组织实施。

2. 计划布置

车辆段调度员接受调试作业计划（包括车辆段、正线调试作业）时，必须与调试部门或配合部门（未交付运营企业使用的电客车）的负责人落实好调试作业的驾驶模式、最高运行速度、车辆及设备状况（含 B05 状态、限界情况及防溜措施）、调试主要内容、作业时间、安全注意事项、随车测试人员等，并要求其在调试、试验作业任务书上注明。

负责部门必须在调试、试验作业任务书上注明车辆段内调试作业内容。未明确驾驶模式、运行速度、设备状况和有无随车人员时，禁止调试作业。车辆段调度员在向司机、添乘人员布置计划时，必须在调车作业计划单上注明上述事项。

当作业计划发生冲突时，原则上优先安排调试和故障处理等关键生产作业计划。

3. 调试作业组织

为确保车辆技术性能符合正线运行的要求，车辆在定期检修后应进行调试，包括车辆段内调试和正线调试。

（1）车辆段内调试

车辆段内调试又分为试车线试车、股道试车与非进路试车三种情形。

1）试车线试车。试车线试车由车辆检修部门向运转值班室提出试车申请，运转值班员通知信号楼值班员布置进路，列车按调车信号驶入试车线进行调试。

2）股道试车。股道试车是指车辆在库内线路上进行的小范围动态调试。股道试车由车辆检修部门向运转值班室提出试车申请，运转值班员派出司机配合试车。

在进行股道试车时，如果需要越过线路前方的防护信号机，运转值班员在同意试车前应通知信号楼值班员办理进路。车辆头部越过信号机后，未得到信号楼值班员准许，司机不准擅自退行。股道试车前应确认无关人员已撤离、止轮器已撤除、线路上无障碍物且股道上已送电。股道试车时，车辆运行限速是 5 km/h。

3）非进路试车。非进路试车是指车辆在车辆段线路上进行大范围的动态调试。非进路试车由车辆检修部门向运转值班室提出试车申请，运转值班员派出司机配合试车。

在进行非进路试车时，建立的非进路只能由库内线路通往车辆段牵出线，并且该非进路必须封闭。试车司机凭运转值班员填发的非进路试车许可证进入封闭进路试车。

司机在调试车辆进入封闭进路前应确认信号显示，进入封闭进路后，车辆可在指定范围内、按规定速度往返运行，进路上的信号机红色灯光显示均可越过。非进路试车完毕后，车辆应停于指定的股道内，由运转值班员收回非进路试车许可证并注销，然后通知信号楼值班员非进路试车结束。

信号楼值班员接到运转值班员的非进路试车通知后，在确认试车时间内无计划接发列车作业并办妥试车进路后，方可同意进行非进路试车。遇有行车调度员临时下达的接发列车作业命令，信号楼值班员应立即停止非进路试车并指示调试车辆停于牵出线待命。

非进路试车前应确认无关人员已撤离，止轮器已撤除，线路上无障碍物且股道上已送电，确保试车安全。

（2）正线调试

正线调试可以验证列车的最大追踪能力和两端折返站的最大折返能力。列车进入正线后，行车调度员开始控制前面列车间隔。

4. 调试作业相关人员岗位职责

（1）调试负责人

调试负责人原则上由城市轨道交通运营企业专业技术人员担任，需要其他人员担任时按相关规定执行。

工程车、电客车进行任何调试时，由调试负责人统一指挥并负责调试过程中的安全工作。在工程车、电客车调试运行过程中，监控调试人员禁止擅自动用与行车安全有关的设备设施。

按方案进行影响行车的试验操作（如进行紧急制动试验）时需向司机交代清楚，经司机落实好行车安全事宜并同意后方可进行。

其他要求按照相关规定执行。

（2）调试司机

调试司机必须根据调试负责人的要求安全操纵电客车、工程车。凡需要动车时，必须与信号楼值班员（车辆段）或行车调度员（正线）联系，落实运行进路的安全并得到其同意，确认行车要素（进路、信号、凭证等）正确后方可动车。

（3）车辆段调度员

车辆段调度员接到调试、试验任务时，将调试、试验计划有关内容向司机布置清楚，包括转线计划、试车内容、运行模式、速度要求、车辆及行车设备状态和性能等，并负责落实调试制度执行到位，监控各相关岗位人员按章作业，确保车辆段内调试作业行车安全。

（4）添乘人员

添乘人员应认真核对并落实调试、试验作业任务书各项内容和调试作业的各项规章制度，监控司机按照规定操作、驾驶列车，发现异常及时采取措施，避免安全事件发生。

5. 动车前基本要求

司机必须按规定检车流程对待调试电客车、工程车进行检查、试验，确保电客车、工程车状态符合行车要求。司机负责确认线路限界、进路信号显示、调试人员及设备等情况，确认是否具备行车条件，如有异常，及时报告车辆段调度员并禁止动车。

动态调试前，必须确保电客车的制动系统作用良好；静态调试前，必须对车辆施加停

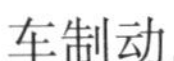

车制动。

电客车正线调试动车前，司机必须正确理解调度命令内容，明确调试负责人的要求，并与其确认调试内容及安全注意事项。明确调试程序后，双方签名确认（正线信号调试时，在正线与调试负责人签认）。作业中途停止时，没有调试负责人的指示，司机严禁擅自动车。

调试负责人确认有关人员处于安全位置、警示牌和车库电源插头已撤除后通知司机动车。司机确认前方进路无人、无物，鸣笛动车。司机应严格执行规章制度，控制好速度，加强瞭望和呼唤应答，认真操作，密切注意并观察设备仪表的状态，遇信号异常或危及行车安全时，应立即采取紧急停车措施，并及时汇报调试负责人及行车调度员，听从其指示，确保调试电客车安全。

进行调试作业时，严禁无驾驶证的人员驾驶列车。严禁任何人爬上电客车、工程车车顶，严禁运行中探身车外、飞乘飞降上下车，严禁任何人扶着手扶杆站在车厢外面。

在调试作业过程中，电客车、工程车出现机车车辆或信号故障时，司机应及时向调试负责人汇报，由其处理，视其需要给予协助。禁止未经调试负责人同意擅自动用车载设备或进行任何试验操作。调试过程中，司机需要服从调试负责人的指挥，当调试负责人提出的调试要求超出计划内容时，司机应及时向车辆段调度员汇报，得到其同意后方可执行。

严禁调试作业人员未经司机同意擅自下车或进入隧道作业，若发现违反规定者，必须报车辆调度员，由调试负责人确认所有人员已上车后再动车。

遇到下列情况时，司机应坚决制止，严禁动车，并将情况报告车辆段调度员：

（1）调试指令违反相关安全规定或规章时。

（2）危及行车安全（如有物品侵限、道岔位置不对等）时。

（3）不具备动车条件（如电客车上的设备未恢复正常位置、未进行制动试验等情况）时。

（4）无调试负责人在场，以及作业计划不清或计划与实际有出入时。

二、静态调试

列车的静态调试是列车后续调试的基础，可分为无电静态调试和有电静态调试两个阶段。

1. 无电静态调试

无电静态调试是指在无电状态下，对列车进行基本的外观检查的和不需要加电的功能检查和调整，其主要内容包括：

（1）客室内部检查。主要对客室内设施设备和装饰的基础状态与外观进行检查和确认。

（2）前端与侧墙外观检查。主要对车体表面、玻璃、车灯、通道折棚及扶手的破损和变形进行检查和确认。

（3）客室内所有盖板及客室设备柜检查。主要对盖板及客室设备柜的开关、钥匙、支撑杆、安装座、指示灯、连接线的好坏和性能进行检查和确认。

（4）客室通道检查。主要对通道的外观，以及接地线和连接线好坏进行检查和确认。

（5）客室车门检查。主要对客室车门的外观、开关门动作、门机传动设备外观和性能、开关门操作性能进行检查和确认。

（6）驾驶室检查。主要对驾驶室侧门、驾驶室通道门、驾驶室逃生门、驾驶室座椅，以及驾驶室内附属设备和盖板进行检查和确认。

（7）转向架检查。主要对轮对的技术尺寸进行测量、检查和确认，对一系弹簧、空气弹簧、轴箱、牵引传动设备和基础制动系统等进行外观检查和性能确定。

（8）车底其他设备检查。主要对车钩及牵引杆、空气制动部件、制动电阻箱、线路电抗器、车底接地线和标识进行外观及连接的检查和确认。

（9）电子柜、设备柜和牵引箱的检查。主要对各类柜或箱的外观、连接线、插件、箱体的固定和标签进行检查和确认。

（10）蓄电池充电器和蓄电池检查。主要对蓄电池充电器的部件、连接线、插件、设备紧固性进行检查和确认，对蓄电池的好坏、绝缘性能进行检查和确认。

（11）车顶空调机组的检查。主要检查空调机组内部部件、连接头、连接线是否正常和牢固，确认空调机组风门、过滤网、制冷液性能良好。

2. 有电静态调试

有电静态调试是指通过给列车送电，对列车的各种静态功能进行全面检查。

（1）整列车车间电源供电静态调试

1）空气压缩机检查调试。检查空气压缩机油尺的油面，应在上、下游标之间，空气压缩机油应无混浊、变色现象；空气压缩机在启动和运转过程中不应与其他部件（如转向架构架、车体等）相碰，应转动自由；空气压缩机的转动方向应与箭头的指向一致。测试空气压缩机的供风时间时，使两台空气压缩机同时工作，开始记录时间，当压力表读数达到（0.9 ± 0.2）$\times 10^5$ Pa 时（空气压缩机停止工作）停止计时，读取记录秒表的读数。

2）安全阀性能检查。当风管中有压缩空气时，人工操作安全阀排出空气，安全阀应在规定的压力范围内自动打开和关闭，如果不能自动开闭，则必须对设备进行故障处理。

3）空气干燥器性能检查。在空气压缩机工作状态下，检查空气干燥器应正常工作，测试空气干燥器的工作周期应为 2 min，1 min 用于干燥，1 min 用于恢复。

4）受电弓性能检查调试。受电弓检查项目包括检查绝缘子、弓头、降弓气缸保护套、弹簧、接头、导线及避雷针完好无损。各安装紧固螺栓无松动，所有电缆无松动，活动部件动作自如，碳滑板与电网线平行接触。用肥皂水检查所有气路接头及阀表面，应无漏气。

受电弓静接触力和升降弓时间调试：升起受电弓，用 200 N 弹簧拉力秤测量受电弓碳滑

板刚离开接触网导线时的接触力标准值，应为（120±10）N。

测量升、降弓时间：按下受电弓升按钮，记录受电弓从按下按钮到碳滑板碰上接触网导线的时间；按下受电弓降按钮，记录从按下按钮到受电弓落到底架的时间，升弓和降弓时间为 7 ~ 8 s，反复操作记录不少于 3 次。

受电弓脚踏泵升弓检查：降弓后，关断 B 车客室的受电弓气路塞门。用手按下升弓电磁阀连杆，然后踩动脚踏泵，要求踩踏不大于 25 次时，受电弓即能升起。

5）安全性能检查。提起车钩监控开关，列车蓄电池开关不应闭合；打开高压箱盖板，列车不应升弓，如果是升弓状态，应能立即降弓；打开车间电源盖，列车不应升弓，如果是升弓状态，应能立即降弓。将接地开关打到接地位置，列车不应升弓。

（2）受电弓供电静态测试

1）高速断路器、驾驶室设备检查。检查高速断路器工作情况：升起受电弓，按下主断合按钮，按钮上的绿色指示灯应亮；按下主断分按钮，按钮上的红色指示灯应亮，主断合按钮上的绿色指示灯应灭；降下受电弓，按下主断合按钮，断路器应无动作。

检查驾驶室操纵台各指示灯完好情况：列车激活后，按下试灯按钮，司机操纵台上的制动（气）按钮指示灯（红色）、缓解（气）按钮指示灯（绿色）、ATO 启动按钮指示灯（绿色）、自动折返按钮指示灯（黄色）、右门关按钮指示灯（绿色）、右门开按钮指示灯（红色）、受电弓升按钮指示灯（绿色）、受电弓降按钮指示灯（红色）、主断合按钮指示灯（绿色）、解钩按钮指示灯（白色）、客室灯按钮指示灯（白色）、主断分按钮指示灯（红色）、停放制动缓解按钮指示灯（绿色）、停放制动施加按钮指示灯（红色）、列车空调合按钮指示灯（绿色）、列车空调分按钮指示灯（红色）、A 车空调按钮指示灯（绿色）、左门开按钮指示灯（红色）、左门关按钮指示灯（绿色）应亮。

检查速度表、压力表外观及表内照明灯情况，应正常；检查雨刮器，应外观完好、工作正常；检查司机操纵台前风窗玻璃加热工作情况，应正常；检查驾驶室室顶风扇，应外观完好、工作正常；检查双声汽笛工作情况，应正常；检查解钩工作情况，应正常；检查驾驶室和客室的烟感器，应外观完好，工作正常。

2）前照灯、尾灯、运行防护灯检查。激活列车，激活驾驶室，操作前照灯、尾灯、运行灯，应按规定点亮，前照灯应有两种不同亮度。两端驾驶室都要进行相同的操作检查。

3）通信和乘客信息检查。主要检查列车广播、司机对讲、控制中心对客室广播、关门警报、客室所有喇叭、客室显示器工作是否正常。

4）人机界面检查。主要检查人机界面性能参数、操作性能和显示界面内容信息情况是否正常。

5）列车空调调试。检查空调启动是否正常：空调启动顺序应是送风机→冷凝器风扇→

压缩机，如果前级不启动，则不允许后级启动。启动空调试验挡，观察空调启动是否正常。

在空调正常运行过程中，按下驾驶室内的紧急制动按钮，空调应转换到紧急通风模式，检查空调紧急通风状况，出风口格栅处应有微风，紧急通风应提供客室通风 45 min。检查驾驶室增压风机送风量、客室平均风速、空调各种运行模式（预冷、制冷、通风和紧急通风）、客室温度是否正常。

空调通风机由蓄电池通过 DC-AC 转换器供电，在紧急通风时，新风 / 回风调节挡板应将回风关闭，客室空气仅由新风组成。

6）车门调试。包括左、右门开、关调试，车门指示灯检查，车门缓冲和安全功能检查，开、关门时间和车门关紧力测试，钥匙开关测试等。

7）列车气密性检查。主风缸气密性检查要求 5 min 内压力的减少应小于 2×10^4 Pa，制动缸气密性检查要求 5 min 内压力的减小应小于 1×10^4 Pa，用肥皂水检查车底所有气阀和管接头的气密性。

8）列车在 AW_0 状态下的紧急制动压力测试。列车在 AW_0 及紧急制动状态下，测试制动缸最大工作压力：A 型车为（2.3 ± 0.15）$\times10^5$ Pa，B 型车、C 型车为（2.7 ± 0.15）$\times10^5$ Pa。

9）半自动车钩解钩按钮（W03）性能检查。操作 C 型车尾部的半自动车钩解钩按钮，能实现半自动车钩的解钩。

10）检查车底设备箱通风。当主风缸压力大于 7.5×10^5 Pa 时，B 型车、C 型车电子设备箱都有通风。当主风缸压力小于 7.5×10^5 Pa 时，应自动停止。

11）旁路、紧急牵引及惰行功能检查。闭合相应的旁路开关后，列车功能必须达到预定要求。将车辆总线从某一模块断开，司机操作启动列车，列车不应启动。闭合紧急牵引开关，司机操作启动列车，列车应能正常牵引。当列车牵引时，随意拉下一个门的红色紧急开门手柄，列车应失去动力，惰行至速度为 0。

12）列车曲线通过能力检查。通过仿真软件，利用程序对单个轮对和车辆系统进行仿真分析，主要分析车辆通过曲线时各轮对的脱轨系数值、轮重减载率、外轮导向力和轮缘磨耗随中间轴自由横动量的变化情况。

13）列车连挂调试。当两列车的全自动车钩对接时，可在一个驾驶室操作两列车的客室广播、司机对讲和停放制动施加与缓解。另外，还可以通过闭合连挂按钮实现两列车紧急回路的串联。

14）列车水密性检查。牵引列车通过洗车机，检查所有门、通道、车窗、车钩、车底、设备箱、开孔、孔盖或缝隙等，确保无水浸入；上车顶检查空调回风口，应无漏水。

15）车辆在 AW_0 状态下的尺寸检查。根据设计图样尺寸对车辆在 AW_0 状态下的尺寸进行测量和检查，并做必要调整。

三、动态调试

列车在完成静态调试后，必须确保处于无故障状态下，方可进入动态调试。动态调试主要测试列车在各种条件下的基本功能，获得有关列车控制、牵引和制动性能的数据。

1. 列车过限界检查

列车进入正线前，必须进行一次限界检查，目的是确认车体尺寸符合限界要求。限界门一般装有 6 扇活动门，每侧 3 扇，在列车通过限界时，每扇限界门处均应有人观察列车是否有侵限的情况。

案例分析

2013 年 1 月 8 日，某市地铁公司运营分公司乘务中心司机李 ××、陈 × 担任 00755 次列车值班司机，由 A 站开往 Z 站。9：09 左右，列车行至 F 站至 G 站上行区间百米标 DK30+905 处时，与轨道左侧掉落并侵入行车线路限界的防火门体发生碰撞。致使列车驾驶室顶上的通风单元坠落，最终导致两名司机一死一伤，列车滑行后头车的第一转向架左侧车轮脱轨。

事故原因分析：

高架与地下隧道过渡段处防火门坠落，侵入行车线路限界，是导致列车脱轨的直接原因。施工单位未严格按照要求施工安装防火门，导致防火门在列车经过时产生的强大吸力下松动，最终导致事故车辆经过时，防火门坠落，是造成本次事故的间接原因。

2. 列车动态调试

列车动态调试项目见表 7–5。

表 7–5　　列车动态调试项目

序号	列车动态调试项目	目的
1	100% 牵引到 80 km/h，惰行 1 s，然后 100% 常用制动	测试常用制动的制动距离和 100% 牵引、制动时的列车速度、加速度，以及该常用制动功能是否正常
2	100% 牵引到 80 km/h，在 100% 牵引位置松开警惕按钮，使列车紧急制动	测试牵引位置松开警惕按钮后是否会产生紧急制动，需要留意从松开警惕按钮到产生紧急制动的时间
3	100% 牵引到 80 km/h，然后按下红色紧急按钮，列车紧急制动	测试红色紧急按钮是否正常，并且观察实际的制动距离是否小于标准值

续表

序号	列车动态调试项目	目的
4	100％牵引到 80 km/h，牵引手柄回“0”位，主断分，主断分灯亮后 100％常用制动	模拟所有电制动被切除时，列车不能进行再生制动，通过气制动补偿等功能是否正常，并且制动距离应该与 100％常用制动时的距离相近
5	向前慢行（3 km/h）	测试向前慢行功能，并观察速度是否为 3 km/h
6	向后退行（10 km/h）	测试向后退行功能，并观察速度是否为 10 km/h
7	向后慢行（3 km/h）	测试向后慢行功能，并观察速度是否为 3 km/h
8	切掉全车的制动电阻风扇（模拟 MCM 故障），然后 100％牵引到 80 km/h，惰性 1 s，然后 100％常用制动	模拟制动电阻故障时应进行电阻制动，列车应能通过气制动补偿，并且制动距离应该与 100％常用制动时的距离相近
9	100％牵引到 80 km/h，惰行 1 s，然后快速制动	测试快速制动功能是否正常
10	牵引到 60 km/h（速度不能上升太快），然后快速制动，再在快速制动位松开警惕按钮	测试快速制动松开警惕按钮后是否产生紧急制动，并且观察速度为 60 km/h 时列车的紧急制动距离
11	牵引到 40 km/h（速度不能上升太快），然后牵引手柄回“0”位，方向手柄回“0”位，列车紧急制动	测试手柄方向回“0”位时是否产生紧急制动
12	牵引到 20 km/h（速度不能上升太快），然后牵引手柄回“0”位，松开警惕按钮，列车紧急制动	测试牵引手柄在“0”位时是否会产生紧急制动
13	100％牵引到 80 km/h，惰行 1 s，然后 100％常用制动，在 100％常用制动位置松开警惕按钮，使列车紧急制动	测试牵引手柄在 100％常用制动位置时是否会产生紧急制动
14	100％牵引到 80 km/h，惰行 1 s，接着牵引手柄回到“0”位，1 s 后再 100％常用制动到列车停止	测试列车制动的全过程是否能准确地按牵引手柄的实际位置执行
15	牵引到 40 km/h（速度不能上升太快），然后拍击红色紧急按钮，使列车紧急制动	测试红色紧急按钮是否正常，并且观察速度为 40 km/h 时列车的紧急制动距离
16	牵引到 60 km/h（速度不能上升太快），接着牵引手柄回到“0”位，然后方向手柄向后，改变列车的牵引方向	测试牵引手柄向后时是否会产生紧急制动

四、200 km 试运行

列车在正线进行 200 km 模拟运营试验是列车调试验收的最后阶段，是对列车正线运行能力进行的一次确认。通过 200 km 试运行，可以对整车的性能进行一次全面的了解，同时

观察列车是否有其他方面的异常，可以将一些潜在的问题暴露出来，保证列车安全投入运营。

试运行期间采用 NRM 驾驶模式，按正式运营模式操作，通过列车的牵引 / 制动，测试列车的控制、牵引和制动系统是否正常可靠。列车在每一站到站停车、开 / 关车门时，播放广播。

随车测试人员应在列车运行期间对列车进行巡视监控，并注意列车是否存在转向架振动过大或异响、通道异响或车体其他部位异响等不正常现象。试运行期间发生故障或发现有其他异常时，随车测试人员要进行相应处理和详细记录，该记录既是列车 200 km 试运行结果，也是验收文件的一部分。如果故障比较严重，影响列车的正式运营时，在故障排除后，列车还需要重新进行一次 200 km 试运行试验。

五、试车线调试安全规定

1. 安全措施

电客车、工程车开始调试的第一趟或调试作业中途停止超过 2 h 后需要重新调试时，限速 10 km/h 进行线路出清。

进入试车线开始调试前，司机必须与信号楼值班员联系，确认试车封锁，方可凭调试负责人指令动车。调试完毕，司机与信号楼值班员联系，确认调试作业结束，请求回库，凭信号动车回库。

遇恶劣天气（如暴雨、大雾等），难以瞭望确认线路、道岔、信号等情况时，车辆段调度员应停止车辆段内的调试、调车作业，并通知相关部门负责人。

当电客车、工程车在试车线运行中出现空转或滑行时，司机应及时停车报告车辆段调度员，车辆段调度员应立即停止该项调试、试车作业，查实情况并落实措施后方可继续进行。

任何情况下严禁进行无人引导的推进运行。

2. 库内及试车线的限制速度

司机要按照试车线行车信号、标志要求，严格按照限速运行，调试机车、车辆接近尽头线及其信号机时必须降低速度。

电客车以 ATO/ATP 模式调试时，最高运行速度为 80 km/h。进行调试作业，最高速度高于 25 km/h 时，电客车原则上采用 ATO 或 ATP 模式驾驶；最高速度低于 25 km/h（含 25 km/h）时，电客车原则上采用 RM 模式驾驶；特殊情况下，电客车使用 NRM 模式驾驶时，最高速度为 60 km/h。

进行信号调试在接近停车点出现速度异常，或在运行过程中实际速度高于正常制动距离的速度时，司机必须立即采取停车措施。

电客车采用 ATO/ATP 模式（高于 40 km/h）调试时，必须在试车线两端停车处对标停稳后再进行调试。电客车到达 60 km/h 减速标时，司机必须采取 100% 的全制动停车。若电客车到达 60 km/h 减速标前速度仍未到 60 km/h，则严禁再提速到 60 km/h，并停止调试。

第三节　洗 车 作 业

一、洗车作业程序

列车洗车作业按组织方式不同，分为正线回段列车洗车作业和段内列车洗车作业两类。正线回段列车洗车作业时，列车凭信号楼值班员指令由出 / 入段线直接运行至洗车牵出线。段内列车洗车作业时，列车凭信号楼值班员指令经牵出线换端后运行至洗车牵出线。

列车洗车作业按清洗内容不同，分为无端洗（侧洗）和有端洗（全洗）两种。

洗车作业线路如图 7–3 所示。

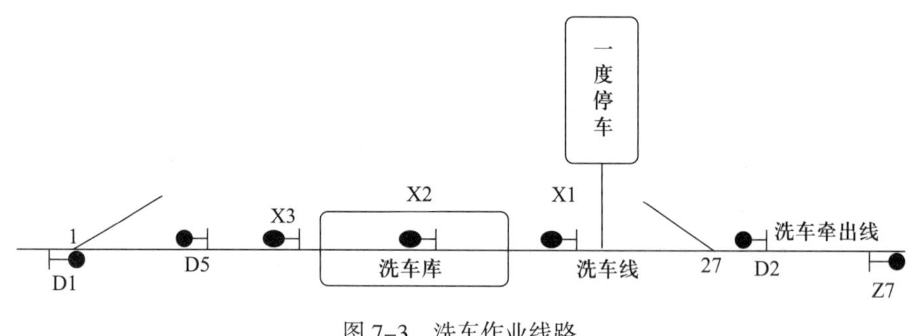

图 7–3　洗车作业线路

1. 列车回车辆段时的洗车

（1）列车回车辆段在转换轨一度停车后，司机以 RM 模式驾驶列车或凭调车信号机 D2 白灯运行到洗车库门前一度停车标前停车。

（2）司机报告信号楼值班员及洗车机值班员并经同意后，确认本端和后端驾驶室侧门及窗户关好，雨刮器状态良好，操作洗车按钮限速 3 km/h，确认库门开启良好后，凭洗车线入端信号机 X1 绿灯显示，动车进入洗车库洗车。

（3）如果要洗车头车尾，需在信号机 X2、X3 前分别对应前端洗或后端洗停车标停车后报告洗车机值班员，进行车头车尾的清洁（需要洗车头车尾时，信号机 X2、X3 显示红灯，不需要洗车头车尾时，则显示绿灯，此时不需要停车）。

（4）清洗完毕后凭借洗车线出端字号机 X3 绿灯及调车信号机 D5 白灯显示动车，待列车头部在洗车结束标停稳后，与洗车机值班员确认洗车完毕，取消洗车模式，报告信号楼值班员，根据信号楼值班员指示，按调车方式回库。

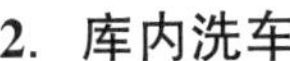

2. 库内洗车

（1）电客车凭自身动力牵引以调车方式办理，由调车司机进行操作，当接到洗车通知后，带齐备品上车，并对列车进行正常的动、静态检查，检查作业完毕后报告信号楼值班员。

（2）经信号楼值班员同意后，按调试方式驾驶列车到牵出线，在阻挡信号机 Z7 前停车，换端后报信号楼值班员，按调车方式运行到洗车库一度停车标前停车。

（3）确认本端和后端驾驶室侧门、窗户关好，雨刮器状态良好，并经信号楼值班员及洗车机值班员同意后，操纵洗车按钮限速 3 km/h，确认库门开启良好后，凭洗车线入端信号机 X1 绿灯显示动车进入洗车库洗车。需要洗车头车尾（端洗）时，应在信号机 X2、X3 前分别对应的前端洗或后端洗停车标停车后报告洗车机值班员，进行车头车尾的清洁（需要洗车头车尾时，信号机 X2、X3 将显示红灯；不需要洗车头车尾时，则显示绿灯，此时不需要停车）。

（4）清洗完毕后，凭借洗车线出端信号机 X3 绿灯及调车信号机 D5 白灯显示动车，等列车头部在洗车结束标停稳后，与洗车机值班员确认洗车完毕，取消洗车模式，报告信号楼值班员。

知识窗

列车清洗机

列车长期在隧道、地面和高架线路上高速运行，其车体端面和表面会吸附很多灰尘或其他污物，长期累积会影响车辆外表面美观，应及时清洗，完成车身两侧（包括车门、窗玻璃、侧顶弧圆面）及车端面（包括端面肩部）的洗刷工作。列车清洗机是用于对列车外表面实施自动洗车作业的专业设备。同时，借助于列车清洗机的供水、排水系统，可对新造车辆和架修或大修过后车辆进行密封性验证的淋雨试验。

列车清洗库包括清洗主库和边跨两部分。清洗主库布置有列车清洗线，该线为一条单向行驶实施洗车作业的专用线。边跨设有控制室、机泵间、水处理间等。清洗主库喷淋或刷洗设备为贯通式设计，沿线按工艺流程布置。占地范围允许时，尽量采用单向列车清洗操作，即列车只从一个方向通过，在列车单次通过后完成清洗操作。只有在清洗库长度过短时，才采用往返清洗作业方式。清洗主库接触网设置有断电绝缘区段，该区段的长度比列车上两受电弓之间的距离略短 4 ~ 5 m。列车自行牵引通过接触网断电区时，两受电弓分别受流。

列车清洗线上安装的清洗设备如图 7–4 所示，包括喷淋架、车头水平端刷洗装置、侧顶弧刷洗装置和侧面垂直刷洗装置。对于采用塞拉门的车辆，上述四种装置均能满足其清洗要求。对于采用内藏门、外挂门的车辆，为了做到车体侧面的无死角刷洗，还需设置侧面水平轴刷洗装置。

图 7–4　列车清洗线上安装的清洗设备

列车清洗机主要设备安装在厂房内，部分设施如进车信号、回用水沉淀池等可设置于室外。列车清洗库地下设置环形接地网，车头端面刷洗装置置于接触网断电区的下方。在清洗主库清洗线接触网断电区的下方适当位置还设有列车淋雨试验装置。

洗车时列车自行牵引，不降受电弓，由架空接触网供电，以“洗车模式”限速 3 ~ 5 km/h 通过清洗主库。司机按信号指示操纵列车运行或停车，自动进行列车端部及两侧的刷洗和冲洗工作。列车采用“走、停”清洗模式，即行进中刷洗两侧面，停车时刷洗前、后车头端面。

二、洗车作业联控用语

洗车作业联控用语见表 7–6。

表 7–6　洗车作业联控用语

联控时机	电客车司机	信号楼值班员	洗车机值班员
侧洗	1. 信号楼，电客车 ×× 在洗车库外一度停车 3. 电客车 ×× 与洗车机值班员联系，听从其指示进行洗车，司机明白 4. 洗车机值班员，电客车 ×× 在洗车库外一度停车 6. 电客车 ×× 凭洗车信号机显示进入洗车库洗车，司机明白	2. 电客车 ×× 与洗车机值班员联系，听从其指示进行洗车	5. 电客车 ×× 凭洗车信号机显示进入洗车库洗车
端洗	1. 洗车机值班员，电客车 ×× 对头端洗标（或后端洗标）停稳 3. 电客车 ×× 对位准确，可以端洗，司机明白 5. 电客车 ×× 端洗完毕，凭信号继续清洗，司机明白	—	2. 电客车 ×× 对位准确，可以端洗 4. 电客车 ×× 端洗完毕，凭信号继续清洗
洗车结束，电客车运行至洗车结束标	1. 洗车机值班员，电客车 ×× 洗车是否结束 3. 电客车 ×× 本次洗车结束，司机明白	—	2. 电客车 ×× 本次洗车结束

洗车作业完毕后，电客车司机与信号楼值班员联系回库。

三、安全注意事项

1. 洗车作业时，司机必须要集中精力，严格执行呼唤答应制度，严禁进行洗车作业以外的其他活动，确保洗车作业安全。

2. 列车不洗车头和车尾时，信号楼值班员应提前通知。

3. 列车不能洗车作业时，禁止动车。司机应及时联系信号楼值班员，在得到信号楼值班员动车指示时，确认洗车设备无侵限后方可动车。

4. 洗车过程中严禁列车后退或中途停车，若司机发现异常，应及时报信号楼值班员及洗车机值班员，停止洗车作业。必须后退运行时，由洗车机值班员确认具备退行条件后通知电客车司机退行。

5. 洗车时，司机应关闭列车所有门、窗，并检查雨刮器。洗车作业过程中，司机严禁打开门窗，严禁将手、头伸出门窗外，严禁下车处理突发情况。

6. 驾驶室未完全越过洗车机设备时，雨刷器严禁工作。

案例分析

2014 年 5 月 12 日 17：48，车辆段回库列车 203 次（0201 车）在转换轨Ⅱ道停妥联系控制中心（此时电客车三队队长添乘该车）。17：49，控制中心通知司机进洗车线，进行洗车作业。

17：53，司机按照洗车流程，在 D5 信号机前与洗车库联系，开始端洗作业。18：03，列车进行后端洗作业。18：12，后端洗仍未结束，司机联系洗车机值班员无应答，随监控员去尾端（6 端）查看情况，发现尾端（6 端）雨刮器与洗车机毛刷缠绕，司机立即联系洗车机值班员，此时洗车机已停止工作。18：21，确认洗车机值班员处理完毕并出清洗车库后，司机联系控制中心动车回库。此次事件导致 0201 车 6 端雨刮器损坏。

事故原因分析：

电客车三队管理人员对新司机洗车作业培训不全面；当事司机未按照《2 号线电客车司机手册》洗车作业程序执行“将 6 端雨刮器打至居中位”；现阶段由于各种客观因素导致洗车作业培训实操较少，一定程度上造成新司机洗车作业培训不到位；当值队长在该车上未起到盯控作用。

第四节　工程车开行

工程车是保证城市轨道交通安全运营不可缺少的设备，担负着紧急救援、调车作业、供电设备和接触网检测、钢轨打磨修复等一系列生产任务。

工程车根据其具有的功能和担负的主要任务不同，分为调车机车、轨道车、架线车、放线车、网轨检测车、钢轨打磨车、平板车等。了解工程车开行的要求、程序及安全注意事项，对于保障运输线路畅通，提高生产效率有着重要的意义。

一、工程车开行规定

工程车可以牵引运行，也可推进运行，各站按正常列车办理。

工程车中车辆编挂条件由车长负责检查，工程车装载货物高度距轨面超过 3 800 mm 时，接触网必须停电。

工程车在正线运行时，凭地面信号及调度命令行车。一个联锁区同一线路原则上只准有一列工程车运行。同一联锁区必须开行多辆工程车或间隔不能满足时，应经值班主任同意。

二、工程车进出正线的规定

上行线运行的工程车必须在上行线路最后一列电客车离开上行正线后方可进入上行线

作业，下行线运行的工程车必须在下行线最后一列电客车回段后方可进入下行线作业。工程车必须在第一列电客车出车前 50 min 出清正线。

工程车在车站始发或停车后再开时，司机要确认地面信号或按行车调度员的命令发车。车站原则上不用接发列车，工程车在运行中，司机、车长通过电台加强与行车调度员联系，掌握运行计划，确认运行进路。开行装有超长、超限、集重货物的工程列车时，行车调度员应提前通知途经车站，车站应派人在站台监督列车运行，发现危及安全时，应及时显示停车信号并报告行车调度员。

工程车到达指定的施工作业区域后，行车调度员应根据施工计划及时发布书面命令，封锁该作业区，待施工结束后，再发布调度命令开通有关线路，安排工程车回车辆段。

工程车编挂有平板车时，原则上在区间不准甩下作业，因施工或装卸货物需要时，可以在中途站甩下作业，但要做好安全防护及防溜措施，返回时应挂走。

三、工程车接发规定

工程车原则上在联合车库及工程车专用股道办理接发车作业，特殊情况下需在其他股道办理接发车作业时，应经车辆段调度员同意，并确保不影响电客车作业和行车安全。开行工程车时，信号楼值班员必须得到车辆段调度员的允许，方可开放出车辆段信号。

工程车占用区间的凭证为行车调度员的调度命令。工程车在车辆段发车时，根据发车股道调车信号的白色灯光开车（单机凭调车信号机的白色灯光和信号楼值班员的口头通知开车），运行至出段信号机前一度停车，按出段信号机的显示运行。

车长应确认下列条件具备后，方可显示发车信号指示工程车开车：

1. 车辆装载加固良好，平板车端侧板关闭良好，尾部标志灯挂好。
2. 风管连接良好，车辆手制动已松开。
3. 列车编组符合相关规定要求。
4. 进行试风，确认制动系统通风良好。
5. 跟车人员已上车，并置于安全位置。
6. 出车辆段信号已开放，并得到信号楼值班员的发号指令。
7. 工程车为单机时，出车辆段凭出车辆段调车信号白灯和信号楼值班员的口头通知开车。工程车编挂平板车装载有货物或编挂超过一个平板车时，出车辆段凭出车辆段调车信号白灯和信号楼值班员的口头通知，并得到车长的发车指示手信号后方可动车。

接触网检查作业开行工程车在车辆作业时，按调车方式办理开放调车信号组织行车。若需要在出入段线进行接触网检查作业开行工程车时，必须得到行车调度员同意，并凭行车调度员命令和车辆段同意，方可进出出入段线。信号楼值班员必须在车辆段行车日志上记录进出车辆段的时间。

为正线行车设备维修、养护作业面开行的工程车，作业人员按开车点提前 30 min 到位。为正线行车、消防、广告、环控设备运输或“三品”运输而开行的工程车，作业人员按开车点提前 90 min 到位配合司机作业。工程车按开车点提前 20 min 编组完毕到指定位置待令开车。

工程车司机必须按运行限速操作运行，见表 7–7。

表 7–7　　工程车运行限速

机型	最高限制速度（km/h）	说明
内燃机车	45	通过车站时限速 40 km/h，车辆段内限速 25 km/h
接触网检修作业车	50	
接触网架线作业车		
网轨检测车	70	
磨轨车	60	
平板车	45	

内燃机车、轨道车的牵引定数规定见表 7–8。

表 7–8　　内燃机车、轨道车的牵引定数规定

机型	坡度	牵引定数（t）					备注
		10 km/h	20 km/h	30 km/h	40 km/h	50 km/h	
内燃机车 GCY450	5‰	850	380	230	150	100	—
	35‰	120	—	—	—	—	—
内燃机车 GCY300	5‰	670	290	185	110	80	—
	35‰	90	—	—	—	—	—
内燃机车 GCY230	5‰	670	250	155	85	50	—
	35‰	80	—	—	—	—	—
网轨检测车	5‰	—	—	—	—	—	该车自身无牵引动力
	35‰						

第五节 施 工 作 业

一、施工计划

1. 施工计划的分类

城市轨道交通运营区域包括正线、车辆段和其他附属区域，不同区域的行车设备维修对于运营的影响程度也不同。行车设备维修施工计划按其作业地点和性质不同，分为不同的种类。对不同种类施工的管理要求有所不同。

为了方便管理，许多运营单位都对不同种类的施工赋予不同的代号，工作人员根据施工代号就能明了作业的主要特征。

目前，国内几大城市的轨道交通运营单位对于施工计划的分类大体一致，可以归纳为：

（1）在正线进行，影响正线、辅助线行车，需要开行工程列车，并需停止接触网供电作业的施工，简称 AA 类。

（2）在正线进行，影响正线、辅助线行车，需要开行工程列车、电客车，但无须停止接触网供电作业的施工，简称 AB 类。

（3）在正线进行，影响正线、辅助线行车，无须开行工程列车，但需停止接触网供电作业的施工，简称 AC 类。

（4）在正线进行，影响正线、辅助线行车，无须开行工程列车，无须停止接触网供电作业的施工，简称 AD 类。

（5）在正线车站、变电所（不含车辆段）、控制中心大楼等地点进行，不进入行车线路但影响行车的施工，简称 AE 类。

（6）在正线车站、变电所（不含车辆段）等地点进行，不进入行车线路也不影响行车的施工，简称 AF 类。

（7）影响车辆段线路行车，需开行工程列车，并需停止接触网供电作业的施工，简称 BA 类。

（8）影响车辆段线路行车，需要开行工程列车、电客车，但无须停止接触网供电作业的施工，简称 BB 类。

（9）影响车辆段线路行车，无须开行工程列车，但需停止接触网供电作业的施工，简称 BC 类。

（10）影响车辆段线路行车，无须开行工程列车，无须停止接触网供电作业的施工，简称 BD 类。

（11）在车辆段范围内（含变电所）进行，不进入行车线路但影响行车的施工，简称

BE 类。

（12）在车辆段范围内（含变电所）进行，不影响行车的（含利用列车间隔作业）施工，简称 BF 类。

2. 施工计划的编制

行车设备维修施工组织涉及行车设备、服务设施的养护、检查、维修，以及工程车、调试列车的开行等，施工计划的制订是行车组织作业中重要的组成部分，应针对各系统按轻重缓急制订严谨详细的计划，保证维修工作有序安全进行。

（1）施工计划编制原则

1）施工作业计划的安排应确保在安全的前提下考虑均衡性，避免集中作业。

2）处理好列车的开行时间和密度、施工封锁等几方面的关系，避免和克服抢时、争点现象。

3）施工作业系统计划内的各项作业应注明施工日期、作业起止时间、作业内容、作业区域、负责人、安全事项、是否停电及其他应说明的问题。

4）确保计划的严肃性，规定日补充计划不能超过周施工计划数的一定比例。施工计划一般需要各工种相互配合和协调，合理安排，不得随意变更。

（2）施工计划编制要求

施工计划的编制周期一般以周或天计，主要根据各设备系统的修程不同或突发的故障情况制订，如周计划、日变更计划、临时抢修计划等。

1）周计划。下列情况中，属于正常修程内的设备维修一般以一周或双周为周期提报计划：

①需要乘务部门派司机协助的车辆、列车调试作业（不含临修的调试）。

②需要开行工程列车（含轨道车）的检查、维修和运输作业。

③影响或可能影响行车的设备检查、维修作业。

④需要进入正线及辅助线的检查、维修、清洗、消杀作业。

⑤屏蔽门的检查、维修、清洁、保养作业。

⑥需要停止接触网供电的检查、维修作业。

⑦影响或可能影响运营服务设施使用、运营服务水平和其他部门生产办公的检查、维修作业。

⑧不进入线路，但需其他部门配合的作业。

⑨不进入线路，但需进入车站各设备房的检查、维修作业。

⑩需要进入车辆段行车线路（含设备限界内）、车辆段变电所的检查、维修作业。

周计划提报时，需包括施工项目名称、施工单位、施工负责人、施工区域、施工时间、需采取的防护措施，以及其他必备条件等。

2）日变更计划。对于周计划内已批准的日作业项目，因特殊原因需变更的，应以日变更计划的形式提报。

3）临时抢修计划。临时抢修计划分为运营期间的抢修计划和非运营期间的抢修计划，主要针对运营时间内发生的行车设备故障进行抢修，以提报临时抢修计划的形式进行。抢修时间根据故障的严重程度进行安排，如立刻停止运营进行抢修，或先临时抢修确保运营然后在运营结束后继续进行维修作业，以及运营期间发现的设备故障可在运营结束后再进行维修作业等。

3. 施工计划的申报

周计划由申报部门填写申请单，由归口单位收集并协调后，交到施工管理工程处，并在施工统筹会上统一批复。

日变更计划由施工单位在车务通告截稿后向施工管理工程师申请施工。

临时抢修计划适用于临时抢修情况，不受周计划及日补充计划影响，若有此计划将予以优先处理。运营期间的抢修计划由控制中心或车辆段调度员根据抢修需要直接在施工作业管理系统中增加作业（增加作业即为批准作业并可开始施工，控制中心或车辆段调度员在增加作业时必须确认作业区域出清或将列车扣停在相应区间，并下达不准动车的命令）。非运营期间的抢修计划由各部门的车间工程师提报并录入施工作业管理系统，提交后电话通知控制中心或车辆段调度员审批（属正线抢修的报控制中心，属车辆段范围内抢修的报车辆段调度员，在车辆段范围内但影响列车出入车辆段的抢修需报控制中心确认）。

4. 施工计划的审批

施工需求部门主要有运营单位内的各系统设备维修部门和委外承包商。在规定时间段内，施工需求部门按要求提报周施工计划，交到施工管理部门。施工管理部门及时对各部门提交的施工计划进行审核调整，并召开施工协调会，对冲突的作业进行调整，调整完毕予以发布。

日变更计划于开始前一天由各施工需求部门申报，施工管理部门对照周计划进行审批，避免施工冲突。在车站进行的不进入行车区域也不影响行车的施工项目，其施工日变更计划（含临时计划）可由施工单位直接到车站控制室办理，由车站值班员增加登记后即可予以审批。

运营期间的抢修计划由控制中心行车调度员或车辆段调度员根据抢修需要，下达调度命令。非运营期间的抢修计划由各施工需求部门提报，控制中心行车调度员或车辆段调度员审批，及时优先安排。

5. 施工作业令

施工作业令是经审批的施工计划得以实施的凭证，其形式见表 7–9。

表 7–9　　施工作业令

<table>
<tr><td>作业代码</td><td colspan="2"></td><td colspan="3">申报人及联系电话</td><td colspan="3"></td></tr>
<tr><td>作业单位</td><td colspan="5"></td><td>作业人数</td><td colspan="2"></td></tr>
<tr><td>作业名称</td><td colspan="5"></td><td>作业日期</td><td colspan="2"></td></tr>
<tr><td>作业区域</td><td colspan="5"></td><td>作业时间</td><td colspan="2"></td></tr>
<tr><td>主要作业内容</td><td colspan="8"></td></tr>
<tr><td>封锁区间</td><td colspan="8"></td></tr>
<tr><td>停电区间</td><td colspan="8"></td></tr>
<tr><td>配合要求</td><td colspan="8"></td></tr>
<tr><td>发令人</td><td colspan="2"></td><td>主站</td><td colspan="2"></td><td>辅站及
责任人</td><td colspan="2"></td></tr>
<tr><td>完成情况</td><td colspan="8"></td></tr>
<tr><td rowspan="2">请点</td><td>时间</td><td></td><td rowspan="2">销点</td><td>时间</td><td></td><td rowspan="2">销令</td><td>时间</td><td></td></tr>
<tr><td>批准人</td><td></td><td>批准人</td><td></td><td>批准人</td><td></td></tr>
</table>

施工计划审批发布后，各施工单位凭施工作业令办理施工请销点，已签发作业令的施工方可在车站值班员或车辆段值班员及行车调度员处进行请销点作业。

二、施工作业组织

1. 施工作业组织原则

为保证各行车设备得到良好的维护和检修，同时应尽量避免施工作业对正常运营的影响，确保行车组织的安全和顺畅，行车设备的维修施工组织必须遵守以下基本原则：

（1）行车设备维修施工应充分利用非运营时间进行，在运营时间内，原则上不对影响行车、影响客车进出车辆段，以及影响运营服务质量的有关设备进行检修施工作业。

（2）对处于进路锁闭状态的联锁设备，严禁进行检修作业。

（3）正在检修中的设备需要使用时，必须经检修人员同意。

（4）施工作业管理可以采用书面或电子流程实行网络化管理，参与施工作业管理的各岗位及施工作业部门必须按照有关规定的要求严格执行。

2. 运营时间的设备抢修

（1）进入轨行区的手续

1）轨行区安全管理职责属于行车调度员，抢修人员进入端门前须取得车站控制室的同意。对运营时间需进入轨行区的设备抢修作业，车站应密切配合，并加强与行车调度员的联

系，了解抢修人员情况及要求。

2）若行车未中断，进入轨行区前，抢修人员必须先到车站控制室办理有关手续，在得到行车调度员批准并落实安全防护措施后方可进入。

3）若行车中断，车站根据行车调度员指示在站台设立“故障 / 事故处理点”标牌并等候抢修人员，抢修作业负责人可不到车站控制室办理手续，但站务人员须对进出轨行区的人数进行清点核实。抢修作业完成后，抢修作业负责人到车站控制室补办请点手续并办理销点手续。

4）除抢修人员外，其他与抢修有关的人员需进入轨行区时，必须到车站控制室登记，车站控制室与抢修负责人联系，征得同意后准许其进入轨行区。

5）对没有运营员工参与或配合的施工作业，站台保安人员要监督和确认作业人员进入的上、下行线是否正确。

（2）进入站台或靠近站台的第一个轨道电路区段线路的施工安全措施

1）抢修作业负责人或由抢修作业负责人指派的人员按规定设置红闪灯进行防护。

2）值班站长或行车值班员在车站控制室的就地综合控制盘上使用紧急停车按钮对相关轨道区段进行施工防护，并通知行车调度员和站台保安人员。

3）行车调度员或行车值班员通知后方站（相对于列车运行方向）把列车扣停在后方站。

3. 非运营时间的维修施工组织

（1）施工请点

1）属于 A 类的作业，施工负责人在规定施工开始时间前 15 min 到车站控制室请点。

2）属于 A 类的作业，需分组在多个车站进入施工地点的作业项目，施工负责人到车站控制室办理请点手续。在行车调度员未批准该项作业前，可以多个车站预请点，行车调度员确认所有预请点站符合所在的作业区域及线路出清后批准施工，也可在行车调度员批准该项作业后各车站加入请点，但车站值班员和施工负责人必须共同确认行车调度员已批准，并符合作业令规定的施工作业区域。

3）开行电客车的调试作业在就近站车站控制室办理请销点手续，开行工程列车配合的作业在接递命令的车站办理请销点手续。

4）车站范围内的变电所作业由施工负责人在车站控制室办理请销点手续。

5）外单位的施工作业如果没有合格的施工负责人，由施工配合部门派施工负责人并协助办理请点后，方可开始作业。

6）运营期间临时抢修计划的请点。抢修施工负责人接到需要抢修的命令后直接赶赴车站控制室，车站值班员登录电子系统或口头询问行车调度员，得到“可以施工”的施工登记或“可以先施工后登记”的批准后，即可通知抢修施工负责人进入抢修地点抢修。

（2）施工销点

1）所有作业都必须按计划规定的时间完成作业并销点，运营期间的抢修计划在作业完成并线路出清后应及时通知行车调度员销点。

2）A类作业施工完毕，施工负责人确认作业区域出清后（包括人员出清），到车站控制室销点。

3）一项作业由多组作业人员请点的，所有请点都必须进行销点，当请点站数与销点站数相等时，行车调度员才能核销点。行车调度员核销点后该项作业结束。

4）所有施工作业必须按照施工管理规定及各专业检修规程的规定设置安全防护，施工负责人检查落实施工作业的安全防护措施，确保防护到位，杜绝安全隐患。

4. 接触网停电作业的管理

在接触网下或其带电体附近进行作业时，施工作业部门或单位应根据作业性质、作业时距接触网的距离，提出是否需要停电和挂地线等要求。

需停止接触网供电的施工作业由电力调度员负责停止相关作业区域的接触网供电，需挂接地线的作业必须由具备操作资格的人员在作业区域两端挂好接地线，并设置红闪灯防护。作业完毕后，施工负责人告知挂地线人员撤去接地线，向电力调度员汇报后，确认线路出清。

三、施工作业安全管理

1. 施工负责人制度

为了对施工作业过程进行有效监督和控制，每项施工作业必须设一名施工负责人，如果一项施工作业有几个不同的作业地点，必须设多名施工负责人，确保每一个地点的施工过程都有人监督负责。施工负责人由各单位指定，经统一组织培训合格方可上岗。

（1）施工负责人具备的条件

一名合格的施工负责人必须具备以下几个条件：

1）应经过运营单位施工管理办法的培训和考核认证，熟知其内容。

2）熟悉所负责项目作业的性质、内容、办法、步骤、要求等。

3）具备该项目作业相关的安全知识和技能。

（2）施工负责人的职责

1）负责办理施工作业请销点手续。

2）负责作业人员和设备的安全管理。

3）负责作业过程的组织指挥。

4）负责及时与车站或车辆段、控制中心等联系作业有关事项。

5）组织设置、撤销作业安全防护设施。

6）负责恢复施工所涉及设备的正常状态，并出清作业区域。

2. 施工安全管理手续

城市轨道交通外联承包商在城市轨道交通范围内施工作业时，必须与城市轨道交通运营单位签订安全生产协议书，运营单位告知其施工的相关规定并进行安全教育，必要时还要对施工负责人进行培训。

施工作业需临时动火、用电时，需经城市轨道交通运营安全主管部门审批并办理临时动火、用电许可相关手续。临时动火作业根据作业场所和可能引发后果的严重程度，分为不同的级别进行管理和控制。

（1）一级动火作业范围

凡属非固定的、有重大危险因素的场所，均属于一级动火作业范围，动火中易发生重大火灾事故，如易燃品库及周围 10 m 范围内、仓库、控制中心大厅、票库、列车车厢、车站控制室、车站气瓶间等。在这些范围进行焊接、切割、打磨、烘、烤、熬炼等引入火源的作业，必须办理一级临时动火作业许可证。车站运营期间严禁进行一级临时动火作业。

（2）二级动火作业范围

凡属非固定的、没有明显危险因素的场所，均属于二级动火作业范围，动火中可能发生一般火灾事故。在这些场所进行引入点火源的作业，必须办理二级临时动火作业许可证。

（3）三级动火作业范围

在具有一定危险因素的非禁止区域或场所（属于三级动火作业范围）进行不涉及行车安全的临时动火作业，动火中可能发生火警，必须办理三级临时动火作业许可证。

临时动火作业许可证的办理由作业部门的动火安全负责人填写，填报防火措施、动火点周围情况、动火点能否动火，确认动火人员、现场安全责任人的动火资格、动火时间及动火级别，逐级提报审批。

进行施工作业前，必须按城市轨道交通运营安全管理中的危险作业管理程序确认是否属于危险作业，如属危险作业，按此程序的相关要求办理审批手续。

城市轨道交通部门外人员进入城市轨道交通管理范围施工前，应办理施工人员出入证，所有施工人员进出车站时应遵守相关规定。

3. 施工安全管理措施

（1）所有施工作业必须按照施工管理规定及各专业检修规程的规定设置安全防护，施工负责人应检查落实施工作业的安全防护措施，确保防护到位，杜绝安全隐患。

（2）施工作业防护遵循“谁设置谁撤除”的原则，实行“自控、互控、他控”。

（3）施工期间，施工作业人员凭有效工作证和身份证明文件进出车站或其他轨道交通范围内的区域。

（4）进入轨行区施工的施工作业人员必须按要求穿荧光衣，并根据作业性质及作业要求使用其他安全防护用品。

（5）在站内线路施工时，由施工负责人或施工负责人指派的维修人员在车站两端墙外轨道中间设红闪灯防护。

（6）在站间线路施工时，由施工负责人或施工负责人指派的维修人员在该作业区域外的两端轨道中间设置红闪灯防护，如果两端车站在靠近作业区域一侧的端墙看不清红闪灯时，站务人员在靠近作业区域一侧的端墙处站台上设置红闪灯防护。站间线路施工前，由请点车站通知作业区域另一端车站值班员施工线路占用情况，施工时两端车站检查是否需车站设置红闪灯防护。施工销点后，销点车站通知另一端车站施工结束，两端车站各自撤除本站设置的红闪灯。

（7）在两站之间的区间线路因作业需要开行工程列车时，由行车调度员指定的车站值班站长或值班员负责掌握施工情况，监督施工安全。

（8）在相邻线没有隔离的线路上施工作业时，施工人员必须注意邻线列车动态，作业人员、工器具等不得侵入邻线车辆限界。

（9）施工人员、工程列车在同一区域作业（仅限于开行工程列车配合的同一施工作业）时，由施工负责人与车长根据现场情况进行协调。

1）按施工前进方向，列车在前，人员在后，原则上不得颠倒，严禁在运行的工程列车前后均进行作业。

2）非随车施工人员与列车应有 50 m 以上的安全间隔距离；需要动车时，施工负责人必须与车长协商后，在确保人身安全的情况下才能动车。

四、施工作业基本要求

1. 入站施工

（1）入站施工前作业要求

1）施工前施工负责人作业要求。入站施工前由施工负责人持施工作业申请表到施工的车站，车站当班值班站长根据车站运营及安全情况合理安排施工，并在车站的施工登记簿上进行登记请点。值班站长了解施工内容后，根据车站具体情况对施工人员进行有针对性的安全教育，如站台施工不得越过黄色安全线、与接触网保持安全距离等，并要求施工现场负责人在“入站施工协议”上签字。施工负责人应向车站出示有效证件证明其身份，并在“施工控制卡”上签认后方可进行作业。如果施工可能会对车站内设备使用造成影响，施工负责人应在施工前向车站人员讲明。登记后，施工人员与车站人员应相互确认联系方式，车站人员仔细对照批复的施工计划，再根据车站实际情况确认无安全隐患后同意施工。

2）施工前维修部人员作业要求。维修部各部室人员入站施工时，必须持有效证件（如员工证等）。对一般进站维修的施工（不涉及危险作业），维修部各部室人员不需向车务综合室申请，车站值班站长应根据车站情况安排施工，施工人员应在施工登记簿上进行登记，并在施工控制卡上签认后即可进行作业。

3）紧急施工要求。对于车站内紧急报修施工项目，在施工单位进行紧急抢修时，车站人员应与维修部或指挥部确认，值班站长应向施工负责人了解具体施工内容、影响范围等，根据车站具体情况安排施工，无须向车务综合室申请。一般情况下无乘客乘降的车站白天作业，有乘客乘降的车站待运营时间结束后施工。

（2）施工时作业要求

施工负责人应将施工时间控制在计划时间内，如果因特殊情况未能完成，必须向车站值班员申请续点，请求延长施工时间，并在施工登记簿和施工控制卡上登记。车站人员应不定时对施工情况进行巡察，发现异常情况应立即暂停施工。

所有入站及站外周界的施工区域，应有隔离设施隔离。所有站台施工，施工人员及工器具、材料不得越过黄色安全线，并与接触网保持安全距离。值班站长应根据车站实际情况，在保证运营和安全的条件下，及时了解工作进度及工作要求，合理安排施工，并加强巡视。

（3）施工后作业要求

当日施工结束后，施工单位必须将施工所用的工器具、施工材料、施工后的废料清理干净，如必须将施工用的工器具、材料放在车站未开放的站厅，并由值班站长指定位置。存放的物品必须摆放整齐，且不得有易燃、易爆等危险品。在乘降客站施工的单位必须将临时用电的设备、电线撤离现场。

2. 站外周界施工

所有站外周界内的施工，应保证车站安全通道通畅，当日施工结束后，施工单位必须将施工用的工器具、施工材料，以及施工后的废料清理干净，保证站外周界内的整洁。

施工负责人负责施工现场的出清工作及恢复设备的正常使用，施工结束后，由施工负责人在施工登记簿上销记，归还施工控制卡。车站人员确认施工销记内容无误，注销手续符合要求后，方可确定施工正式结束。

3. 入轨及轨旁施工作业

施工负责人于施工前持施工作业申请表到施工车站，值班站长对照批复的施工计划确认无误后，在车站的施工登记簿进行登记请点，并在施工控制卡签字，进行联系方式确认，然后由车站向控制中心汇报。施工负责人应向车站出示有效证件证明其身份，并在施工控制卡上签认后方可进行作业。控制中心根据当时行车及施工情况决定是否进行此项施工，并给车站一个上线施工许可证号，同意施工。

值班站长详细了解施工内容后，根据具体施工内容对施工人员开展有针对性的安全教育培训，介绍入站施工的相关规定，并在入站施工协议上签字。施工中，由施工负责人负责现场施工的安全、施工安排等，由车站值班站长检查安全措施的执行情况。对路轨的施工作业，值班站长应检查施工单位是否采取安全防护措施，如戴安全帽、穿荧光衣、设专人防护、进行通信测试等。施工单位未采取安全措施时，值班站长应立即停止施工作业。

施工负责人应将施工时间控制在计划时间内，如果因特殊情况未能及时完成，必须通过车站值班员向控制中心申请续点，并在施工登记簿上注明。施工负责人负责施工现场的出清工作及恢复设备的正常使用。施工结束后，由施工负责人在施工登记簿上销记，归还施工控制卡。车站人员确认施工销记内容无误、注销手续符合要求后，方可确定施工正式结束。车站值班员在施工负责人销记后，向行车调度员汇报施工完毕，行车调度员进行相应的登记销点。下路轨施工在运营电客车回段后开始，运营电客车出段前 30 min 结束。

如果进出施工现场的车站不一致（如施工单位从 A 站入、B 站出），作业流程中还应遵守以下规定：

（1）在车站施工登记簿上进行登记时，在“备注”一栏中注明何时从哪个车站离开现场。

（2）施工人员开始作业后，A 站值班员通知 B 站值班员，B 站值班员记录在 B 站施工登记簿上，并在备注中标明施工从 A 站入。

（3）如果施工中出现问题，施工负责人与 A 站值班员联系。

（4）施工结束时，施工人员确认线路出清及设备使用良好，从 B 站办理销记手续。

（5）B 站的值班员打电话给 A 站值班员说明施工已结束，施工人员已经离开施工现场，并由 A 站值班员向行车调度员报告。

思考与练习

1. 简述车辆段的工作任务。
2. 简述车辆段的主要设备。
3. 简述调车工作的指挥原则。
4. 列车的调试有哪些类别？
5. 动态调试有哪些项目？
6. 调试司机需要确认哪些行车要素？
7. 简述列车的调试过程。
8. 简述施工组织的原则。
9. 简述洗车的注意事项。
10. 简述工程车进出正线的规定。